DIEDERICHS GELBE REIHE

herausgegeben von Michael Günther

Die Religionen und das Essen

Herausgegeben von
Perry Schmidt-Leukel

Mit Beiträgen von
Franziska Ehmcke, Silvia Freiin Ebner von Eschenbach, Peter Heine, Matthias Klinghardt, Pinchas und Ruth Lapide, Anacletus Nnamdi Odoemene, Perry Schmidt-Leukel, Lambert Schmithausen, Renate Syed und Kim Lan Thai

Diederichs

Die Deutsche Bibliothek – CIP-Einheitsaufnahme
Die Religionen und das Essen /
hrsg. von Perry Schmidt-Leukel.
Mit Beitr. von Franziska Ehmcke … –
Kreuzlingen ; München : Hugendubel, 2000
(Diederichs)
(Diederichs Gelbe Reihe ; Bd. 163 : Weltreligionen)
ISBN 3-7205-2115-X

Umschlaggestaltung: Zembsch' Werkstatt, München
Redaktion: Loel Zwecker, München
Produktion: Maximiliane Seidl
Satz: Impressum, München
Druck und Bindung: Pressedruck, Augsburg
Printed in Germany

ISBN 3-7205-2115-X

Inhalt

Einführung

Heiligkeit des Lebens
Über den Zusammenhang von Essen und Religion

Perry Schmidt-Leukel

Religion – Essen – Leben

»Religion und Essen« – diese Zusammenstellung macht viele Menschen stutzig: Hat beides denn überhaupt etwas miteinander zu tun? Religion, das heißt für viele: Glaube an Gott oder auch – wie es William James einst sagte – Glaube an ein Leben nach dem Tod.[1] Wir halten es durchaus für selbstverständlich, Religion in Bezug zu setzen zum Ritus, zur Moral oder zur Philosophie. Aber Religion und Essen? Ist das nicht eine allzuweit hergeholte Verbindung? Jedenfalls haben so oder ähnlich viele Menschen reagiert, als ich ihnen seinerzeit von dem Plan zu diesem Buch erzählte bzw. von der Vortragsreihe, aus der dieses Buch hervorgegangen ist.[2]

Bei genauerem Nachdenken fallen dem ein oder anderen allerdings meistens doch noch einige Stichworte ein, die irgendwie auf einen Zusammenhang von Religion und Essen hinzudeuten scheinen: Gibt es nicht Religionen, die das Essen von Schweinefleisch verbieten? Und sogar solche, bei denen man überhaupt kein Fleisch essen darf? Ja, gebieten Religionen beizeiten nicht sogar einen weitgehenden Verzicht auf Essen: das Fasten? – Ist das nun nicht aber doch eher ein Zeichen dafür, daß Religion und Essen wenig bis nichts miteinander zu tun haben bzw. daß sich beides nicht gut miteinander verträgt? Wer noch etwas weiter nachdenkt, dem kommt vielleicht auch in den Sinn, daß Religionen oft so etwas wie Tischgebete kennen, in denen für das Essen gedankt wird. Also kann die Feindschaft zwischen Religion und Essen wohl doch nicht allzu tief sein? Ja, es wird einem möglicherweise sogar einfallen – und erstmals richtig auffallen –, daß manchmal in den Religionen Essen und Trinken sogar Teil des religiösen Ritus sind: Wer denkt da nicht an das christliche Abendmahl bzw. die Feier der Eucharistie? Hat man nicht auch schon einmal gesehen – auf Reisen oder zumindest im Fernsehen –, wie in asiatischen Tempeln kleine Essensschälchen mit Opfergaben aufgestellt werden? Und ist nicht die japanische Teezeremonie vielleicht auch so etwas wie ein religiöser Ritus, bei dem sich alles um ein Nahrungsmittel dreht?

Wer freilich noch auf enge und lebendige Weise in einer bestimmten religiösen Tradition verwurzelt ist, mit ihr durch den Tag, den Jahreskreislauf und die einzelnen Phasen des Lebens geht, dem dürfte spontan sehr viel deutlicher bewußt sein, daß es in der Tat einen Zusammenhang zwischen Religion und Essen gibt, und zwar einen durchaus engen.

Aber von welcher Art ist dieser Zusammenhang? Hier stößt man zunächst auf eine verwirrende Vielfalt von religiösen Phänomenen, die in irgendeiner Beziehung zu Speise und Trank stehen. Und wie so oft scheint in keiner Religion genau das gleiche zu gelten wie in den anderen. Von dieser Vielfalt und Unterschiedlichkeit geben auch die Beiträge diese Buchs ein anschauliches Zeugnis. Jede Religion hat ihre eigenen, spezifischen Ideen und Praktiken, bei denen ein Zusammenhang von Essen und Religion greifbar wird. Doch dürften die folgenden Beiträge auch deutlich machen, daß es hierbei durchaus einige Grundmotive gibt, die beständig wiederkehren – Grundmotive, die auf einen prinzipiellen Zusammenhang zwischen Religion und Essen hinweisen. Dies liegt an der zentralen Bedeutung, die dem Essen für das menschliche Leben schlechthin zukommt, und zwar in dreifacher Hinsicht:

Erstens sind Essen und Trinken eine Grundbedingung, eine Quelle unseres Lebens. Nur für relativ kurze Zeit und nur unter Qualen kann der Mensch ohne Speise und Trank existieren. Das heißt, wir sind zur Erhaltung unserer Existenz völlig von Ernährung abhängig. Dies gilt freilich auch für jedes Tier, ja in gewisser Weise für jedes Lebewesen. Die universale Abhängigkeit und Interdependenz allen Lebens wird hier anschaulich: Alles, was lebt, ist zum Leben auf andere Lebewesen angewiesen. Und der Nahrungskreislauf ist eine offenkundige Form dieser universalen Abhängigkeit.

Zweitens stoßen wir nun aber auch, speziell was das menschliche Speiseverhalten betrifft, auf einen fundamentalen Unterschied zwischen Mensch und Tier. Denn anders als das Tier bereitet der Mensch seine Speise mehr oder weniger kunstvoll zu. Der Kulturanthropologe Claude Levi-Strauss hat darauf hingewiesen, daß es sich bei der Zubereitung des Essens um einen kulturellen Grundakt des Menschen handelt. Mit anderen Worten: Nahrungszubereitung stellt eine Grundform menschlicher Lebens- und Weltgestaltung dar. Der Mensch ist gezwungen, aber auch in der Lage, sein Leben und seine Umwelt bewußt und absichtsvoll zu gestalten und auf diesem Weg Kultur hervorzubringen. Dies zeigt sich auf sehr grundlegende Weise daran, daß Menschen ihre Nahrung eben nicht unbehandelt zu sich nehmen, sondern diese zubereiten. Übrigens war man sich in einigen Kulturen dieses Zusammenhangs schon lange vor Levi-Straussens wichtiger Abhandlung über »Das Rohe und das Gekochte«[3] bewußt. So wird – worauf *Kim Lan Thai* in ihrem Beitrag verweist – bereits im *I Ging*, dem klassischen chinesischen Weisheits- und Orakelbuch, der Beginn der menschlichen Zivilisation mit der Zubereitung der Nahrung in Verbindung gebracht.

Drittens schließlich ist das menschliche Speiseverhalten zutiefst mit der sozialen Veranlagung des Menschen verknüpft. Auch die Gestaltung des Sozialwesens ist ja beim Menschen – anders als bei Ameisen, Bienen oder auch Affen – nicht einfach nur und vollständig Produkt einer instinktgesteuerten Determination. Auch hier ist dem Menschen jener grundsätzliche Freiheitsspielraum gegeben, der es ihm ermöglicht, das gesellschaftliche Zusammenleben auf recht unterschiedliche Weise zu gestalten. Zwar waren traditionelle Gesellschaften vielfach fest davon überzeugt, ihre je eigene gesellschaftliche Ordnung stelle die einzig mögliche, weil kosmisch oder göttlich vorgegebene Ordnung dar. Doch gerade heute führt uns das Wissen um die Vielfalt und Verschiedenartigkeit der menschlichen Gesellschaften deutlich vor Augen, daß es sich auch hierbei um typisch menschliche Kulturprodukte handelt. Und dementsprechend eng ist auch die Beziehung zwischen Speiseverhalten und der jeweiligen gesellschaftlichen Ordnung. Das heißt, die Gestaltung der Sozialbeziehungen findet ihren Ausdruck unter anderem darin, wie, mit wem und zu welchem gesellschaftlichen Zweck Menschen Speise zubereiten, zu sich nehmen und genießen.

Essen als *Lebensquelle,* Essen als *Grundform menschlicher Lebensgestaltung,* Essen als *sozialer Grundakt:* Macht man sich in diesem dreifachen Sinn die zentrale Bedeutung des Essens im und für das Leben des Menschen bewußt, dann wird man sich über den Zusammenhang von Religion und Essen vermutlich nicht mehr wundern;

es wäre eher höchst verwunderlich, wenn es diesen Zusammenhang nicht gäbe. Sind doch das menschliche Leben, seine Quelle, seine Gestaltung und seine sozialen Aspekte zweifellos auch zentrale Themen in den Religionen.

Die Quelle des Lebens

Friedrich Schleiermacher hat Religion einst als »das Gefühl schlechthinniger Abhängigkeit« bestimmt.[4] In diesem Sinn hat das Wissen um die Abhängigkeit des Menschen, ja allen Lebens überhaupt, von Nahrung immer wieder religiöses Empfinden gefördert. Besonders in jenen religiösen Traditionen, die auf sehr alte Wurzeln verweisen, hat die Vorstellung von einer über die Nahrung vermittelten Lebenskraft starke religiöse Bedeutung. Wie *Anacletus N. Odoemene*, *Renate Syed* und *Silvia Ebner von Eschenbach* in ihren Beiträgen zeigen, gilt dies für die traditionelle Religion in Afrika nicht weniger als für die in Indien oder China. Auch und gerade bei den alten Formen von Kannibalismus stoßen wir auf die Idee einer Aufnahme der Lebensenergie durch Verspeisung.

Die Frage nach der letzten Quelle der der Nahrung innewohnenden Lebenskraft wird in den Religionen mit dem Hinweis auf eine allem Leben immanente und zugleich transzendente Quelle beantwortet. So kann die göttliche Wirklichkeit in eine deutliche Parallele zur Nahrung gesetzt oder sogar mit ihr identifiziert werden. Beispielsweise heißt es in den Upanishaden: »Die Nahrung ist das *brahman*«. Und die hinduistische Vorstellung, der zufolge wir – weil das göttliche *brahman* der eigentliche Grund aller Lebensenergie ist – letztlich »Gott essen«, findet eine entfernte Resonanz in jenen späteren Deutungen des christlichen Abendmahls, die davon sprechen, daß es Gott selbst ist, der sich in der Gestalt von Brot und Wein dem Menschen zur Speise gibt. In jenen religiösen Traditionen, in denen die göttliche Wirklichkeit als Schöpfer der Welt gedacht wird, gilt dieser natürlich auch als jener, von dem alle Nahrung kommt und dankbar entgegengenommen wird. Einhellig berichten Bibel und Koran davon, wie Gott den ersten Menschen im Paradies ihre Nahrung zuweist. »Eßt von den guten Dingen, die wir euch beschert haben. Und danket Gott ...« (Sure 2,172).

Die Vorstellung, daß die Quelle der Nahrung bzw. der durch sie vermittelten Lebenskraft letztendlich in einer göttlichen Wirklichkeit liegt, weist zugleich über die Speise hinaus. Wenn Jesus sagt: »Der Mensch lebt nicht vom Brot allein, sondern von jeglichem Wort, das aus dem Munde Gottes kommt« (Mt 4,4), dann werden damit einerseits die göttliche Wirklichkeit und die Nahrung als Lebensquelle eindrucksvoll zueinander in Parallele gesetzt. Andererseits wird damit aber auch gesagt, daß Leben in seinem Vollsinn von mehr abhängig ist als allein von der Speise, nämlich von der Zuwendung, die der Mensch von Gott bekommt. In diesem Sinn kann auch eine Religion wie der frühe Buddhismus eine Analogie zwischen Nahrung und transzendenter Wirklichkeit herstellen, obwohl diese im Buddhismus nicht als personaler Schöpfergott verstanden wird, sondern als die Bedingung für Heil und Erlösung. So vergleicht beispielsweise das *Milinda Pañha*, eine buddhistische Schrift aus vorchristlicher Zeit, das Nirvâna und die Nahrung auf folgende Weise:

»Gleichwie die Nahrung alle Wesen am Leben erhält, so ist das Nirvâna, einmal verwirklicht, der Erhalter des Lebens, indem es Alter und Tod ein Ende setzt. (...) Wie fernerhin die Nahrung allen Wesen Kraft verleiht, so bringt das Nirvâna, einmal verwirklicht, in allen Wesen höhere Kräfte zur Entfaltung. (...) Wie fernerhin die Nahrung allen Wesen Schönheit verleiht, so verleiht das Nirvâna, einmal verwirklicht, allen Wesen Tugendschönheit. (...) Wie fernerhin die Nahrung aller Wesen Qualen lindert, so stillt das Nirvâna, einmal verwirklicht, in allen Wesen die Qual der Leidenschaften. (...) Wie fernerhin die Nahrung in allen Wesen den Hunger und den Durst vertreibt, so vertreibt das Nirvâna, einmal verwirklicht, in allen Wesen des ganzen Leidens Hunger und Schwäche.«[5]

Lebensgestaltung

Bekanntlich beschränken sich Religionen keineswegs auf den bloßen Hinweis, wonach eine letzte transzendente Wirklichkeit die Quelle allen biologischen und spirituellen Lebens ist. Vielmehr lehren sie zugleich, daß es sich bei dieser Wirklichkeit um das höchste Gut des Menschen handelt, um das wahrhaft erstrebenswerte und beglükkende Ziel seines Lebens. Daher finden sich in den religiösen Traditionen grundlegende Anweisungen, die das konkrete und praktische Verhalten des Menschen betreffen. Sie geben Auskunft darüber, wie der Mensch sein Leben und seine Welt gestalten soll, auf daß alles auf dieses höchste und wahre Ziel des Daseins ausgerichtet sei. Daher lassen sich Religionen auch als »Wege« oder »Heilswege« beschreiben – Wege, die dem Leben des Menschen die richtige Orientierung geben wollen. Ganz allgemein geht es dabei – mit dem britischen Religionsphilosophen John Hick gesprochen – um eine Transformation des menschlichen Daseins von der Selbstzentriertheit zur Zentriertheit auf die göttliche Wirklichkeit.[6]

Nach einer alten indischen Auffassung lassen sich die unterschiedlichen religiösen Orientierungen drei verschiedenen, aber gleichermaßen gültigen Wegen zuordnen: *Karma-Mârga,* der Weg der rechten Werke, *Jñâna-Mârga,* der Weg der Erkenntnis, der Meditation und Versenkung, und *Bhakti Mârga,* der Weg der Gottesliebe bzw. -verehrung. Löst man dieses Schema aus seiner spezifisch hinduistischen Prägung heraus, dann kann es in religionsübergreifender Hinsicht zu einer groben Systematisierung religiöser Wege bzw. Orientierungen religiöser Lebensgestaltung dienen: *Sittlichkeit, Kontemplation, Devotion.* Diese drei Wege religiösen Lebens spiegeln sich auch in dem wider, was die Religionen über die konkrete, praktische Gestaltung des Essens sagen.

Daß es auch beim Essen darum geht, *das Rechte zu tun,* wird besonders anhand der religiösen Speisegebote und Speiseverbote deutlich. In jenen Religionen, in denen die transzendente Wirklichkeit als eine personale Gottheit vorgestellt wird, erscheinen die Speisevorschriften als Ausdruck des Willens Gottes. Indem der Mensch beim Essen auf bestimmte Speisen oder Getränke verzichtet, weil Gott dies so gebietet, wird das Eßverhalten grundsätzlich in die ganzheitliche Ausrichtung der menschlichen Lebensgestaltung auf Gott hin integriert. Durch die Beachtung der Speisevorschriften wird die Bereitschaft bekundet, das ganze Leben dem Willen Gottes entsprechend zu gestalten. Ein deutliches, wenn auch keineswegs isoliertes Beispiel bieten hierfür – wie *Peter Heine* in seinem Beitrag zeigt – die islamischen Speisebestimmungen. Nicht selten wird dabei der Wille Gottes, auch wenn sich dieser auf das Essen bezieht, als ein sittlich bestimmter Wille gedeutet. Dies illustrieren *Pinchas* und *Ruth Lapide,* indem sie in ihrem Beitrag besonders die ethischen Komponenten der jüdischen Koscher-Bestimmungen hervorheben. Gerät der Mensch doch gerade beim Essen in ein ethisches Dilemma: Eingespannt in den Nahrungskreislauf, ist der Mensch einerseits davon abhängig, anderes Leben zu verzehren. Andererseits gilt für den Menschen auch hier das ethische Gebot, keinem Wesen Schaden zuzufügen. Immer wieder stößt man daher in den Religionen auf »schonende« Bestimmungen bis hin zum ethisch begründeten Vegetarismus. Im Buddhismus – auch wenn die Sachlage, wie *Lambert Schmithausen* zeigt, durchaus komplex ist – kann der Gedanke der »Nicht-Schädigung« beim Essen sogar als eines der Leitmotive hinsichtlich eines religiös begründeten Eßverhaltens betrachtet werden.

Kontemplative Aspekte hinsichtlich des Eßverhaltens finden sich vor allem in den asiatischen Religionen, in denen dieser »Weg« insgesamt eine größere Rolle spielt als in den Religionen Afrikas und des Vorderen Orients. So hat – worauf *Kim Lan Thai* verweist – die Schulung der Achtsamkeit eine besondere Bedeutung in der asiatischen Kochkunst und wird dabei durchaus im Sinne eines spirituellen Weges verstanden. Zu einer regelrechten religiös bestimmten Kunstform wurde sie allerdings vor allem im japanischen Tee-Weg entwickelt, den *Franziska Ehmcke* in ihrem Beitrag vorstellt.

Im religiösen Ritus kann Nahrung schließlich auch eine Verwendung als Ausdruck von *Gottesliebe* bzw. *Gottesverehrung* finden. Dies gilt für die ältesten Formen des den Gottheiten gewidmeten Dankopfers ebenso wie für die Feier der Eucharistie, deren Name (*eucharistia* = Danksagung) bereits diesen Aspekt hervorhebt. Doch auch durch die in den Religionen des Westens und des Ostens gleichermaßen anzutreffende Nahrungsaskese, durch das Fasten, kann zum Ausdruck gebracht werden, daß die göttliche Wirklichkeit höher geachtet wird als alles andere, daß sie – und nicht die Nahrung selbst – den letzten Grund und das höchste Ziel des Lebens darstellt.

Es ist daher kein Zufall, daß der oben schon einmal zitierte Ausspruch Jesu »Der Mensch lebt nicht vom Brot allein« im Kontext seines vierzigtägigen Fastens steht.

So spiegeln sich in den Aussagen der Religionen zum Essen religiöse Grundeinstellungen zum Leben wider, und die von den Religionen gewiesenen Wege der Lebensgestaltung finden ihren Ausdruck auch im Umgang mit Speise und Trank. Dies trifft nicht zuletzt für den dritten oben genannten Aspekt zu: Essen als sozialer Grundakt.

Sozialer Grundakt

Der soziale Aspekt des Essens ist in den unterschiedlichen religiösen Traditionen nahezu allgegenwärtig und kehrt daher auch in den Beiträgen dieses Buches beständig wieder. Die Regeln der Mahlgemeinschaft können die gesellschaftlichen Ordnungen repräsentieren, was in den folgenden Beiträgen besonders deutlich am Beispiel der traditionellen Religionen Afrikas und Indiens gezeigt wird. Sie können aber ebensogut auch eine zumindest symbolische Durchbrechung dieser Regeln bedeuten, wie zum Beispiel in der mit dem Tee-Weg verbundenen Praxis, für die Dauer der Tee-Zusammenkunft die gesellschaftliche Stellung der Teilnehmer bewußt zu vernachlässigen, oder wie beispielsweise bei der frühchristlichen Mahlfeier, bei der es – wie *Matthias Klinghardt* zeigt – geradezu darum ging, ein gemeinschaftliches Gegenbild zu den gesellschaftlichen Standesunterschieden zu zelebrieren.

Die religiöse Dimension des sozialen Aspektes gemeinsamer Mahlfeiern zeigt sich insbesondere dort, wo sich die Mahlgemeinschaft über die unmittelbar greifbaren Teilnehmer hinaus ausweitet. Als Beispiel hierfür kann die sich von Afrika über Indien bis nach China erstreckende symbolische Einbeziehung der Ahnen oder sonstiger himmlischer oder geistiger Wesen dienen oder sogar – wie im Kontext taoistischen Gedankengutes – die Vorstellung, beim Mahl in die Harmonie kosmischer Grundelemente mit einbezogen zu werden. Das gemeinsame Mahl scheint eine der vorzüglichsten Möglichkeiten für den Menschen zu sein, sich die Sozialnatur seines Wesens, ja seine Einbindung in den Gesamtzusammenhang des Lebens zu vergegenwärtigen und zu feiern. Um so mehr schmerzt das Bewußtsein, daß wir trotz aller zivilisatorischen Errungenschaften immer noch in einer Welt leben, in der ein großer Teil der Menschheit Hunger leidet und von einer weltweiten Mahlgemeinschaft ausgeschlossen ist.

Die Botschaft von der Heiligkeit des Lebens

Die mit diesen wenigen Bemerkungen entworfene Skizze des Zusammenhangs von Religion und Essen soll keineswegs über die vielfältigen Unterschiede hinwegtäuschen, die zwischen den verschiedenen religiösen Traditionen und auch in ihnen bestehen. Erst recht kann und sollte nicht übersehen werden, daß gerade bestimmte Speisepraktiken, Essensrituale, Nahrungsgebote und -verbote auch den Zweck haben, die besondere Identität einer religiösen Gemeinschaft zu markieren und von anderen zu unterscheiden. Aber die Einsicht, daß sich in den diversen Ausprägungen des Zusammenhangs von Religion und Essen die grundsätzliche Haltung der Religionen zum Leben widerspiegelt, ermöglicht es doch, so etwas wie einen verbindenden Brennpunkt auszumachen: die Überzeugung von der Heiligkeit des Lebens. Bedeutende Religionswissenschaftler des 20. Jahrhunderts, beispielsweise Rudolf Otto[7] oder Mircea Eliade[8], hielten die Erkenntnis des Heiligen für ein konstitutives und bleibendes Moment des menschlichen Geistes und nicht etwa für ein zu überwindendes Durchgangsstadium der Menschheitsgeschichte. Die Erkenntnis des Heiligen aber ist die Erkenntnis einer letztgültigen Wirklichkeit, die über die Bedingtheiten, Begrenzungen und Unvollkommenheiten der endlichen Wirklichkeit hinausgeht, zugleich aber in diesen zum Vorschein kommt oder besser: durch diese hindurchscheint. Die Speisesymbolik in den Religionen, die rituelle Verwendung von Speise und Trank und schließlich die zahlreichen Speisevorschriften – sie alle scheinen auf je eigene Weise dem Ziel zu dienen, dem Menschen die Heiligkeit des Lebens, das heißt seine Transparenz für eine letztgültige Wirklichkeit ins Bewußtsein zu rufen.

Die Religionen Afrikas und des Vorderen Orients

Die Bedeutung des rituellen Essens in der afrikanischen traditionellen Religion

Anacletus Nnamdi Odoemene

Essen – Zeichen und Symbol einer lebendigen Gemeinschaft

Essen gilt in vielen afrikanischen Ländern als ein Zeichen des Lebens – denn die Toten essen nicht –, als ein Zeichen der Einheit zwischen Leib und Geist, zwischen dem Sichtbaren und dem Unsichtbaren. Oft verlieren kranke Menschen ihren Appetit, weil ein Teil des Körpers leidet. Ein gesunder Mensch dagegen ißt gerne und mit Freude. Wenn ein schwerkranker Mensch wieder anfängt zu essen, dann weiß man, daß er sich auf dem Weg der Besserung befindet, und seine Angehörigen freuen sich.

Essen und Nicht-Essen haben aber nicht nur mit Leben und Gesundheit in ihrer leiblichen, sondern auch in ihrer sozialen Dimension zu tun. Wenn etwa eine Frau ihren Mann schwer beleidigt, ihn beispielsweise öffentlich geschlagen hat, dann essen und schlafen sie in vielen afrikanischen Kulturen so lange nicht mehr zusammen, bis die Frau sich öffentlich entschuldigt und Genugtuung geleistet hat. Beleidigt ein Kind die Mutter oder den Vater, dann darf das Kind nicht mehr im Haus essen, und handelt es sich um eine schwere Beleidigung, etwa wenn ein Kind seine Mutter schlägt, dann darf es nicht mehr im Haus schlafen, bis es sich auf vorgeschriebene Weise entschuldigt hat. Ist das Kind bereits erwachsen und hat ein eigenes Haus, darf es so lange keine Gemeinschaft mehr mit den Eltern und Geschwistern pflegen, bis es sich entschuldigt und Genugtuung geleistet hat.

So ist das gemeinsame Essen auf der sozialen Ebene Zeichen und Symbol einer lebendigen Gemeinschaft. Die Gemeinschaft leidet, wird traurig und verliert die Freude am gemeinsamen Mahl, sobald bekannt wird, daß ein Mitglied der Gemeinschaft gegen ein Tabu gehandelt oder die Beziehung zu den Ahnen und den Mächten stark beeinträchtigt hat, zum Beispiel durch Mord, Mordversuch, Inzest, Ehebruch und Diebstahl, oder auch mit gewissen Krankheiten wie Aussatz usw. Denn einige Krankheiten, vor allem die unheilbaren, werden als göttliche Strafe angesehen. Es wird überhaupt nicht mehr gemeinsam gegessen, und wenn doch, dann ohne den Schuldigen, damit sich seine Schuld nicht auf die anderen überträgt.

Die Genugtuung und die Wiederaufnahme des Schuldigen in die Gemeinschaft, der zuvor wie ein Ausgestoßener behandelt wurde, wird über ein gemeinsames Mahl vollzogen. Niemand darf mit einem Verschwörer zusammen essen oder trinken, bis dieser seine Verschwörung öffentlich bekennt, um Entschuldigung bittet und Genugtuung leistet. Wenn es sich um eine Verletzung der Beziehung zu den Ahnen und Mächten handelt, müssen besondere Opfer und eine außergewöhnliche Genugtuung erbracht werden; denn hierbei geht es um eine Frage von Leben und Tod. Auf der Ebene der sozialen Gemeinschaft geht es um den Verlust bzw. um die Wiederherstellung des guten Namens und des Rufs. Das wiederaufgenommene gemeinsame Mahl wird als eine Versöhnungsfeier betrachtet.

Zu all diesen verschiedenen Mahlfeiern werden Ahnen und Mächte (Landespatrone und -patroninnen) eingeladen, wodurch die spirituelle Dimension der Versöhnung deutlich wird. Denn jede Verletzung der gemeinschaftlichen Beziehung hat nicht nur eine soziale, sondern auch eine spirituelle Dimension. Im allgemeinen gelten die Forderungen der spirituellen, unsichtbaren Mächte an den Schuldner als gleichbleibend, so daß auch die mit dem Mahl verbundenen Anforderungen und der Ablauf desselben unveränderlich sind. Daher kann man diesbezüglich von einem rituellen Mahl oder Essen sprechen.

Vergebung und Versöhnung sind nun allerdings keineswegs der einzige Anlaß zu rituellen Mählern. Weitere Anlässe bieten die Danksagung in jeglicher Hinsicht, die Äußerung einer dringenden Bitte, das Abschließen eines Bundes oder Vertrages oder auch ein gewöhnliches Festmahl. Immer wird zunächst etwas vom Essen geopfert, bevor man es unter den Anwesenden verteilt. Da das rituelle Essen die Bindung zu den Ahnen und spirituellen Mächten herstellt, gehört es zu den Merkmalen afrikanischer traditioneller Religion.

Afrikanische traditionelle Religion oder Religionen?

Die Frage, ob es mehrere verschiedene afrikanische Religionen gibt oder ob man nur von *einer* afrikanischen traditionellen Religion sprechen soll, ist in der Wissenschaft umstritten. Auf jeden Fall gibt es hinsichtlich afrikanischer Religiosität eine Reihe gemeinsamer Grundelemente. Dazu lassen sich folgende Aspekte rechnen:

1. Der Glaube an einen Gott, der von Mensch und Natur verschieden und getrennt ist. Das heißt, Gott hat der Natur und dem Menschen Eigenständigkeit und Selbstverantwortung gegeben, in die er nicht eingreift. Mensch und Natur besitzen ihre eigene Freiheit, ihre eigenen

Möglichkeiten, sich zu entwickeln und zu entfalten. Diese Freiheit bildet die Grundlage für das Überleben und die dazu erforderliche vernünftige Selbstverwaltung. Im allgemeinen gibt es für diesen Gott weder Altäre noch Priester, Häuser oder Bilder. Nicht eindeutig geklärt ist, ob dieser Gott als Schöpfer zu betrachten ist. Vielleicht sollte man ihn besser als einen Urahn verstehen, der im Unterschied zu den Sippenahnen keine Opfer, Gaben und Lobpreisungen braucht, um überleben zu können. Allerdings gibt es auch Ausnahmen. Zum Beispiel werden bei dem Volk der Ganda im östlichen Afrika und bei den Nuer und Dinka im Sudan diesem Gott durchaus auch Altäre, Opfer und Priester geweiht.[1]

2. Es herrscht ein Glaube an die Gemeinschaft der Lebenden mit ihren verstorbenen Angehörigen, die zu ihren Ahnen geworden sind. Das heißt, man glaubt an die lebendige und wirksame Überwachungskraft der Ahnen, an ihr Engagement und Interesse in allen Angelegenheiten ihrer Sippe und ihre Verehrung als Verwalter und Hauptträger des Lebens in Vergangenheit und Zukunft der Sippen.

3. Weit verbreitet ist auch der Glaube an die Erdgöttin als Patronin und Beschützerin der Normen und der Moralität. Sie gebiert alle Natur und nimmt alles zurück nach dem Tod. Mit ihr verbunden ist der Glaube an einen Himmelsgott, von dem die Menschheit Regen und Sonnenschein erhält. Andere spirituelle Mächte sind nicht so bedeutungsvoll wie diese beiden Gottheiten.

4. Die Gemeinschaft spielt eine zentrale Rolle. Sie wird als eine Familie verstanden und als das Hauptziel aller menschlichen Bemühungen, sei es auf politischer, wirtschaftlicher, sozialer oder religiöser Ebene. Offen ist

jedoch, wer jeweils die Rolle des Familienvaters übernimmt.

5. Die Vorstellung, daß die Welt »rund« ist, das heißt, die Vorstellung einer kreisförmigen Natur der Zeit, des Lebens und der gesamten Wirklichkeit spiegelt sich auf vielfache Weise in der Kultur der Völker Afrikas wider: in der Kreisförmigkeit der Häuser, der Siedlungen, des Vokabulars, des Tanzens, der Mähler usw.

6. Den Völkern Afrikas gemeinsam ist auch die Auffassung, daß Bosheit die eigentliche Ursache des Leidens sei. Sie zerstört die natürliche Harmonie in der Gesellschaft, in der gott-menschlichen Beziehung und in der je eigenen seelisch-leiblichen Beziehung. Darum ist jeweils auch eine Wiedergutmachung auf allen diesen drei Ebenen Voraussetzung für eine ganzheitliche (holistische) Heilung.

Aufgrund dieser gemeinsamen Hauptmerkmale oder Grundelemente bevorzuge ich es, von der afrikanischen traditionellen Religion im Singular zu sprechen und nicht von verschiedenen afrikanischen Religionen.

Allerdings gibt es in Afrika kaum ein eigenes Wort oder einen eigenen Namen für »Religion«. Religion ist normalerweise der Kern der Kultur und läßt sich in vielen afrikanischen Gesellschaften nicht von Kultur und Gesellschaft trennen. Die Vorstellung einer solchen Trennbarkeit wurde in Afrika erst durch das europäische Christentum importiert. Im Unterschied zu den Weltreligionen besitzt die afrikanische traditionelle Religion keinen Stifter, keine Lehre, keinen festen Rahmen und keine missionarischen Bestrebungen. Folglich kennt sie auch keine Spaltungen und Religionskriege.

Afrikanische Religion ist somit nicht »Religion«, wie man dies im Westen versteht. Sie ist eher eine Lebensphilosophie und eine Theorie und Praxis in ökonomischer und sozio-politischer Hinsicht. Damit hängt auch die gegenwärtige Krise und Entfremdung im religiösen, sozio-politischen und wirtschaftlichen Leben vieler afrikanischer Völker zusammen. Die traditionelle Welt der Afrikaner ist nie säkular gewesen, weil es keine Trennung zwischen dem Profanen und dem Sakralen gibt. Statt des Versuchs, die Grundelemente der afrikanischen Religion bzw. Lebenswelt abzuschaffen, wäre es daher hilfreicher gewesen, wenn man sich darum bemüht hätte, diese in moderner Ausdrucksweise und im Kontext moderner Entwicklungen neu zu interpretieren und umzusetzen. Denn diese Elemente sollten die Schienen sein, auf denen der Zug »Afrika« fährt, sei es durch die wirtschaftliche, die politische oder die religiöse Landschaft.

Zweifellos ermöglicht das Studium der afrikanischen traditionellen Religion ein besseres Verständnis Afrikas und seiner zukünftigen Entwicklungsmöglichkeiten. Doch sollte meines Erachtens das Studium der afrikanischen traditionellen Religion nicht einfach unter die Kulturwissenschaften subsumiert werden. Denn es geht hierbei jedenfalls auch um Glaubensüberzeugungen, die die Grundlage des moralischen Handelns bilden. Daher wäre es sinnvoll, der afrikanischen traditionellen Religion und somit ihrem Studium einen eigenen Namen zu geben. Aus diesen und anderen Gründen möchte ich vorschlagen, die afrikanische traditionelle Religion als »Afrikanische Ahnenreligion« zu bezeichnen.[2]

Symbolischer und therapeutischer Charakter ritueller Mähler

Rituelle Mähler dienen nicht primär dem Zweck, den Hunger zu stillen. Sie haben vielmehr einen symbolischen Charakter, zeigen – wie bereits gesagt – in vielen Ländern Afrikas vor allem die Rückkehr der Harmonie, die Wiederherstellung von Einheit und Gemeinschaft durch Versöhnung oder überhaupt die Festigung einer sozio-religiösen Gemeinschaft an. Das rituelle Essen hat bestimmte Funktionen in der Gemeinschaft bzw. in Hinblick auf die Einheit von Menschen, Ahnen und Naturkräften. Daher soll das rituelle Essen im folgenden vor allem von seinen Funktionen her beschrieben werden.

Es ist hier jedoch nicht möglich, auf alle Einzelheiten des rituellen Essens in den unterschiedlichen religiös-kulturellen Kontexten Afrikas einzugehen. Darum beschränke ich mich auf das rituelle Essen bei den Igbo in Nigeria. Allerdings werde ich versuchen, dabei jene allgemeinen Grundzüge zu verdeutlichen, die meines Erachtens auch für zahlreiche andere Kulturräume Afrikas ihre Gültigkeit besitzen.

Rituale beinhalten eine »klassische«, wiederholbare und festgelegte Handlung. Sie lassen sich keineswegs nur auf den religiösen Bereich beschränken. Vielmehr finden sie sich beispielsweise auch in der Wissenschaft, im Sport, in der Wirtschaft, in der Politik usw. In der Afrikanischen Ahnenreligion zielt das Ritual darauf ab, eine Epiphanie spiritueller Art zu ermöglichen und leibhaftig erfahrbar zu machen. Die unmittelbare Erfahrung höherer Wesen kann mit Hilfe von Gebeten oder Beschwörungen, Tänzen und Gesängen oder eben auch ritualisiertem Essen gemacht werden. All dies sind Kommunikationsmittel, mit denen eine Verbindung zwischen den Menschen und den Geistern, Ahnen oder Göttern hergestellt wird, um wechselseitiges Verständnis und Bereicherung herbeizuführen. In der Afrikanischen Ahnenreligion gilt das Ritual als eine praktische, bewährte und »sichere« Methode. Wie für viele Völker Afrikas ist auch für die Igbo letztlich das ganze Leben ein Ritual, wodurch sich auch die konservative Einstellung vieler Länder Afrikas erklärt.

Die typische Igbogesellschaft läßt sich wie viele andere afrikanische Gesellschaften mit einem Haus aus einzelnen Blöcken vergleichen, wobei die Religion quasi den Zement bildet, der die Blöcke zusammenhält und dadurch die Wände des Hauses befestigt. Religion verleiht dem Haus Beständigkeit in Krisenzeiten und gibt ebenso Schutz vor äußerer Bedrohung wie vor internen Gefahren durch gesetzwidrige und kriminelle Mitglieder der eigenen Gesellschaft. Wie der Zement dient die Religion auch dazu, entstandene Risse in Wand oder Boden zu flicken. Sie bringt die einzelnen Teile in einen sinnvollen Zusammenhang und bewahrt die Gemeinschaft vor sichtbaren wie unsichtbaren Feinden, dient dem Individuum ebenso wie der Gemeinschaft.

Besonders das rituelle Essen läßt sich mit dem Kitt vergleichen, der die Risse flickt, das heißt, Versöhnung bei unterschiedlichsten Konflikten herbeiführt. Insofern hat das rituelle Essen eine spezielle therapeutische Funktion, wirkt wie ein Medikament, das kranke Körperteile reinigt und heilt. Es führt zu einer Reintegration in die Gesamtheit und stellt das Gleichgewicht wieder her: zwischen Leib und Geist, zwischen Mensch und Mensch und zwischen den Menschen und den geistigen Mächten. Rituelles Essen wird daher auch keineswegs ausschließlich als Gemeinschaftsmahl vollzogen. In seiner therapeutischen Funktion kann es ebensogut die Form eines allein zelebrierten rein »individuellen« Mahls annehmen.

Die Wirksamkeit des rituellen Essens beruht nicht auf seinem Nährwert, auf der Menge oder auf der ästhetischen Komponente. Vielmehr kommen in der Nahrung, sobald diese den Ahnen oder Geistern geopfert wurde, übernatürliche Kräfte zum Tragen – Kräfte, die ihr sowohl beschützende und helfende als auch schädigende Wirkung verleihen können. Rituelle Speise oder Trank besitzen in jedem Fall übernatürliche Kräfte. Sie sind wie ein starker Motor, den der Fahrer in diese oder in jene Richtung steuern, das heißt, auf das gewünschte Ziel hin manipulieren kann. Wir haben es hier also mit dem sogenannten Prinzip des Dynamismus zu tun, dem Glauben an die Wirkung unpersönlicher übernatürlicher Kräfte, die Menschen oder Dingen innewohnen können.[3] Speisen, Getränke, Zeichen, Symbole oder Worte können allesamt Mittel zur Übertragung und Anwendung übernatürlicher Kräfte sein. Wenn Speisen, Getränke, Früchte oder Worte in diesem Sinn als Heilmittel verwendet werden, dann sollen sie den Körper von Unreinheiten und Krankheiten reinigen, den Menschen befreien und ihn mit sich selbst, mit seinen Mitmenschen und mit den geistigen Mächten versöhnen. Gibt ein Heiler einem Kranken einen Pflanzentee oder eine Suppe, dann handelt es sich dabei nicht einfach um natürliche Heilmittel. Der Heiler verabreicht nicht lediglich einen Tee oder eine Suppe, sondern Tee oder Suppe, die mit übernatürlichen Kräften aufgeladen sind. Wenn jemand, der kein geweihter Heiler ist, versucht, einen Kranken mit denselben Symptomen durch die gleichen Pflanzen, Speisen oder Getränke zu heilen, so bleibt sein Versuch wirkungslos.

Allerdings findet sich daneben auch die Vorstellung, bestimmten Speisen wohnten bereits von sich aus gewisse Kräfte inne. So gibt es beispielsweise den Glauben, das Herz von Raubtieren mache stark und mutig. Ganz allgemein findet sich der Glaube, daß man durch den Verzehr des Fleisches oder Blutes eines bestimmten Tieres auch die besonderen Eigenschaften dieses Tieres übernimmt. Ähnliches gilt für den Kannibalismus. Aber auch die Auffassung, Säuglinge sollten in ihren ersten Lebensmonaten Muttermilch trinken, hängt mit dem Glauben zusammen, daß die Kinder dadurch auch die Eigenschaften ihrer Mutter und der Gemeinschaft »verinnerlichen«.

Anlässe ritueller Mahlfeiern

Wie bereits erwähnt, gibt es für rituelles Essen in der Afrikanischen Ahnenreligion durchaus unterschiedliche Anlässe. Im folgenden seien die wichtigsten Anlässe kurz genannt:

1. *Rituelles Essen eines Sühneopfers.* Hat jemand gesellschaftliche Normen oder ein Tabu gebrochen oder das Gleichgewicht zwischen den Menschen verletzt, die Harmonie mit der Umwelt, den Ahnen oder den übernatürlichen Mächten gestört, dann muß er oder sie als Buße ein entsprechendes Opfer erbringen. Häufig fungiert hierbei ein Wahrsager als Medium. Durch dieses Medium erklärt die Gesellschaft jemanden beispielsweise für schuldig an einem Todesfall, an einer eigenen oder fremden Krankheit usw. und verschreibt gleichzeitig das entsprechende Sühneopfer zur Reinigung und Genugtuung. Zuerst empfangen die Ahnen und Geister das Opfer, denn sie alle sind ebenso wie die Menschen zur Versöhnungsfeier eingeladen. Nach dem Gemeinschaftsmahl wird das, was Geistern und Ahnen geopfert wurde, zumeist von Hunden oder Vögeln verspeist.

2. *Rituelles Essen als Versöhnungsgeste und zur Bundesschließung.* Das rituelle gemeinsame Trinken aus einem Kelch wird vor allem als Zeichen der Versöhnung zwischen zwei oder mehreren vormals verfeindeten Menschen praktiziert. Es kann jedoch auch der Besiegelung eines Bundes oder einer besonders engen Freundschaft dienen. Im letzteren Fall tauschen die Betreffenden ihr Blut aus, um dadurch eine Blutsbruderschaft zu schließen. In einem gemeinsamen rituellen Essen oder Trinken kann auch der Schwur zum Ausdruck kommen, für immer zusammenzubleiben. Durch die in Speise und Trank enthaltenen übernatürlichen Kräfte kann man besondere Eidgenossenschaften entstehen lassen. Einen Eid kann man natürlich auch ablegen, um seine Unschuld zu beteuern. Wenn der Betreffende innerhalb eines Jahres nicht stirbt, dann bedeutet dies, daß er recht hatte.

3. *Rituelles Essen bei Initiation und Begräbnisfeier.* Die Initiation des heranwachsenden Mitglieds einer Gemeinschaft dient zunächst seiner Belehrung über bestimmte Aspekte der Kultur und Geschichte seines Volkes oder seiner Sippe und über die an ihn gerichteten gesellschaftlichen Erwartungen. Darüber hinaus wird der Initiand dem Patron oder der Patronin (einem Geist) der Sippe oder des Dorfes geweiht. Die Eingeweihten halten dann ein gemeinsames Mahl ab – als Zeichen ihrer Verbundenheit untereinander, der Verbundenheit mit den Ahnen und dem Patron oder der Patronin des Dorfes.
Bei Begräbnisfeiern wird ausgiebig gegessen und getrunken, vor allem dann, wenn der Verstorbene sehr erfolgreich war oder reiche Kinder oder Verwandte hat. Kühe und viele andere Haustiere werden geschlachtet und das Grab, der Sarg und der Boden mit ihrem Blut eingeschmiert. Das Begräbnismahl ist als ein Fest für die Ah-

nen gedacht, auf daß diese den Verstorbenen in ihre Gemeinschaft aufnehmen, denn das Blut der Tiere erfreut das Herz der Ahnen. Das Fleisch wird unter den eingeladenen Gästen verteilt, zum Verzehren oder auch zum Mitnehmen, und es wird viel getrunken. Viele ältere Leute bestehen vor ihrem Tode darauf, daß man dafür Sorge trägt, alle geladenen Gäste bei ihrer Begräbnisfeier reichlich mit Essen zu versorgen. Bei dem Yoruba-Volk in Nigeria werden häufig »Sühne-Tiere« geopfert, um dem Verstorbenen den Zugang zu den Ahnen zu ermöglichen.[4]

4. *Rituelles Essen und Heilung.* Unter dem Xhosa-Volk in Südafrika findet sich – wie häufig auch in anderen Teilen Afrikas – der Glaube an eine enge Beziehung zwischen Krankheit und Bestrafung durch die Ahnen. Die Besänftigung der Ahnen oder böser Geister erfolgt durch Sühneopfer. Bei den Xhosa wird meistens eine Kuh als Opfertier geschlachtet. Zuerst wird das Tier zu Boden geworfen, als Zeichen der Weihe, dann wird es geschlachtet. Das Gebrüll des sterbenden Tieres, so glaubt man, öffnet gewissermaßen einen Kommunikationskanal zwischen den Ahnen und den Menschen; sein Gebrüll trägt die Gebete um Heilung, Reinigung usw. mit zu den Ahnen. Das Heilungsritual ist vollzogen, sobald der kranke Mensch ein Stück des gebratenen Fleisches kostet und damit zugleich das Gemeinschaftsmahl eröffnet.[5]

5. *Libation bei alltäglichen Mahlzeiten.* Bei den Igbo und vielen anderen Völkern Afrikas beginnen die Menschen keine Mahlzeit, ohne zuvor eine Libation zu vollziehen, das heißt, etwas von dem Essen oder dem Getränk auf den Boden zu werfen bzw. zu schütten, damit zunächst die Ahnen und Mächte hiervon kosten können. Es handelt sich hierbei um ein wichtiges und verbreitetes Ritual, und

besonders ältere Menschen lassen es nie aus. Es stellt eine Art Einweihung der Speisen und Getränke dar bzw. eine Art Tischgebet. Hierdurch wird die verbindliche Beziehung zu den Ahnen bekräftigt und die Verantwortung der Lebenden, ihrer täglich zu gedenken und sie symbolisch zu nähren. Als Belohnung empfangen die Lebenden Schutz und Segen.

Rituelle Verteilung von Essen und Opfertieren

Der starke Gemeinschaftsbezug des rituellen Essens in der Afrikanischen Ahnenreligion spiegelt sich insofern auch in der besonderen Form der Verteilung von Essen und Opfertieren wider, als sich diese an der gesellschaftlichen Rangordnung orientiert. Die Struktur der traditionellen afrikanischen Gesellschaft ist hierarchisch, das heißt, es gibt in fast jeder Gemeinschaft ein besonderes Über- und Unterordnungsverhältnis. Dieselbe Rangordnung gilt auch unter den übernatürlichen Mächten. Nach dieser Rangordnung richtet sich die Verteilung von Rechten, Pflichten und Respekt, aber auch von Grundstücken oder Essen. Normalerweise nehmen die Ahnen und Mächte das Blut des Tieres. Nachdem das Tier gekocht wurde, nimmt der erste Sohn der Gemeinschaft den Kopf, die erste Tochter den Kiefer. Das jüngste Kind erhält den Schwanz, die nach Heiratsjahren älteste Mutter den Rücken. Bei den Herero in Südafrika erhält die Mutter des Hauses oder die älteste Frau in der Gemeinschaft den Rücken des Tieres, und zwar deshalb, weil sie die Kinder im Haus getragen hat. Der erstgeborene Sohn bekommt das Vorderbein, weil er den anderen vorangeht.[6]

Bei den Igbo und zahlreichen anderen afrikanischen Völkern verteilt man das Fleisch eines Opfertieres ebenfalls der gesellschaftlichen Rangordnung entsprechend:

zuerst der erste Sohn und die erste Tochter, die Gemeinschaftsältesten und Würdenträger, dann alle Männer, nach Alter gestaffelt. Die Frauen verteilen ihre Portion unter sich proportional zu ihren Hochzeitsjahren in der Gemeinschaft. Natürlich reserviert man auch Fleisch für die Leute, die bei der Vorbereitung des Opfertieres direkt beteiligt waren.

Die hierarchische Struktur kann man schließlich bei allen gesellschaftlichen Handlungen beobachten. Sie reguliert die zwischenmenschlichen Beziehungen.

Schlußbemerkung

Die Bedeutung des rituellen Essens in der Afrikanischen Ahnenreligion liegt vor allem in seiner symbolischen Funktion der ganzheitlichen Reinigung und Heilung. Es schafft Versöhnung auf allen Ebenen und stärkt die vorhandenen Beziehungen. Es verdeutlicht die Notwendigkeit des Gleichgewichts und Zusammenlebens auf allen Ebenen der Gemeinschaft und schließlich die Einheit der Welt. Ein weiterer wesentlicher Aspekt ist das Verhältnis zwischen Mensch und Opferspeise. Denn in gewisser Weise wird der Mensch durch die Teilnahme am Opfermahl eins mit dem Opfer, indem er die Eigenschaften des Opfers »empfängt«. Damit verdeutlicht das rituelle Essen zugleich die Abhängigkeit des Menschen von dem, was er ißt und trinkt. Versteht man schließlich den sogenannten Dynamismus oder Fetischismus, den Glauben an die den Dingen innewohnenden übernatürlichen Kräfte, als eine Glaubenskraft im Besitz der Gemeinschaft, dann könnten aus diesem Aspekt sogar neue Impulse und Ansätze für Ökologie und Globalisierung erwachsen.

»Nehmt und eßt, das ist mein Leib« Mahl und Mahldeutung im frühen Christentum

Matthias Klinghardt

In memoriam Christian Hartlich
rect. port., 1968–1973

In allen christlichen Kirchen und Konfessionen steht im Mittelpunkt des Gottesdienstes die liturgische Feier des gemeinsamen Mahls: Die orthodoxen Kirchen des Ostens sprechen vom »Opfer« *(prosphora)*, die katholische Tradition von der Eucharistie oder Meßfeier, die protestantische vom Abendmahl. Dabei ist das Mahl nicht nur ein Wesensmerkmal der christlichen Kirchen, sondern auch innerchristliches Unterscheidungsmerkmal: Wie dieses Mahl genau zu verstehen ist, welche religiöse Bedeutung ihm anhaftet und wie seine liturgische Gestaltung im einzelnen aussieht, ist zwischen den Kirchen und Konfessionen nicht erst seit der Reformationszeit umstritten. Das ist natürlich kein Zufall. Gerade weil das Mahl so wichtig und zentral ist für das jeweilige religiöse Selbstverständnis, ist es zum Kristallisationspunkt geworden, an dem sich die jeweilige christliche oder konfessionelle Identität entscheidet.

Für das frühe Christentum läßt sich ein ganz ähnliches Phänomen beobachten. Von den allerersten Anfängen an haben alle Christen – ganz gleich, woher sie kamen und durch welche paganen oder jüdischen Traditionen sie geprägt waren – ein gemeinsames, religiös ausgezeichnetes Mahl begangen. Es hat nie Christen gegeben, die sich nicht zu einem Mahl versammelt haben. Zugleich spiegeln die frühchristlichen Texte eine große Vielfalt, was die religiöse Deutung des Mahls angeht. Das zeigen schon wenige Beispiele: Die Mahlgebete der Didache, einer Kirchenordnung vom Ende des ersten Jahrhunderts, deuten das Mahl auf Leben, Erkenntnis, Einheit und Unsterblichkeit (Did 9,4; 10,2), die Einsetzungsworte des Neuen Testaments dagegen auf den »Leib« Jesu und den »Neuen Bund« hin (1Kor 11,24 f.). Oder: Während das Mahl nach den Einsetzungsberichten ein Gedenken des Todes Jesu ist, fehlt dieser Aspekt beispielsweise in den Angaben der Apostelgeschichte, nach denen das Mahl in endzeitlichem »Jubel« gefeiert wird (Act 2,46). Oder, wieder anders: Sündenvergebung kann einerseits eine Wirkung des Mahls sein (so in Mt 26,28), andererseits aber auch als Voraussetzung für die Teilnahme am Mahl postuliert werden (Did 14,1).

So gibt es bei aller Übereinstimmung in der Mahl*praxis* große Unterschiede in der *Deutung* des Mahls. Das wirft eine doppelte Fragestellung auf: Einerseits ist zu klären, worin die einheitliche Mahlpraxis ihren Ursprung hat, andererseits muß sich zeigen lassen, wie sich die vielfältigen Deutungen dazu verhalten. Das Problem ist komplex. Denn obwohl die Deutungen als theologische Reflexion der konkreten Mahlpraxis gegenüber sekundär sind, handelt es sich ja nicht um beliebig veränderliche Zutaten. Auch wenn ein bestimmter Ursprung des Mahls keine ganz spezielle Deutung impliziert, so ist doch der Spielraum für solche Deutungen begrenzt, und sie müssen sich bei aller Verschiedenheit in einem durch den Ursprung definierten, einheitlichen Rahmen verstehen lassen.

Antike Vereinsmähler und der Ursprung des christlichen Mahls

Ich beginne mit dem Problem des Ursprungs: Warum haben alle Christen schon der allerfrühesten Zeit ein gemeinsames, religiös ausgezeichnetes Mahl gefeiert? Die Frage ist nicht so schlicht, wie sie sich auf den ersten Blick vielleicht ausnehmen mag. Denn einige der naheliegend erscheinenden Antworten erweisen sich sehr schnell als unzureichend.

Eine erste, von der Wissenschaft häufig geäußert,[1] besagt, Jesus selbst habe das christliche Mahl gestiftet und den Jüngern beim letzten Mahl in Gethsemane eine regelmäßige Wiederholung befohlen. In der Tat enthalten zwei der vier neutestamentlichen Berichte vom letzten Mahl Jesu einen Wiederholungsbefehl: »Tut dies zu meinem Gedächtnis!« (Lk 22,19; 1Kor 11,24 f.). Diese Bestimmung des Ursprungs des Mahls impliziert eine bestimmte Deutung: Es ist Gedächtnis des Todes Jesu, und dieser Aspekt wird auch ausdrücklich benannt: »Sooft ihr von diesem Brot eßt und aus diesem Kelch trinkt, verkündigt ihr den Tod des Herrn« (1Kor 11,26). Allerdings läßt sich diese Deutung nur für einen Teil der frühchristlichen Mahlüberlieferung – aufs Ganze gesehen, ist es der kleinere – nachweisen; in vielen anderen Texten fehlt nicht nur der Wiederholungsbefehl, sondern auch ein Bezug auf den Tod Jesu.[2] Zur Erklärung der großen Vielfalt frühchristlicher Mahldeutungen taugt diese Antwort also nicht. Darüber hinaus ist es äußerst unwahrscheinlich, daß ein so weitverbreitetes und vielfältiges Phänomen nur einen einzigen, punktuellen Ursprung haben sollte. Der umgekehrte Weg ist plausibler: Da die Berichte der Evangelien über die Einsetzung des Mahls zu einer Zeit entstanden sind, als es längst eine breite, vielgestaltige Mahlpraxis gab, versteht man sie sehr viel leichter als Versuch, eine bestimmte Deutung dieses Mahls legitimierend festzuschreiben.

Ein anderer Ansatz versucht die Schwierigkeiten der Annahme eines einmaligen Stiftungsaktes zu vermeiden und versteht die frühchristlichen Mähler als Fortsetzung der Mahlpraxis Jesu insgesamt.[3] In der Tat berichten die Evangelien, daß Jesus immer wieder mit seinen Jüngern und Sympathisanten, vor allem aber mit Zöllnern und Sündern zusammen gegessen habe.[4] Auch hier ist eine bestimmte Deutung des Mahls impliziert: Die Mahlgemeinschaft Jesu mit Zöllnern und Sündern ist in den Evangelien verstanden als Ausdruck der grenzenlosen Liebe Gottes: »Ich bin nicht gekommen, die Gerechten zu rufen, sondern die Sünder«, erwidert Jesus auf den Vorwurf, er würde mit den falschen Leuten essen (Mk 2,17).

Zwar ist diese Antwort sehr viel plausibler als die Annahme eines einmaligen Stiftungsaktes, bleibt historisch aber ebenfalls unbefriedigend. Denn abgesehen davon, daß es keine verläßlichen Kriterien gibt, anhand derer sich die Historizität der Evangelienüberlieferung nachweisen ließe, wird die Frage nach dem Ursprung nicht beantwortet, sondern nur verschoben: Wie sollte Jesus darauf gekommen sein, die Liebe Gottes zu Sündern und Zöllnern ausgerechnet durch ein gemeinsames Mahl zum Ausdruck zu bringen? Wäre diese Vorstellung charakteristisch ausschließlich für Jesus, dann ergäben sich dieselben Schwierigkeiten wie bei der Annahme einer einmaligen Stiftung: ein singulärer, monokausaler Ursprung nämlich. Wäre die Vorstellung, daß das Mahl eine grenzüberschreitende Einheit stiftet, allerdings weiter verbreitet, würde es sich erübrigen, die frühchristliche Mahlpraxis durch das »Nadelöhr« der Jesusüberlieferung zu erklären.

Man muß also etwas weiter zurückgehen und grundsätzlicher nach antiken Analogien zum frühchristlichen Mahl fragen, die sowohl den Hintergrund der Mahlpraxis insgesamt erhellen als auch die spezielleren Nachrichten über die Zöllner- und Sündermähler Jesu oder die Einsetzungsberichte beim letzten Mahl erklären können. Die Antwort ist positiv und heißt: *Vereinsmähler.* Es hat in der hellenistisch-römischen Antike tatsächlich eine Vielzahl von Genossenschaften oder Vereinen gegeben, die sich allesamt zu regelmäßigen, gemeinschaftlichen Mählern versammelt und so das gesamte soziale Leben zutiefst bestimmt haben. Da der Erklärungswert dieser Analogie stark vom Verbreitungsgrad dieser Vereinsmähler abhängt, ist es sinnvoll, sich Hintergrund und Ausmaß dieses Gemeinschaftslebens[5] vor Augen zu führen: Der Verlust der politischen Eigenständigkeit der griechischen Städte im 4. Jahrhundert v. Chr. brachte einen Bedeutungsverlust derjenigen politischen und sozialen Institutionen mit sich, die das öffentliche Leben nachhaltig geprägt hatten. Dieser Niedergang der griechischen Stadtkultur wurde durch die Entstehung zahlreicher halböffentlicher und privater Vereine kompensiert, die die meisten Funktionen der Polis absorbierten. Diese Vereine deckten fast alle Aspekte des öffentlichen Lebens ab, vor allem aber ermöglichten sie, was die Polis in besonderer Weise ausgezeichnet hatte: die Erfahrung von Gemeinschaft. Das zeigen einige Beispiele, die sich nicht nur auf Griechenland, sondern auf die gesamte hellenistisch-römische Welt beziehen:

Religion und religiöse Gemeinschaft fand zum ganz überwiegenden Teil in solchen Vereinen statt. Zwar gab es überall auch staatliche Kulte, aber die waren rein quantitativ deutlich in der Minderzahl. Die ganz überwiegende, normale Alltagsreligiosität hatte ihren Ort in kultischen Vereinigungen.

Alle höhere Bildung (jenseits des privaten Elementarunterrichts) fand in philosophischen, naturwissenschaftlichen oder medizinischen Zirkeln statt, die sich zu regelmäßigen Vereinsmählern trafen.[6]
Auch typisch kommunale Aufgaben – zum Beispiel die Aufstellung einer Feuerwehr oder die Instandhaltung der Wasserversorgung – wurden in der Antike von solchen Vereinen übernommen, die dann nicht nur diese Aufgaben erfüllten, sondern sich auch regelmäßig trafen.
Daneben gab es eine Vielzahl von *Berufsverbänden*, die in manchem den mittelalterlichen Gilden ähnelten. In diesen Gemeinschaften wurden die gemeinsamen wirtschaftlichen Interessen wahrgenommen, und zwar in regelmäßigen Versammlungen.
Weit verbreitet waren Vereine, deren Mitglieder sich gegenseitig *ökonomische Unterstützung* gewährten. Das bekannteste Beispiel sind die sogenannten Begräbnisvereine in Rom,[7] die für eine anständige Beerdigung ihrer Mitglieder Sorge trugen; aber auch sonst ist belegt, daß Vereine wie Genossenschaftsbanken oder Versicherungen nach dem Prinzip der Gegenseitigkeit funktionierten.[8]
Selbst *Freunde*, die nichts anderes tun wollten, als nur einfach in fröhlicher Runde zusammenzukommen, gründeten einen Verein, gaben sich eine Satzung und hielten regelmäßige Treffen ab.[9]

Das heißt, nahezu alle Funktionen sozialen Lebens, die ursprünglich von den öffentlichen Institutionen der Polis wahrgenommen wurden, verlagerten sich in die Vereine, was zu einem sprunghaften Anstieg ihrer Zahl führte. Umgekehrt boten diese Vereine die Möglichkeit, Gemeinschaft zu erfahren: Nachdem die große Masse der Bevölkerung nicht mehr an den zeitraubenden politischen Entscheidungsprozessen auf dem Marktplatz beteiligt war, boten diese Vereine die Möglichkeiten zu sozialen Kontakten außerhalb der eigenen vier Wände. Unabhängig von solchen Vereinsversammlungen gab es überhaupt keine Möglichkeit für die Erfahrung von Gemeinschaft.

Von allergrößter Bedeutung ist es, daß das Gemeinschaftsleben all dieser Vereine im wesentlichen aus einem regelmäßig abgehaltenen *Gemeinschaftsmahl* bestand. Wer immer also Gemeinschaft pflegen wollte, ganz gleich zu welchem Zweck, der traf sich mit anderen zum gemeinsamen Essen und Trinken. Das ist der Hintergrund auch der frühchristlichen Mahlpraxis. Wenn Jesus mit den Jüngern oder mit Sündern und Zöllnern Gemeinschaft haben wollte oder wenn sich frühchristliche Gemeinden – zum Beispiel in Korinth – zum Gottesdienst versammelten, wenn also christliche Religiosität insgesamt das Zusammenkommen der Gemeindemitglieder erforderte und sich nicht in privater Spiritualität erschöpfte, dann war das gar nicht anders möglich, als sich zu einem gemeinsamen Mahl zu treffen. Die Antike hat neben dem Gemeinschaftsmahl überhaupt keine alternativen Sozialformen entwickelt, in denen Gemeinschaft praktiziert und erfahren werden konnte.

Die frühchristliche Mahlpraxis hat ihren Grund also in den ganz besonderen historischen Bedingungen der hellenistisch-römischen Gesellschaft. Der sachliche Ursprung des christlichen Mahls liegt daher weniger in einer speziellen Opfermetaphorik oder in dem allgemein-religiösen Elementarsymbol des gemeinsamen Essens, das in den meisten Kulturen begegnet,[10] als vielmehr in der ganz besonderen Struktur der antiken Polisgesellschaft – einer der zentralen Wiegen der westlichen Kultur überhaupt. Diese Erkärung des sachlichen Hintergrunds erstreckt sich auch auf die vorösterlichen »Sündermähler« oder eine mögliche Stiftung des Mahls durch Jesus. Aber sie ist nicht davon abhängig, daß diese Ereignisse historisch sind. Anders gesagt: Die Darstellung der Gemeinschaft

Jesu mit Jüngern, Zöllnern, Sündern oder Sympathisanten erforderte die Form des gemeinsamen Essens. Dementsprechend lag es für die Christen auch nahe, die besondere Identität ihrer Gemeinschaft durch einen Bericht von der Einsetzung des Mahles durch Jesus ätiologisch festzuschreiben: Christliche Gemeinden haben sich in Analogie zu paganen Vereinen verstanden, zumindest mußten sie von ihren Zeitgenossen in dieser Weise wahrgenommen werden.

Wichtiger ist in unserem Zusammenhang, daß die Analogie zwischen antiken Vereinen und frühchristlichen Gemeinden auch eine Entsprechung der jeweiligen *Mähler* und ihrer Gestalt bedingt. Denn so kann man sich auch ein anschauliches Bild der Mahlgottesdienste machen: wann und wo sie stattfanden, welche typischen Probleme dabei auftraten, was gegessen und getrunken wurde, wer daran teilnahm, wie sie finanziert wurden usw. – kurz: wie diese Mähler eigentlich genau aussahen. Der folgende Abriß setzt diese Entsprechung zwischen paganem und christlichem Mahl immer voraus.

Räumlichkeiten

Entscheidend für die Vorstellung frühchristlicher Gottesdienste ist zunächst, daß alle antiken Gemeinschaftsmähler Gelage waren: Man saß nicht, sondern man lag zu Tisch.[11] Dafür gab es besondere Speisesofas, die sogenannten Klinen; sie besaßen am oberen Ende eine Erhöhung (wenigstens aber ein Polster), auf der man sich abstützen konnte. Die Klinen sind immer in Form eines Hufeisens oder eines Halbkreises angeordnet; eine solche Klinenrunde heißt Triklinium, weil sie im einfachsten Fall aus drei über Eck gestellten Klinen bestand. Diese Gelageform ist durch unzählige bildhafte, archäologische und literarische Zeugnisse belegt. Die privaten Speise-

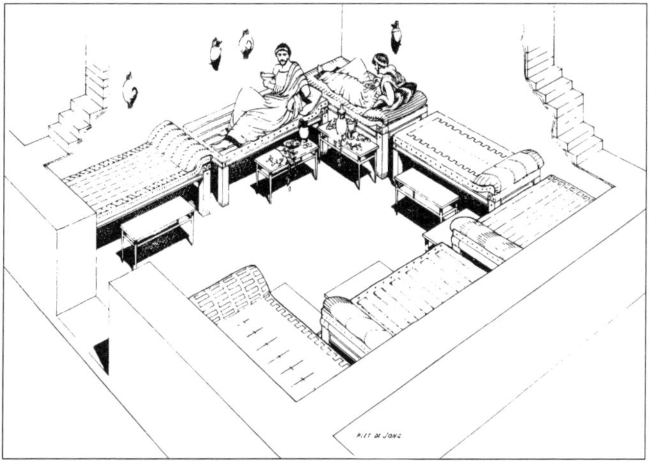

Abbildung 1: Rekonstruktion eines Bankettraums der Süd-Stoa auf der Athener Agora

zimmer der griechischen und römischen Häuser waren ebenso in dieser Triklinienform angeordnet[12] wie öffentliche Banketträume. Einen anschaulichen Eindruck vermittelt die Rekonstruktion eines Bankettraums der Süd-Stoa auf der Athener Agora (Abb. 1).[13]

Deutlich zu erkennen sind die Polsterung der Klinen und ihre Erhöhung am Kopfteil. Die Symposiasten lagern halb auf dem Rücken, halb auf der Seite und stützen sich mit den linken Ellbogen ab. Plutarch, dessen »Gastmahlsfragen« wir zahlreiche wichtige Informationen verdanken, beschreibt diese Gelagehaltung und führt aus, daß man zunächst beim Mahl mehr auf dem Bauch als auf der Seite liegt (um auf den Tisch sehen zu können) und daher mehr Platz benötigt als später beim Symposion, bei dem man mehr auf der Seite liegt.[14] Dieses Triklinium bot sieben Teilnehmern Platz (insgesamt gab es dort 15 solcher Räume), die Klinen sind in U-Form aufgestellt und lassen eine Querseite frei.

Wenn ein Mahl nicht im familiären Speisezimmer oder im Repräsentationsraum eines privaten Hauses stattfand, dann traf man sich in derartigen Räumlichkeiten. Es gab auch größere Gebäude oder ganze Gebäudekomplexe. Eines von vielen Beispielen ist das Deipnisterion des Asklepiosheiligtums in Troizen in der Argolis (Abb. 2).[15]

Um einen großen Hof mit Peristyl sind vier kleinere Bankettràume für je neun Mahlteilnehmer angeordnet. In

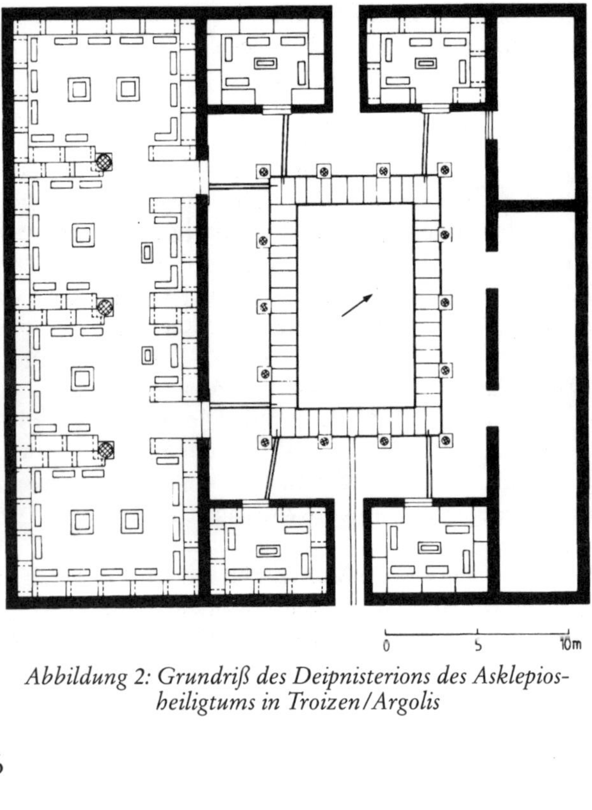

Abbildung 2: Grundriß des Deipnisterions des Asklepiosheiligtums in Troizen/Argolis

allen Triklinien ist in der Mitte der Sockel für den Schanktisch erkennbar, auf dem der Krater stand, in dem der Wein gemischt wurde. Wichtig ist die auf der Südseite des Hofes gelegene Halle, die durch drei Säulen abgestützt ist. Dadurch wird der Raum in vier Abschnitte unterteilt, in denen sich vier offene Triklinien mit 14 bis 17 Klinen befinden. Dieser Raum bot also Platz für bis zu 61 Personen. An dieser Halle läßt sich ein charakteristisches Phänomen beobachten: Bei steigendem Platzbedarf vergrößerte man nicht die Anzahl der Klinen innerhalb eines Trikliniums, sondern erhöhte die Anzahl der Triklinien. Am weitesten verbreitet waren Triklinien mit neun bis 15 Teilnehmern. Warum sich dieses Maß durchgesetzt hat, erklärt wiederum Plutarch: In einem größeren Triklinium ist ein gemeinsames Gespräch der Symposiasten nicht mehr möglich, es entstehen dann kleinere Gesprächsgruppen von zwei oder drei Gästen; bei einer größeren Zahl von Symposiasten sei es daher besser, mehrere Triklinien einzurichten als die Einheit der Gesprächsrunde innerhalb eines solchen Trikliniums aufzugeben.[16] Wenn also die Evangelien berichten, daß Jesus mit den zwölf Jüngern das Passahmahl hielt, dann ist das ziemlich genau die ideale Größe für ein normales, schönes Symposion.

Wenn sich christliche Gemeinden nicht gerade im Wohnzimmer eines Gemeindemitglieds trafen,[17] dann muß man sich die Räumlichkeiten, in denen diese gottesdienstlichen Treffen stattfanden, ähnlich wie jene für Symposien vorstellen. Aus Korinth sind im Neuen Testament beispielsweise 17 Christen namentlich bekannt. Wenn man noch eine gewisse Dunkelziffer dazuzählt und in Rechnung stellt, daß der eine oder andere Christ ja auch sein »Haus« – also Frau, Kinder und Sklaven – zur Versammlung mitbrachte, dann kommt man sehr schnell auf eine Zahl, die sich beim besten Willen nicht mehr in einem privaten Speisezimmer unterbringen ließ. In diesem Fall wurde solch ein Bankettraum angemietet.[18] Genau das berichtet die Apostelgeschichte für die Gemeinde in Ephesus: Als die Gemeinde wuchs, soll Paulus dort den Bankettraum eines gewissen Tyrannos angemietet haben.[19]

Mahl und Libationszeremonie

Wichtiger als die Räumlichkeiten ist, was darin vorging. Denn die Gemeinschaftsmähler, die regelmäßig am späten Nachmittag begannen und sich bis in den Abend hinein hinzogen, hatten immer dieselbe Gestalt: Am Anfang stand das gemeinsame Essen (gr. *deipnon* oder *syssition*, lat. *cena*), dann folgte eine religiöse Zeremonie mit einem gemeinsamen Gebet, und den Abschluß bildete das gemeinsame Trinkgelage.[20]

Die Speisen, die zum Mahl aufgetragen wurden, unterschieden sich in Quantität und Qualität natürlich erheblich: Was auf der Speisekarte stand, war abhängig von den ökonomischen Möglichkeiten des Gastgebers oder der Teilnehmer. In der Regel wurden mehrere Gänge serviert, außer Gemüse und Salaten gab es bei Gemeinschaftsmählern fast immer auch Fleisch – dies übrigens im Unterschied zu den privaten Mahlzeiten, die man bei sich zu Hause im Familienkreis einnahm und die oft deutlich ärmlicher ausfielen.[21] Es gehörte zum guten Ton, während des Essens nicht zu trinken.[22]

Wenn die Berichte über christliche Mähler immer wieder nur Brot und Wein erwähnen, dann heißt das nicht, daß es sonst nichts zu essen gegeben hätte, sondern nur, daß über Brot und Wein gebetet wurde. Die Römer und Griechen kennen kein Gebet zu Beginn des Essens, wohl aber die Juden, und die Christen haben es von ihnen übernommen. Das Mahl beginnt mit einem Gebet über einem Stück Brot: »Und beim Mahl nahm er das Brot und sprach (darüber) den Segen. Dann brach er es und gab es ihnen …« (Mk 14,22) – damit fängt das Mahl an. Das heißt, einer spricht für alle das Dankgebet für das Essen, das dampfend auf dem Tisch steht; er bricht das Brot in mehrere Teile und verteilt diese unter die Mahlteilnehmer. Die brauchen das auch, denn das Brot dient als Besteck,[23] mit denen man die Speisen auflöffelt oder auftunkt. Wer besonders gierig ist und vor dem Eingangsgebet anfangen will, verbrennt sich also die Finger, weil er noch kein Besteck hat.

Nach dem Essen wurden die Tische abgeräumt und der Wein hereingebracht. Es folgte eine religiöse Zeremonie, die *Libation* oder *Spende.* Diese Libation fehlte in keinem Mahl. Es handelt sich dabei um ein Opfer, bei dem manchmal Speisereste, immer aber ein Schluck Wein dargebracht wurde: Alle tranken einen kleinen Schluck (noch unverdünnten) Weins aus einem gemeinsamen Becher, anschließend wurde meistens noch ein kleiner Schluck als Spende entweder auf den Boden oder ins Herdfeuer vergossen.

Diese Libationszeremonie war von einem gemeinsamen Gebet begleitet, dem *Päan.* Das heißt, alle Symposien – nicht nur diejenigen, die von religiösen Gemeinschaften veranstaltet wurden – besaßen einen mehr oder weniger ausgeprägten religiösen Aspekt. Der Päan wurde immer von allen Teilnehmern unisono zur Flötenbegleitung rezitiert.[24] Das gibt es auch im frühen Christentum: »Und (nach dem Essen) nahm er den Kelch und sprach (darüber) das Dankgebet; und dann gab er ihn ihnen, und sie alle tranken daraus« (Mk 14,23). In jüdischem Kontext und auch im frühen Christentum ist eine regelrechte Libation mit einem Gebet an Zeus und andere Götter natürlich undenkbar; es wird durch ein Dankgebet ersetzt. Auf griechisch heißt »Dank« oder »Dankgebet« *eucharistia,* und von daher hat das ganze Mahl seinen Namen.

In den Berichten vom letzten Abendmahl ist es Jesus, der stellvertretend für alle betet; das ist charakteristisch für die Rolle des Gastgebers bei privaten Einladungen. Im frühen Christentum ist es zunächst die Gemeinschaft insgesamt, die das Gebet unisono rezitiert. Genau genommen wurde dieses Gebet – wie auch der Päan – nicht gesprochen, sondern gesungen, da die Antike alles gebundene Sprechen als Singen bezeichnet. Man kann noch einen Schritt weiter gehen: Wenn in der Antike eine Gruppe von Menschen – also ein Chor – einen Sprechgesang rezitiert bzw. singt, dann ist das nie ohne rhythmische Bewegung zumindest der Hände denkbar. Das griechische Wort für diese Aktivität heißt *choreuein,* zu deutsch »tanzen«, und es gibt in der Tat eine ganze Reihe von Hinweisen darauf, daß auch die Christen zu diesem wichtigen Gebet nach dem Mahl getanzt haben.[25]

Symposion und Symposienunterhaltung

An diese Libationszeremonie schloß sich dann regelmäßig das an, was man oft für das Wichtigste hielt und was in den Schilderungen meistens den größten Raum einnimmt: das Symposion, also das eigentliche Trinkgelage. Den Übergang vom Mahl über die Libation zum Symposion thematisiert ein Fragment des Komödiendichters (nicht des Philosophen) Platon, in dem sich zwei Sklaven unterhalten:

> »Haben die Herren schon fertig gegessen? – Fast alle. – Gut. Warum eilst du nicht und trägst die Tische fort? Ich will gehen und Lauge ausgießen. – Dann kehre ich aus. Nachdem ich die Spenden dargebracht habe, stelle ich den Kottabos bereit. Die Flöten für die Sklavin müßten zur Hand und einge-

blasen sein. Mach dich auf und gieße ägyptisches Parfum und Irisduft aus; ich bringe dann einen Kranz für jeden der Symposiasten. Ein neuer Mischkrug soll bereitet werden! – Es ist schon gemischt. – Lege dann den Weihrauch auf [...]
Die Libation ist bereits vollzogen, und sie sind weiter beim Trinken; auch das Skolion ist gesungen, und der Kottabos ist schon heraus. Ein Mädchen hat die Flöten und spielt eine karische Melodie für die Symposiasten; eine andere sah ich, die eine dreieckige Harfe hat, und sie sang dazu eine ionische Melodie.«[26]

Nach dem Mahl werden die Tische abgeräumt und der Raum von Speiseresten gereinigt, bevor »die Spenden dargebracht« werden können – das ist die Libationszeremonie mit dem Päan, zu der man die Flötenbegleitung benötigt. Außerdem erhalten die Symposiasten Kränze und Salböl, das über den Kopf gegossen und zur Erfrischung einmassiert wird. Danach beginnt das eigentliche Symposion: Weihrauch wird auf die Räucherpfannen gelegt und Wein gemischt, das heißt, er wurde mit Wasser verdünnt. Der Genuß von ungemischtem Wein galt als extrem gesundheitsgefährdend und barbarisch; Plutarch hält das Verhältnis von drei Teilen Wasser zu einem Teil Wein für eine harmonische Mischung, die »zum Schlaf führt« (*Quaest. Conv.* III 9 [657d]), die Mischung 1:1 ist dagegen noch gefährlich und »führt zur Verücktheit«.[27] Für das eigentliche Symposion sind mehrere Formen von Nachtischunterhaltung genannt: Der Kottabos ist ein beliebtes sympotisches Spiel, Skolien sind typische Symposienlieder, es wird (mit dem Doppelaulos und der Harfe) musiziert.

Wie die Gestaltung des Symposions im einzelnen aussah, war natürlich stark von den Bedürfnissen und Möglichkeiten der jeweiligen Gesellschaft abhängig. Aber dank der zahlreichen literarischen, inschriftlichen und

Abbildung 3: Bankettszene (rf. Dinos aus Apulien, Mitte des 4. Jahrhunderts v. Chr.)

bildlichen Zeugnisse kann man nicht nur ein ziemlich genaues Bild entwerfen, sondern auch zwischen weitverbreiteten, charakteristischen und weniger typischen Formen unterscheiden. Ein gutes Beispiel ist die Bankettszene auf einem rotfigurigen *Dinos* (Abb. 3).[28]

Zu sehen sind drei Symposiasten, die zusammen auf einer großen Kline liegen; das war nicht unüblich, immerhin hat jeder sein eigenes Polster, um sich abzustützen. Allerdings hielt Cicero mehr als drei Symposiasten auf einer Liege nicht nur für unbequem, sondern auch für ungehörig, weil das gedrängte Liegen dem Verdacht sexueller Annäherung Vorschub leistete.[29] Die Kränze der Symposiasten und die Trinkgefäße sind eindeutige Indizien dafür, daß hier nicht ein Mahl abgebildet ist, sondern das Symposion nach der Libation. Auf den Tischchen sind daher auch nicht die Speisen der Hauptmahlzeit zu sehen, sondern typische Bestandteile des Nachtischs, der während des Symposions gereicht wurde: Gebäck, Eier und ein Granatapfel (außerdem eine flache *Siana*-Schale und ein hochhenkliger *Kantharos*). Außerhalb des Bildausschnitts befindet sich links eine Flötenspielerin, rechts eine Sklavin, die gerade Weihrauch auf eine Räucherpfanne legt. Aufschlußreich ist, was die Symposiasten tun, denn der Künstler hat jeden der drei bei einer anderen typischen Nachtischaktivität dargestellt: Der mittlere Symposiast hält in der rechten Hand eine *Kylix,* eine flache Trinkschale, und zwar auf recht eigenartige Weise. So ist der Zeigefinger von unten durch den waagerechten Henkel gesteckt – der Symposiast hält sie im Schleuderwurf, also in der für das Kottabosspiel charakteristischen Haltung: Nachdem die Schale leergetrunken war, schleuderte man die Nagelprobe mit einer plötzlichen Bewegung in eine Metallschale, die frei schwingend an einem Ständer hing. Wer in die Schale traf und sie mit dem Weinrest in Bewegung setzte, hatte gewonnen. Der Kottabosständer ist hier allerdings nicht abgebildet.

Der linke Symposiast hat keinen Becher in der Hand, sondern einen Myrtenzweig. Er ist bei einer anderen typischen Nachtischunterhaltung: Er singt. Es war üblich, daß – nach Libation, Päan und Bekränzung – ein Myrtenzweig herumgereicht wurde. Wer ihn bekam, mußte für alle ein Lied singen. Diese Lieder heißen Skolien und sind vom Päan deutlich unterschieden. Plutarch erklärt dazu (*Quaest. Conv.* I 5 [615a/b]):

> »Man sang zuerst das Lied des Gottes, indem alle gemeinsam mit einer Stimme den Päan sangen. Darauf aber sang jeder der Reihe nach, wenn ihm der Myrtenzweig übergeben wurde ... Manche sagen, daß der Myrtenzweig nicht der Reihe nach herumgegangen sei, sondern einem jeden von Kline zu

Kline weitergereicht wurde: Der erste, der gesungen habe, habe ihn zum ersten auf der zweiten Kline weitergegeben, jener zum ersten auf der dritten Kline; dann der zweite (Symposiast auf der ersten Kline) in gleicher Weise zum zweiten auf der zweiten Kline. Wegen dieser vielfachen Abwechslungen und Wendungen sei dann der Gesang selbst auch Skolion genannt worden« – denn das griechische *skolion* heißt »unregelmäßig, krumm«. Es ist klar, daß bei dieser Aufführungspraxis schon mal Unordnung und Unruhe auftreten.

Der rechte Symposiast hält eine *Omphalosphiale*, eine flache Trinkschale, mit dem Mischwein. Er trinkt also, und das ist natürlich das wichtigste. Aber er hat den Kopf gedreht und schaut ganz interessiert zu dem Symposiasten auf der nächsten Kline: Er unterhält sich. Daß diese Tischgespräche für viele das Wichtigste am Symposion waren, ist durch ungezählte Zeugnisse belegt. Cicero schreibt zum Beispiel einmal:

»Ich habe das Vergnügen an den Gastmählern nicht nach den körperlichen Freuden (also: reichlich essen und gut trinken) bemessen, sondern mehr noch nach dem Zusammensein mit Freunden und dem Gespräch.« Und er fährt fort: »Mir macht es bei meiner Freude am Gespräch sogar Vergnügen, wenn Gastmähler recht früh beginnen.«[30]

Die Darstellung der drei Symposiasten ist charakteristisch für die Unterhaltung während des Symposions. Da die Darstellung keinerlei erotische Aspekte enthält, die etwa für zahlreiche Darstellungen von Gelagen mit Hetären typisch sind, fällt die hier gezeigte Unterhaltung beim Symposion in nichts aus dem Rahmen gutbürgerlicher Wohlanständigkeit: Spiel und Spaß, Gesang und Muse, Gespräch und Bildung.

Auch wenn es auf den ersten Blick befremdlich ist: Da die Gottesdienste des frühen Christentums in den ersten beiden Jahrhunderten solche abendlichen Symposien waren, muß man sie sich wohl ähnlich wie das hier Dargestellte vorstellen. Es gab also keine Kirchenbänke, sondern Speisesofas, die in Triklinienform aufgestellt waren. Es gab keinen Altar, sondern kleine Tischchen für jeden Teilnehmer. Es gab keinen Priester, der für die anderen die Messe zelebriert hätte, vielmehr haben alle gemeinsam gegessen, gebetet und getrunken. Es gab auch keinen Pfarrer, der eine Predigt gehalten hätte, sondern nur die gemeinsame Unterhaltung und wechselseitige Belehrung beim Symposion, zu der jeder Teilnehmer etwas beizutragen hatte. Wenn es Schwierigkeiten bereitet, sich beispielsweise die korinthische Gemeinde bei ihrer gottesdienstlichen Versammlung so vorzustellen wie die drei Symposiasten auf diesem Vasenbild, darf man sich getrost den mittleren wegdenken – denn daß in den christlichen Versammlungen Trinkspiele veranstaltet wurden, ist nicht belegt. Aber der Rest stimmt; Gesang und Gespräch beim Wein sind wohl durchaus charakteristisch auch für einen christlichen Mahlgottesdienst. Paulus schreibt im 1. Korintherbrief:

> »Was soll also (beim Symposion) geschehen, Brüder? Wenn ihr zusammenkommt, dann hat jeder von euch einen Psalm, jeder eine Belehrung, eine Offenbarung, eine Zungenrede, eine Übersetzung. Alles soll zur wechselseitigen Erbauung geschehen« (1Kor 14,26).

Das heißt, beim Symposion in Korinth gab es neben der Zungenrede auch Gesang und Unterhaltung, die hier als Lehre verstanden wird. Und jeder Teilnehmer trug etwas zur Unterhaltung und zur Freude seiner Mitchristen bei – Paulus sagt: zu ihrer Erbauung. Man sollte sich nicht davon täuschen lassen, daß dieser Gottesdienst so anders aussieht als das, was uns vertraut ist. Und ich halte es für sehr wahrscheinlich, daß auf den Tischchen beim Symposion in Korinth Nachtisch stand und der eine Nüßchen knabberte, während der andere gerade einen Psalm sang oder eine Offenbarung mitteilte: Die Gestalt der Symposien – ganz gleich ob bei Griechen, Römern, Juden oder Christen – blieb über Jahrhunderte hinweg immer dieselbe. Schon lange vor der Entstehung des Christentums hatte das antike Gemeinschaftsmahl seine eigene ritualisierte Form gefunden.

Pagane und christliche Deutungen des Gemeinschaftsmahls

Die Tatsache, daß die frühchristlichen Mahlgottesdienste nichts anderes waren als ganz normale, verbreitete Symposien, beantwortet nicht nur die erste Frage nach dem Ursprung der christlichen Mahl*praxis,* sondern es werden auch die sehr unterschiedlichen Mahl*deutungen* auf einem einheitlichen Hintergrund verständlich.

Denn daß die Vereine in der hellenistischen und römischen Zeit die sozialen Funktionen der Polis ganz weitgehend absorbiert hatten, deutet nicht nur auf die Entstehung einer Sozialform hin, die sich sehr schnell verbreitete und bald die einzige Möglichkeit institutionalisierter oder gesellschaftlich möglicher Gemeinschaftserfahrung jenseits der Grenzen des Privathauses wurde. Diese Entwicklung brachte es auch mit sich, daß die Wertvorstellungen, die die ideale Bürgergemeinschaft der Polis ausgezeichnet hatten, in zunehmendem Maß auf diese Vereine übertragen wurden – und auf ihr Gemeinschaftsleben in den Symposien. Der Niedergang der griechischen Poliskultur, die zunehmende Unübersichtlichkeit, die immer größer werdenden ökonomischen Gegensätze und die sich immer stärker ausprägende soziale Schichtung hatten dazu geführt, daß man das Symposion als den –

einzigen! – Ort ansah, an dem eine vollkommene, ideale Gemeinschaft noch möglich war: Das Gemeinschaftsmahl wurde zur konkreten Utopie und »absorbierte« all diejenigen Wertvorstellungen, die in der Polisgemeinschaft nicht – oder nicht mehr – zu verwirklichen waren.

Es gibt also eine ganz stabile Mahlideologie mit einem relativ festen Bestand an Wertvorstellungen. Und das christliche Mahl hat mit seinen paganen Analogien nicht nur die äußere Form des Gemeinschaftsmahls gemein, sondern partizipiert grundsätzlich auch an dieser Ideologie, die ihm anhaftet. Man könnte sagen: Die unterschiedlichen Deutungen des frühchristlichen Mahls sind zu verstehen als je und je besondere Akzentuierungen dieser allgemeineren, weitverbreiteten Mahlwerte. Die große Ähnlichkeit zwischen griechisch-römischen und christlichen Deutungen des Mahls ist dabei nicht im Sinne einer Nachahmung zu beurteilen, sondern eher als Zeichen für eine gemeinsame Zugehörigkeit zu einer ganz breiten Mahlkultur. Ich möchte das an einigen Beispielen kurz veranschaulichen:

Friede, Eintracht und Freundschaft

Die wichtigsten Werte, die ein gelungenes Mahl auszeichnen, sind die Eintracht und Freundschaft der Mahlteilnehmer untereinander, also die Abwesenheit von Streit und Zwietracht. Daß das Mahl diese Werte zum Ausdruck bringt, ist in unzähligen Texten bezeugt.[31]

Der Satiriker Lukian hat in seinen »Göttergesprächen« ein Symposion der olympischen Götter geschildert. Als es da zwischen Asklepios und Herakles zum Streit über den besseren Platz kommt, fährt der Göttervater Zeus barsch dazwischen: »Bei Tisch darf Streit nicht sein!«[32] Nein, natürlich nicht – denn der Streit hebt die Gemeinschaft, die das Symposion verkörpert, auf. Es gehört sich noch nicht einmal, daß man bei Tisch über Streit und Krieg redet. Bei Anakreon, dem Meister der sympotischen Dichtung, heißt es in einem Skolion:

> »Den liebe ich nicht, der beim Trinken, wenn der Krater gefüllt ist, von Streit und tränenreichem Krieg spricht.
> Sondern den (liebe ich), der die glänzenden Gaben der Aphrodite mit den Musen vermischt und lieblichen Frohsinns gedenkt.«[33]

Man muß deswegen über Liebe und Liebesdichtung – also: die Gaben der Aphrodite und die Musen – reden, aber nicht über Krieg und Streit, weil das Symposion der Ort der Eintracht und der Liebe ist, an dem Streit keinen Platz hat. Dazu auch ein christliches Beispiel: In der Didache, einer Gemeindeordnung vom Ende des ersten Jahrhunderts heißt es:

> »An jedem Herrentag, wenn ihr zusammenkommt, brecht das Brot und sagt Dank, nachdem ihr zuvor eure Übertretungen bekannt habt, damit euer Opfer rein sei. Jeder aber, der Streit mit seinem Nächsten hat, soll nicht mit euch zusammenkommen, bis sie sich ausgesöhnt haben, damit euer Opfer nicht entweiht werde!«[34]

Wie wichtig Eintracht beim Mahl auch für Christen war, zeigen noch andere Texte. Die Apostelgeschichte zum Beispiel erzählt, wie die erste Gemeinde in Jerusalem täglich zusammenkam, einmütig das Brot brach und »voller Jubel und Einfalt des Herzens« aß (Act 2,46). »Einfalt des Herzens« steht hier für Eintracht: Das Herz dieser Christen war nicht gespalten und »hintenherum«. Man hielt die Eintracht beim Mahl für so charakteristisch, daß das christliche Mahl insgesamt auch *agapē,* also »Liebe« heißen konnte.[35]

Solche Eintracht war nur zu gewährleisten, wenn die Mahlteilnehmer ihr Verhältnis untereinander als gleich empfanden. Diese Gleichheit war gerade deshalb ein so hoher Wert des Mahls, weil sie außerhalb nicht bzw. nicht mehr existierte. Diese Differenz zwischen dem gesellschaftlichen Rang der Mahlteilnehmer außerhalb und ihrer Gleichheit beim Symposion hat Plutarch beschäftigt. Er führt dazu aus, daß das Symposion »demokratisch und kein herausgehobener Platz wie eine Burg sei, in der die Reichen zu Tisch liegen und das gemeine Volk knechten«.[36] Das Symposion ist also ein ideales Gegenbild zu den realen gesellschaftlichen Differenzen. Besonders schön kommt das in Lukians Symposienregeln zum Ausdruck:

> »Jedermann soll sich dort niederlegen, wo er gerade ist. Rang, Geschlecht oder Reichtum sollen das Recht zur Erstzuteilung nicht beeinflussen.
> Alle sollen den gleichen Wein trinken, und weder Magenprobleme noch Kopfschmerzen dürfen dem Reichen als Vorwand dienen, als einziger etwas Besseres zu trinken.
> Die Fleischportionen sollen für alle gleich sein. Die Diener sollen niemanden bevorzugen [...] Weder sollen dem einen große, dem anderen kleine Portionen vorgesetzt werden, noch dem einen Schinken, dem anderen Schweinsbacken. Statt dessen: Gleichheit für alle!« (*Saturn.* 17)

Lukian entwirft in seinen Saturnalia, aus denen dieses Stück stammt, ein sozial-utopisches Programm: Die Differenz zwischen der realen gesellschaftlichen Erfahrung und dem Mahl, das die ideale Gemeinschaft repräsentiert, ist also konstitutiv.[37] Die Themen, die Lukian anspricht, sind nicht zufällig, sondern benennen die vorprogrammierte Sollbruchstelle sympotischer Eintracht: Streit um

Plätze sowie um bessere bzw. größere Anteile am Mahl. Wenn gerade diese beiden Problembereiche in der Literatur wieder und wieder diskutiert werden,[38] liegt dies daran, daß hier die außerhalb der Gemeinschaft existierenden sozialen und ökonomischen Differenzen sich im Symposion selbst niederschlagen: Soll die Mahlgemeinschaft die gesellschaftlichen Unterschiede zwischen den Teilnehmern exakt widerspiegeln, oder soll sie eher ein Gegenbild dazu entwerfen und die Unterschiede nivellieren?

Auch im Neuen Testament werden diese beiden Probleme – Platzwahl und Speiseanteile – anhand des Stichworts »Unterschiede machen« thematisiert.

Der Jakobusbrief warnt beispielsweise vor der Bevorzugung von Reichen bei der Gemeindeversammlung: Wenn man dem Reichen einen guten Platz auf der Kline anbietet, dem Armen dagegen einen minderen Sitzplatz auf einem bereitgestellten Sessel oder gar nur einen Stehplatz, dann macht man »untereinander Unterschiede« (Jak 2,2–4) – genau das aber darf in einer idealen Gemeinschaft nicht der Fall sein.[39] Ein anderes Problem hat Paulus für das Mahl der korinthischen Gemeinde ausgemacht. Dort brachte jeder seine eigenen Speisen von zu Hause mit, um sie im Rahmen des gemeinsamen Gottesdienstes zu verzehren. Das war insofern nicht ungewöhnlich, als solche Gemeinschaftsmähler ja ohnehin aus den Beiträgen der Teilnehmer finanziert wurden – entweder direkt durch Naturalien oder indirekt durch Beitragszahlungen. Aber die korinthische Praxis hatte zur Folge, daß die Armen ärmlich aßen, die Reichen reichlich: »Die einen sind angeheitert, die anderen hungern« (1Kor 11,21). Paulus tadelt dieses Verhalten, denn auf diese Weise mußten ja die sozialen und ökonomischen Differenzen in die Mahlgemeinschaft eindringen und so zwischen den Teilnehmern offenbar werden (1Kor 11,19). Er fordert daher, daß die Korinther sich gegenseitig »annehmen« (1Kor 11,33), daß also alle Gemeindemitglieder ihre mitgebrachten Speisen allen zur Verfügung stellen, sie untereinander aufteilen und gemeinsam verzehren. Paulus bestreitet nicht, daß es Arme und Reiche in der Gemeinde gibt, er intendiert auch keine grundsätzliche Lösung; vielmehr ist er ausschließlich daran interessiert, daß diese Unterschiede im Mahl nicht sichtbar werden dürfen, weil sie sonst die Gemeinschaft gefährden.[40]

Das Mahl nivelliert also Differenzen, die außerhalb existieren, und schafft so eine Gleichheit der Teilnehmer. Besonders drastische Formen nimmt dieses Konzept an, wenn die Standesunterschiede nicht nur aufgehoben, sondern umgekehrt werden, wenn also, »der Reiche seine Haussklaven bedient und seine Freunde ihm aufwarten helfen.«[41] Dieses Phänomen ist auch aus den Evangelien bekannt. Nach dem Lukasevangelium kam es beim letzten Abendmahl zwischen den Jüngern zum Streit darüber, wer von ihnen der Größte sei. Da sagte Jesus zu ihnen:

»Die Könige der Völker herrschen über sie, und ihre Machthaber lassen sich Wohltäter nennen. Bei euch aber soll es so nicht sein! Sondern wer unter euch der Größere sein will, der sei es als der Kleinere und der Vorgesetzte als der Diener!« (Lk 22,24 ff.).

Und im Johannesevangelium gibt Jesus selbst ein Beispiel für die Umkehrung der sozialen Rangfolge innerhalb der Mahlgemeinschaft. Zu Beginn des Mahls wäscht er seinen Jüngern die Füße – verrichtet also eine niedere Sklavenarbeit – und sagt dann zu ihnen:

»Versteht ihr, was ich getan habe? Ihr nennt mich Lehrer und Herr. Und ihr tut recht daran, denn ich bin es. Wenn ich nun euch die Füße gewaschen habe als euer Lehrer und Herr, dann müßt ihr euch auch untereinander die Füße waschen. Denn ich habe ein Vorbild gegeben; wie ich euch getan habe, so tut auch ihr untereinander« (Joh 13,12–15).

Daß Johannes und Lukas das Problem des Rangstreits (anders als Markus und Matthäus!) gerade im Rahmen des Mahles diskutieren, ist also ganz typisch: Das Mahl verkörpert die ideale Gemeinschaft. Gerade weil dieser Wert traditionell so eng mit dem Mahl verbunden ist, legt sich für diese Situation die Aufhebung der Differenz sonstiger Statuserfahrungen oder gar die exemplarische Umkehrung der Standesunterschiede nahe.

Konkrete Utopie

Das Mahl ist also eine konkrete Utopie: Es gibt, trotz aller gesellschaftlichen Ungleichheiten, solche vollkommene Gemeinschaft tatsächlich – wenn auch nur begrenzt im Rahmen des Symposions. Es verwundert daher nicht, daß das gemeinsame Mahl als Metapher für umfassendes Heil überhaupt verwendet werden konnte und endzeitliche Hoffnung ausdrückt. So gibt es in Griechenland die Vorstellung, wonach die Seelen der Verstorbenen zu »Herdgenossen und Tischgefährten der Unsterblichen werden«.[42] Und in einer pseudo-platonischen Schrift ist davon die Rede, daß die Frommen im Jenseits »heitere Trinkgelage veranstalten und Festschmäuse, die sie sich selber hergerichtet haben; da herrscht unvermischte Freiheit von Kummer und ein angenehm lustvolles Leben.«[43] Die attische Komödie hat diesen Topos in zahlreichen Schilderungen Schlaraffenland-ähnlicher Unterweltschmausereien aufgegriffen, in denen die Fülle der Speisen mit der real erfahrenen Ärmlichkeit kontrastiert.

Das antike Judentum kennt die analoge Erwartung einer idealen postmortalen Mahlgemeinschaft: Die Gerechten werden in einem »messianischen Gastmahl« mit den Erzvätern oder mit dem Messias selbst zu Tisch liegen.[44] Dieselbe Vorstellung ist auch im frühen Christentum bezeugt. Im Anschluß an die Belehrung über

Gleichheit und Dienen beim Mahl sagt Jesus zu den Jüngern:

> »Ich will euch das Reich des Vaters vererben, wie es der Vater mir vererbt hat, damit ihr essen und trinken werdet an meinem Tisch in meiner Königsherrschaft!« (Lk 22,30).

Und wenn Paulus schreibt: »Das Reich Gottes ist nicht Essen und Trinken, es ist Gerechtigkeit, Friede und Freude im Heiligen Geist« (Rm 14,17), dann meint er damit nicht, im Eschaton gäbe es nichts zu essen. Vielmehr stellt er klar, daß die im Reich Gottes erwartete Tischgemeinschaft nicht in erster Linie der Sättigung dient, sondern eine vollkommene Realisierung der traditionellen Mahlwerte Friede, Freude und Gerechtigkeit ist.

Einsetzungsberichte

Der Bedeutungsgehalt des frühchristlichen Mahls ergibt sich aber nicht nur aus den Analogien zu den typischen Problemen und den allgemeinen Wertvorstellungen in Verbindung mit dem Mahl, sondern auch aus den Einsetzungsworten, denn die enthalten ja eine ganz direkte – wenn auch nicht unmittelbar verständliche – Deutung des Mahls.

Unterschiedliche Fassungen

Es gibt im Neuen Testament insgesamt vier unterschiedliche Berichte über das letzte Mahl Jesu, in denen die sogenannten Einsetzungsworte zitiert werden. Drei davon finden sich in den synoptischen Evangelien (bei Matthäus, Markus und Lukas), einer im ersten Brief des Paulus an die Korinther. Obwohl es große Ähnlichkeiten zwischen diesen Einsetzungsberichten (und den darin enthaltenen »Deuteworten«) gibt, ist keiner mit dem anderen identisch. Die Forschung war natürlich immer daran interessiert, unter diesen unterschiedlichen Fassungen den »ursprünglichen Wortlaut« zu finden, also genau die Worte zu rekonstruieren, die Jesus bei seinem letzten Mahl benutzt hat. Dieser Versuch muß scheitern, da es keine Kriterien gibt, anhand derer sich die Historizität beweisen ließe: Was Jesus bei seinem letzten Mahl wirklich gesagt hat, läßt sich nicht einmal wahrscheinlich machen. Die vier Berichte sind daher als gleichwertige Ausformungen frühchristlicher Theologie zu verstehen. Ich konzentriere mich im folgenden auf die paulinische Fassung, die bereits zur Sprache kam.

Paulus erwähnt den Bericht von der Einsetzung des letzten Mahls im Zusammenhang der angedeuteten Probleme und sieht in ihm ein Argument für seinen Vorschlag, die Korinther sollten »einander annehmen«. Er schreibt:

> »Jesus, der Herr, nahm in der Nacht, in der er ausgeliefert wurde, ein Brot, und indem er das Dankgebet sprach, brach er es und sagte: ›Das ist mein Leib für euch. Tut dies zu meinem Gedächtnis!‹ Genauso nahm er nach dem Essen den Kelch und sprach: ›Dieser Kelch ist der neue Bund in meinem Blut. Tut dies, sooft ihr daraus trinkt, zu meinem Gedächtnis.‹ Denn sooft ihr von diesem Brot eßt und aus dem Kelch trinkt, verkündigt ihr den Tod des Herrn, bis er kommt« (1Kor 11, 23–26).

Wichtig ist, daß Paulus den Bericht über die Einsetzung des letzten Mahls benutzt, um den Korinthern eine bestimmte Interpretation ihres eigenen Mahlgottesdienstes näherzubringen. Wenn sie durch ihr Mahl den »Tod des Herrn verkündigen«, dann passiert das offensichtlich in den Gebeten, die zu Beginn des Essens über dem Brot und danach bei einem Schluck Wein gesprochen werden. Es ist – für das gesamte frühe Christentum in den ersten beiden Jahrhunderten – nicht erkennbar, daß der Einsetzungsbericht zitiert wurde oder daß er Teil der Gebete war. Trotzdem müssen diese Gebete in irgendeiner Weise den Tod Jesu thematisiert haben – wie, wissen wir nicht.

Paulus sagt also zunächst nur: So, wie Jesus über Brot und Kelch gebetet hat, so sollt ihr das auch tun. Und der Dank, den ihr dabei formuliert, erinnert in irgendeiner Weise an den Tod Jesu. Die »Verkündigung des Todes Jesu« ist für Paulus wichtig, weil es nach seiner Auffassung eine christliche Gemeinde – in Korinth und anderswo – überhaupt nur aufgrund des Todes Jesu gibt. Und das hat Konsequenzen für das Verständnis der Einsetzungsworte. Sie deuten die wichtigen Bestandteile des Mahls: Das Brot ist »mein Leib für euch«, der Kelch ist »der neue Bund in meinem Blut«. Die Einsetzungsworte illustrieren also die Bedeutung des gemeinsamen Mahls. Man hat schon viel verstanden, wenn man sieht, daß erstens nicht Brot und *Wein,* sondern Brot und *Kelch* gedeutet werden und daß zweitens der Kelch nicht auf das *Blut* Jesu hingedeutet wird, sondern auf den *Bund:* Die metaphorische Bedeutung des Mahls hängt nicht am Wein, sondern am Kelch. Der Wein, der sich vermutlich im Kelch befindet, wird hier überhaupt nicht erwähnt.[45]

Die Deuteworte

Das ist von Bedeutung für das Verständnis der Einsetzungsworte: Ein Vergleich zwischen den Mahlbestandteilen (Brot und Wein) und den *physischen* Bestandteilen (Leib und Blut Jesu) ist offensichtlich gar nicht intendiert und wäre nur sehr gezwungen möglich. Die Worte »Das ist mein Leib für euch« besagen daher nicht, daß die Jünger (oder die Korinther) zum Kannibalismus aufgefordert würden. Denn »Das ist mein Leib« heißt nicht: »Das ist ein Stück von meinem Körper, den ihr jetzt verzehrt«. Das Wort »Leib« ist hier vielmehr wie ein Personalpronomen verwendet; das ist ein verbreiteter Sprachgebrauch. Jesus sagt also: Dieses Brot – das bin ich für euch. Man kann das etwa so paraphrasieren: Dieses Mahl ist für euch in Zukunft so entscheidend und lebenswichtig, wie ich es jetzt bin; und deshalb müßt ihr dieses Mahl auch immer wiederholen. Jesus erläutert also die große Bedeutung des Mahls für die Gemeinde, indem er das Brot, das dabei gegessen wird, mit sich selbst vergleicht. Das hat, nebenbei gesagt, die Konsequenz, daß die Wendung »für euch« weder den Sühnegedanken (»für euch geopfert«) noch die Kategorie der Stellvertretung (»an eurer Stelle«) impliziert; gemeint ist schlicht: »euch zugute«.

Analog zu dem Brot, über dem zu Beginn der Mahlzeit das Eingangsgebet gesprochen wird, wird auch der Kelch gedeutet. Es ist der Kelch, über dem das Dankgebet nach dem Essen gesprochen wird, das dem griechischen Päan entspricht. Wiederum ist die Aussage »Dieser Kelch ist der neue Bund in meinem Blut« nicht unmittelbar verständlich.

»Der neue Bund in meinem Blut« heißt soviel wie: »Der neue Bund, der durch mein Blut geschlossen wurde.« Im Alten Testament und im antiken Judentum ist die Vorstellung weit verbreitet, daß ein Bund durch Blut besiegelt und dadurch rechtskräftig wird. Der »neue Bund in meinem Blut« heißt also: Der neue Bund, den Gott mit euch geschlossen und durch mein Blut (also: durch meinen Tod) besiegelt hat. Daß der Kelch dieser Bund *ist*, versteht man wohl am besten in dem Sinn, daß die Gemeinde ihren Teil dieser Bundesabmachung verwirklicht und in Kraft setzt, insofern und wann immer sie zum Mahl zusammenkommt und aus diesem Becher trinkt. Zu beachten ist, daß der Kelch, über dem das Nachtischgebet gesprochen wurde, häufig ein Gemeinschaftskelch war, aus dem alle Mahlteilnehmer der Reihe nach tranken.

Auf diese Weise ergibt sich für Brot- und Kelchwort ein durchaus konsistenter Sinn des Einsetzungsberichts: Das christliche Mahl insgesamt wird gedeutet, und die beiden Metaphern (Leib und neuer Bund) zeigen, worin die religiöse Bedeutung dieses speziellen christlichen Mahles liegt. Dabei betonen beide Worte unterschiedliche Aspekte des Mahls. Das Brotwort sagt: Das christliche Mahl ist für die Gemeinde so wichtig, wie es Jesus jetzt – beim letzten Mahl – noch für die Jünger ist. Aber Jesus ist nach Karfreitag und Ostern ja nicht mehr anwesend. Die Differenz zwischen der Anwesenheit Jesu und seiner Abwesenheit wird sehr deutlich empfunden und nicht irgendwie spirituell kaschiert: Das Mahl ist Verkündigung des Todes Jesu, »bis er kommt«, also: bis er am Ende der Zeit das Mahl mit der Gemeinde zusammen in seiner Königsherrschaft wieder feiern wird. Damit wird das Mahl für die Christen zu einer Art Ersatz für die Abwesenheit Jesu in der Zwischenzeit. Das Kelchwort besagt dagegen: Wenn ihr dieses Mahl begeht, dann setzt ihr damit euren Teil des neuen Bundes zwischen Gott und euch in Kraft. Damit der Bund wirksam wird, bedarf es also der Gemeinde *als* Gemeinde – und das passiert bei ihrer Zusammenkunft zu diesem besonderen christlichen Mahl.

Einheit beim Mahl

Paulus hat dieses Verständnis des Mahls, das in den Einsetzungsworten zum Ausdruck kommt, kurz zuvor in einem etwas anderen Zusammenhang angesprochen:

> »Der Segensbecher, über dem wir den Segen sprechen – ist er nicht die Gemeinschaft des Blutes Christi? Und das Brot, das wir brechen – ist es nicht die Gemeinschaft des Leibes Christi?« (1Kor 10,16).

Zunächst ist auch hier deutlich, daß neben dem Brot nicht der *Wein* gedeutet wird, sondern der *Kelch.* Kelch und Brot sind »Gemeinschaft des Blutes bzw. des Leibes Christi«. Diese Formulierung ist nicht eindeutig, und manche verstehen »Gemeinschaft« im Sinn von »Anteilhabe«, also etwa »Gemeinschaft *mit* dem Blut bzw. *mit* dem Leib« Christi.[46] Ich halte dieses pointiert sakramentale Verständnis für wenig wahrscheinlich[47] und paraphrasiere daher folgendermaßen:

> »Der (gemeinsame) Segensbecher, über dem wir nach dem Mahl das Dankgebet sprechen – verbürgt er nicht unsere Gemeinschaft (untereinander), die aufgrund des Blutes Christi existiert (für die der Tod Christi also konstitutiv ist)? Und das Brot, das wir zu Beginn des Essens brechen und dabei das Dankgebet sprechen, stiftet es nicht unsere Gemeinschaft (die daher ja auch als ›Leib Christi‹ bezeichnet werden kann, s. 1Kor 12,27)?«

Die Richtigkeit dieser Deutung ergibt sich aus der unmittelbaren Fortsetzung: »Weil es *ein* Brot ist, sind wir vielen *ein* Leib; denn wir alle haben teil an dem *einen* Brot« (1Kor 10,17) – es geht immer um die Gemeinschaft der Gemeindemitglieder untereinander. Die Vorstellungen, die Paulus hier entwickelt, sind also mit denen des Einsetzungsberichts, den er ein Kapitel später zitiert, vollständig kongruent. In beiden Fällen thematisiert er die ganz traditionellen Mahlwerte Gemeinschaft und Einheit, hier allerdings in spezifisch christlicher Zuspitzung: Der neue Bund stiftet Frieden zwischen Gott und den Christen; diese entsprechen dem Bund, indem sie sich versammeln und dabei Gott loben. Bei dieser Versammlung ist die Gemeinschaft der Mahlteilnehmer das wichtigste: Die Christen gehören untereinander so eng zusammen, daß Paulus sie metaphorisch als »ein Leib« bezeichnen kann. Und diese Gemeinschaft kommt darin zum Ausdruck, daß sie von *einem* Brot essen und aus *einem* Kelch trinken.

Das sind die Grundlagen des christlichen Mahls für diese Zeit: ein Gegenbild gegen die außerhalb der Gemeinde erfahrenen Standesunterschiede und die sonstigen sozialen Differenzierungen. Diese Gleichheit im Mahl herzustellen ist der Gemeinde aufgetragen, »bis er kommt« – dann, bei der Wiederkunft Christi, erhält die christliche Mahlgemeinschaft eine neue Grundlage, denn dann werden die Christen am Tisch ihres Herrn in seinem Reich essen und trinken.

Das frühchristliche Mahl ist also vollständig als Bestandteil der umfassenden Symposienkultur der griechisch-römischen Antike zu verstehen: Sowohl der Ursprung der einheitlichen Mahl*praxis* der Christen (andere Gemeinschaftsformen gab es nicht) als auch die unterschiedlichen Deutungen werden auf diesem Hintergrund verständlich. Und es ist nachvollziehbar, daß die verschiedenen Deutungen des Mahls – nicht nur in den Einsetzungsberichten, sondern auch in anderen christlichen Mahltexten – unterschiedliche Akzentierungen dieser antiken Mahlideologie sind. Im Unterschied zu den paganen Mählern hat das christliche Mahl als religiöse Institution bis heute überdauert. Die sich verändernden sozialen Bedingungen und die theologischen Entwicklungen haben bereits in der alten Kirche zu nicht unerheblichen Verschiebungen der Mahldeutung geführt. Diese Veränderungen waren notwendig, wenn das Mahl ein zentraler Aspekt christlicher Religiosität bleiben sollte. Aber seinen Ursprung in den Strukturen der antiken Polisgemeinschaft können sie nicht verdecken: So ist das christliche Mahl ein Schlüssel für das Verständnis nicht nur des Christentums, sondern der westlichen Kultur überhaupt.

Koscher essen – ein Stück jüdischer Identität[1]

Pinchas und Ruth Lapide

Die eigentliche Botschaft der Koscher-Bestimmungen

Koscher-Bestimmungen[2] sind keine atavistischen Stammesrituale, sondern gesundheitsfördernde, umweltschonende und artenkonservierende Maßnahmen. Sie gehören zu der Kategorie der schöpfungsbewahrenden Anweisungen der Bibel. Ein aktuelles Beispiel für ihre Bedeutung ist der Ausbruch der BSE-Seuche, des sogenannten Rinderwahnsinns. Diese Seuche hängt ohne jeden Zweifel mit einem menschlichen Eingriff in die Schöpfungsordnung zusammen: Die von Natur aus vegetarisch lebenden Rinder wurden gezwungen, Schaffleisch zu essen. Der Begriff *koscher* ist falsch übersetzt, wenn er einfach mit »rein« (Gegenteil von *nicht-rein*) übersetzt wird. *Koscher* bedeutet vielmehr »tauglich«. Gott hat alle Tiere geschaffen, aber nur bestimmte Tiere sind *tauglich* für den Verzehr durch den biblischen Menschen. Häute, Felle, Pelze von zum Essen nicht tauglichen (also nicht koscheren!) Tieren sind selbstverständlich erlaubt zur Verwendung als Bekleidung usw., ja sogar zum Einbau in den menschlichen Körper, wie z. B. bei Schweine-Herzklappen.

Braucht Gott die Koscher-Gesetze? Nein, keineswegs! Es ist der Mensch, der sie braucht, und zwar als *freiwil-*

lige Teil-Askese. Die Devise lautet: Nicht *alles* essen, was da kreucht und fleucht, sondern nachdenken beim Tun und Lassen. Nicht *alles* haben wollen, was habhaft ist. Das ist die *eigentliche Botschaft der Koscher-Bestimmungen.* Im Falle von Lebens- oder Gesundheitsgefahr sind alle Koscher-Bestimmungen (wie auch andere) aufgehoben. Mehr noch: Ein Kranker muß gegebenenfalls gezwungen werden, auf seine Gesundheit zu achten; er muß z.B. eben auch an Fasttagen essen oder die Koscher-Bestimmungen brechen.

Anweisungen und Tauglichkeit

Der Grundstock der Koscher-Gebote und -Verbote ist im Pentateuch sehr knapp verankert. Das Gros der Bestimmungen findet sich im Talmud und in der Mischna. Bibel und Talmud gelten als »schriftliche und mündliche Lehre« und haben denselben Heiligkeits- oder Stellenwert. Es gibt verschiedene Zugänge in der Befolgung der Thora-Bestimmungen[3]: Sie können (a) ohne Hinterfragung als göttliche Weisung angenommen werden. Ihre Akzeptanz kann sich (b) aus der Überzeugung speisen, daß sie durch gesundheitsfördernde Gründe motiviert sind, oder sie werden (c) befolgt, weil die Ge- und Verbote als logisch und umständehalber vernünftig und durchführbar angesehen werden (z. B. in Abgrenzung von Tempelprostitution und von Fruchtbarkeitsorgien).

Die Menschheit wurde nach dem Buch Genesis, dem ersten Buch der Bibel, als vegetarisches Geschöpf erschaffen. In der Paradies-Geschichte geht es um Sammler, die keine Tiere essen. Nach der Sintflut gewährt Gott der Menschheit, auf deren Verlangen hin, das Essen von Fleisch. Von der Genesisgeschichte spannt sich ein Bogen zu der messianischen Vision der Propheten (z. B. Jes 2 und 11). In der Endzeit wird die paradiesische Ordnung wiederum gelten, und die Menschen werden zum Vegetarismus zurückkehren.

Zu dem allerersten Mitzwoth-Katalog der biblischen Menschheit direkt nach der Sintflut gehören die sogenannten *sieben noachitischen Bestimmungen,* die bereits das Verbot der Tierquälerei und des Essens von »lebendigem Fleisch« beinhalten. Das Entnehmen von Fleischportionen aus lebendigem Vieh ist heute noch in primitiven Gesellschaften gängig. Die *sieben noachitischen Bestimmungen* beinhalten sechs Verbote und ein Gebot. Die Verbote sind: Götzendienst, Blutvergießen, Mord, Tierquälerei, Gotteslästerung, Räuberei; das Gebot betrifft die Rechtsstaatlichkeit und meint die Einordnung in den Rahmen einer Gerichtsbarkeit.

Bei den Menschen der Bibel (sowohl der jüdischen wie auch der christlichen) ist das Fisch-Essen sehr populär – vermutlich auch im Wissen darum, daß es sich nicht um Warmblüter und Säugetiere mit ihrer Nähe zum Menschen handelt. Daher führt das Töten von Fischen nicht zur Vergleichgültigung des Blutvergießens wie es beim Töten von Warmblütern der Fall ist. Es ist bekannt, daß die Überwindung der Schallmauer des Blutvergießens von Warmblütern auch zur brutalen Tötung von Menschen führen kann. Man denke etwa an KZ-Henkersgehilfen mit Schlachthauserfahrung.

Koscher-Bestimmungen im frühen Christentum

Auch die judenchristliche *Urgemeinde* und die *Apostel* lebten getreu der Bibel (»Eher vergehen Himmel und Erde als ein Jota von diesem Gesetz«, Mt 5,18; vgl. auch Mt 23,23) und hielten sich daher an die Koscher-Bestimmungen. Der Streit zwischen den Aposteln und Paulus (dem Rabbi Schaul aus Tarsus) um die Koscher-Frage bezog sich nur auf neue Konvertiten aus dem Heidentum zum Judentum. Für Juden behielten auch bei Paulus alle Thora-Bestimmungen ihre Gültigkeit. Hierfür spricht die von ihm eigenhändig durchgeführte Beschneidung seines Gehilfen Timotheus. Die Aufgabe der Speisegesetze wünschte er nur als Erleichterung für die Neu-Konvertierten. Paulus erlaubt das Essen von heidnischem Opferfleisch, da es ja für Juden nicht geheiligt ist.

Bei der Zerstreuung der Juden in alle Welt nach der Tempelzerstörung im Jahr 70 führten die *Rabbiner* sogenannte Zäune um das Gesetz ein (Mischna, Talmud usw.), um die Substanz und Einheit zu erhalten und um Mißverständnisse zu vermeiden. Es bildeten sich im Laufe der Diasporazeit Unterschiede zwischen Orient- und Okzidentjudentum heraus. Solange die »mündliche Lehre« und deren Auslegung noch nicht schriftlich fixiert waren (bis ca. 200 bei der Mischna und bis ca. 500 beim Talmud), wurden die Ausführungsbestimmungen häufig zwischen den berühmten rabbinischen Schulhäuptern debattiert. Diese sind dann entweder als »Erschwerer« oder als »Erleichterer« (z. B. Schammai und Hillel) berühmt geworden. Der Rabbi *Jesus* von Nazareth war ein Schüler von Hillel. Bei genauer Analyse seiner Auslegungen wäre er jedoch eher als »Erschwerer« zu klassifizieren. Der Rabbi Schaul von Tarsus, Paulus, andererseits wäre in diesem Sinne als jüdischer Reformator zu erachten.

Koscher-Bestimmungen und Tierschutz

Tierliebe ist in der Bibel häufig anzutreffen; sie ist geradezu selbstverständlich. Beispiele hierfür sind das Verbot des Schlachtens (und zwar auch im Hungerfall) einer Vogelmutter und *zugleich* ihrer Küken (d. h. entweder – oder!) oder von Kuh und Kalb zugleich – dies dient dem Artenschutz.

Rebekkas liebevolles Verhalten gegenüber dem durstigen Kamel des Elieser überzeugt diesen z. B. von ihren hervorragenden charakterlichen Qualitäten; Bileams Eselin wirkt weitaus sympathischer und auch gottbegnadeter als ihr Herr. Die Sünden Sodoms und Gomorrhas richteten sich nicht so sehr gegen Gott, sondern gegen die Tierwelt (Sodomie) und gegen den Mitmenschen (Verweigerung von Asyl für Flüchtlinge).

Alle Propheten sind Gegner des Tieropferkultes, also des Tötens von Tieren zu Kultzwecken. Seit der Zerstörung des Tempels im Jahr 70 wird der Opferkult ersetzt durch Teschuwa, Tefilla, Zedaka (= Umkehr, Gebet und Mitmenschlichkeit), also durch Weisen des mittlerlosen Zugangs zu Gott. Kain und Abel, die ersten biblischen Opfer-Darbringer, tun dies ohne göttlichen Auftrag – also ihrem eigenen Bedürfnis folgend.

Kampagnen gegen koscheres Schlachten, wo auch immer, grenzen an Antisemitismus (Hitlerzeit!). Wer das Leid der Tiere beim Schlachten vermeiden will, dem bleibt als einzige Möglichkeit der Vegetarismus. Alles andere ist Scheinheiligkeit. Mangels Umfragen beim Schlachtvieh ist es unmöglich zu behaupten, was es vorziehen würde: Schlachten oder Schächten! Schächten darf nur von lizensierten, tierphysiologisch geschulten Rabbinern erfolgen. Ein besonderes Messer ist nötig, das regelmäßiger Kontrolle unterliegt, um die Halsschlagaderstelle des Tieres so gezielt und schnell zu treffen, daß die Blutzufuhr zum Gehirn schnellstens unterbrochen wird und eine sofortige Betäubung erfolgt. Es funktioniert besser und schneller als die angebliche Betäubung des Tieres durch Kolbenschüsse von nicht versierten, nicht tierärztlich geschulten Gelegenheitsarbeitern im Schlachthof.

Das Essen von Blut ist verboten, um den Blutrausch zu vermeiden. Hieraus begründet sich die Notwendigkeit des Entblutens des Kochfleisches vor der Zubereitung. Deshalb ist es undenkbar, sich an einem »Schlachtfest« oder »hauseigener Schlachtung« auf einem Bauernhof oder wo auch immer zu erfreuen. Schlachten darf nur durch Fachleute geschehen.

Grausame, KZ-artige Tierhaltung und unhygienische, langwährende Transporte des Schlachtviehs (wobei viele Schweine an Herzinfarkten verenden) sind unbiblisch. Die Jagd von Wild – auch wenn das Tier an sich koscher ist, wie z.B. das Reh – ist wegen des Charakters der Jagd (Hetzjagd, Halali) oder der eventuellen Verwundung des Tieres und einem möglicherweise langsamen qualvollen Verenden verboten. Gezüchtetes Reh, das geschlachtet wird, ist hingegen koscher. Koschere Schlachtung ist also nur nach tierärztlichen Kriterien möglich und daher besonders gesundheitsfördernd: Aas, kranke Tiere, verwundete, verletzte oder behinderte Tiere sind a priori verboten. Jedwedes grausame Töten von Tieren, etwa im Rahmen des Essensluxus – z. B. das Herausreißen von Froschschenkeln, das Schlürfen von Austern oder das heiße Überbrühen von Schnecken – ist strikt verboten. Tiere, deren Zucht und Einfangen mit großen Schwierigkeiten oder auch mit einer Gefährdung der Natur verbunden sind (Riesenschildkröten aus Südamerika oder Raubvögel aller Art), sind nicht koscher. Die Kennzeichen der »tauglichen« (koscheren) Tiere sind gespaltene Klauen und Wiederkäuen. Es sind also vegetarisch veranlagte, friedlich lebende Haustiere wie Rinder, Schafe, Hühner und dergleichen. Ähnlich verhält es sich mit den »tauglichen« Fischen. Ihre Kennzeichen sind Flossen und Schuppen. Luxustiere aus Tief- und Hochsee und fremden Gebieten – eventuell auch aus kriegsfördernden Fanggründen – sind ebenfalls ausgeschlossen.

Was aß der auferstandene Jesus im Neuen Testament (Lk 24,42)? Eine wiederum jüdisch-messianische Note: Fisch mit Honigseim. Will heißen: Fische aus dem Tiberias-See (genannt Mosesfisch) mit Datteln als Beilage. Nach der Kabbala-Tradition wird im übrigen das messianische Festessen dereinst natürlich ein Fischessen sein.

Nahrung und Nahrungstabus im Islam

Peter Heine

Die Grundhaltung

Der Islam ist eine Religion, zu der sich mehr als eine Milliarde Menschen bekennen. Seine geographische Ausdehnung reicht von Senegal im Westen des afrikanischen Kontinents bis zur indonesischen Inselwelt im Osten, von den muslimischen Staaten Zentralasiens zu den Küstengebieten der ostafrikanischen Staaten im Süden. Es gibt kaum einen Staat auf der Welt, in dem Muslime keine signifikante Minderheit bilden.[1] Gerade im Zusammenhang mit Fragen der Ernährung muß man davon ausgehen, daß sich große Differenzen zwischen den verschiedenen Regionen der islamischen Welt finden, wobei die klimatischen Bedingungen ebenso eine Rolle spielen wie die vorislamischen kulturellen, vor allem kulinarischen Traditionen der jeweiligen Regionen. In den folgenden Überlegungen muß also stets diese Vielfältigkeit der Gegebenheiten in Rechnung gestellt werden. In kaum einem anderen Bereich der islamischen Kulturgeschichte lassen sich so viele Unterschiede feststellen wie in dem der Kulinarik.

Der Islam steht den Freuden des Essens durchaus positiv gegenüber. An verschiedenen Stellen weist der Koran, das heilige Buch der Muslime, die Gläubigen an, die guten Gaben, die ihnen Gott zukommen läßt, auch zu genießen. Doch nicht nur im Diesseits spielt die Freude an einem guten Essen eine Rolle, sondern auch im Jenseits[2]. Zu den Vorstellungen vom Paradies gehört bei den Muslimen auch, daß die Seligen dort die schönsten Speisen und Getränke vorfinden werden. Essen und Trinken wird dabei stets nicht nur als ein individueller Akt, sondern als ein kollektiver Vorgang betrachtet[3]. Typisch für diese Auffassung ist die folgende Geschichte: Der Prophet berichtete, daß Gott ihm Himmel und Hölle gezeigt habe. In der Hölle sah er die Verdammten, die an reich gedeckten Tischen saßen. Sie hatten jedoch Löffel an ihren Armen befestigt, die so lang waren, daß sie damit nicht essen konnten. Dann kam der Prophet in den Himmel. Auch dort waren die Seligen vergleichbar den Verdammten mit langen Löffeln versehen. Doch die Seligen fütterten sich gegenseitig.

Der Fastenmonat

Eine wichtige religiöse Rolle im Zusammenhang mit der Ernährungspraxis der Muslime spielt der Fastenmonat Ramadan. Es gehört zu den wichtigen Glaubenspflichten der Muslime, sich in diesem Monat von dem Moment an, da man morgens einen weißen von einem schwarzen Faden unterscheiden kann, bis zum Sonnenuntergang jeder festen oder flüssigen Nahrung zu enthalten. Auch der Konsum von Zigaretten oder ähnlichen Genußmitteln ist untersagt. Nach Sonnenuntergang kann dann das Fasten gebrochen werden. Die islamischen Religionsgelehrten ermahnen ihre Glaubensgenossen, auch in der Zeit des Fastenmonats, in der man Nahrung zu sich nehmen darf, bescheiden und zurückhaltend zu sein. Während dieser Zeit ist das öffentliche Leben in den islamischen Staaten sehr viel weniger hektisch als in den anderen Monaten des

Jahres. Tageszeitungen und elektronische Medien sind in ihren Programmen ganz auf den heiligen Monat ausgerichtet. Behörden und eine ganze Reihe von Geschäften haben verkürzte Öffnungszeiten. Restaurants, Cafés, Snackbars und ähnliches bleiben tags geschlossen. Falls einige Gaststätten in dieser Zeit doch geöffnet haben, werden die Fenster verhängt und die Beleuchtung auf ein möglichst geringes Maß an Helligkeit reduziert, damit die Fastenden durch die, die gegen das religiöse Gebot verstoßen, nicht irritiert oder verärgert werden. Nach Sonnenuntergang ist dann das Essen erlaubt. Dieser Zeitpunkt wird durch einen Kanonenschuß, Sirenengeheul oder durch andere Formen von Lärm der Umgebung bekannt gemacht. Dann verändern sich die bis dahin ruhigen Stadtviertel und Dörfer. Die Moscheen und offiziellen Gebäude sind mit bunten Lämpchen geschmückt, auf großen Plätzen finden sich Karussells und Schaukeln für die Kinder, und wenn man Glück hat, findet man auch noch Märchenerzähler oder Spaßmacher, die ein zahlreiches Publikum unterhalten. Der Fastenmonat ist auch ein großes Fest. In der Regel nehmen die Fastenden nach dem Sonnenuntergang eine Kleinigkeit zu sich. Vor allem gleichen sie den Flüssigkeitsverlust des Tages aus. Das geschieht nicht nur mit Hilfe von Wasser oder anderer Getränke, sondern auch Obst wie Melonen oder Äpfel. Die klassische und durch das Beispiel des Propheten Muhammad vorgegebene Form des Fastenbrechens ist der Verzehr einer Dattel. Danach nehmen viele Gläubige am Abendgebet teil und kehren dann nach Hause zurück, wo von den Hausfrauen häufig umfangreiche Abendessen vorbereitet worden sind. Wie in anderen Religionen auch kennen die Küchen der islamischen Welt verschiedene Fastenspeisen, die nur in diesem Monat zubereitet werden. Diese Fastenspeisen zeichnen sich durch ihre Unabhängigkeit von der Jahreszeit aus. Da das islamische Jahr sich nach dem Mond und nicht nach der Sonne richtet, rückt der Ramadan um jeweils elf Tage durch das ganze Sonnenjahr und kann in den Sommer wie in den Winter fallen. Als eine besonders typische Fastenspeise gilt Kamelfleisch. Vom Propheten Muhammad wird der Satz überliefert: »Wer kein Kamelfleisch ißt, gehört nicht zu meinen Anhängern.« Daher werden während des Ramadan in vielen Staaten, in denen es kaum noch derartige Tiere gibt, Schlachtkamele importiert. Die zeitliche Mobilität des Ramadan hat selbstverständlich Auswirkungen auf die für die Küche zur Verfügung stehenden Zutaten. Die Fastenspeisen müssen aus Produkten herzustellen sein, die das ganze Jahr über zu erhalten sind, weil sie gut gelagert werden können oder eine ganzjährige Vegetationsperiode haben. Zu den saisonunabhängigen Speisen gehören zunächst einmal verschiedene Suppen aus einigen Gemüsen oder Hülsenfrüchten. Diese Suppen werden gerne durch Datteln ergänzt, wodurch wiederum Bezug auf das Vorbild des Propheten beim Fastenbrechen genommen wird. Eine zweite Gruppe von Fastenspeisen sind die verschiedenen Süßspeisen und Kuchen, für die besonders die nah- und mittelöstliche Küche berühmt ist. Hauptzutaten sind vor allem Zucker, Honig, Mandeln, Pistazien und andere Nüsse. Die Hausfrauen sammeln in den dem Ramadan vorausgehenden Monaten diese Zutaten schon an, um während des Fastenmonats die notwendigen Zutaten in ausreichender Menge zur Verfügung zu haben und den in diesem Monat unweigerlich auftretenden Preissteigerungen für diese Ingredienzen ausweichen zu können. Jede Hausfrau setzt natürlich ihre ganze Ehre daran, besonders köstliche Süßigkeiten herzustellen. Dies geschieht nicht zuletzt, weil der Ramadan ein Monat von großer sozialer Bedeutung ist. Muslime nehmen ihn als

Gelegenheit dafür wahr, im Verlauf des Jahres entstandene Konflikte in der Familie, der Nachbarschaft oder im Kollegenkreis beizulegen. Es hat sich in vielen Ländern ein reger Besuchsverkehr zwischen Verwandten, Freunden und Bekannten entwickelt, der deutliche Ritualisierungstendenzen aufweist. Es herrschen ungeschriebene Gesetze, wer wen zuerst zu besuchen hat, wie lange diese Besuche dauern sollen, welche Geschenke zu überreichen sind usw. Liest man die Beschreibungen solcher Besuchsrituale, könnte man den Eindruck gewinnen, die Besucher würden wohl kaum jemanden antreffen, weil alle immerzu dabei sind, selbst Besuche zu machen. Findet man tatsächlich niemanden aus der jeweiligen Familie zu Hause vor, kann man die vorbereiteten Geschenke, die nicht selten aus Eßbarem bestehen, der Dienerschaft überreichen, die darüber und über die Besucher genau Buch führt. Durch diese Besuche werden vorhandene Beziehungen zwischen Familien und Freunden gestärkt oder erneuert bzw. zwischen losen Bekannten erst wirklich geknüpft. In diese Besuchsrituale werden auch Nichtmuslime mit einbezogen, vor allem wenn es sich um Angehörige der religiösen Minderheiten handelt. Zu diesen sozialen Praktiken gehört auch, daß sich Nachbarn gegenseitig mit Gerichten, die sie für die eigene Familie zubereitet haben, versorgen. Allerdings vollzieht sich dieser Austausch nur zwischen denen, die auch tatsächlich fasten. So kann es geschehen, daß die Töchter einer Familie, von denen bekannt ist, daß sie sich am Ramadanfasten beteiligen, mit Speisen aus der Nachbarschaft versorgt werden, während die Eltern, die nicht fasten, leer ausgehen. Damit den Fastenden der folgende Tag nicht zu lang wird, gehen vor Beginn der nächsten täglichen Fastenperiode Männer von Haus zu Haus, wecken die Schläfer auf und machen sie darauf aufmerksam, daß noch ausreichend Zeit für ein kräftigendes Mahl besteht, ehe sie die Beschwernis des Fastens von neuem auf sich nehmen müssen.

Feste

Den Abschluß des Fastenmonats bildet das zweitägige Fest des Fastenbrechens, das unter religiösen Gesichtspunkten das zweite der beiden großen islamischen Feste darstellt. Das islamische Recht, das es im übrigen gestattet, daß Muslime auch zu anderen Zeiten des Jahres fasten, verbietet an diesen Tagen die entsprechende Enthaltsamkeit. In manchen islamischen Ländern wird es »Zuckerfest« genannt, was schon auf die Bedeutung von Süßigkeiten an diesen Tagen hinweist. An diesem Tag erhalten die Kinder jedoch nicht nur Bonbons und andere süße Köstlichkeiten, sondern häufig auch Spielzeug oder neue Kleidung, die dann auch ein ganzes Jahr lang halten muß. An diesem Tag ist der Tisch in den Familien besonders reichlich gedeckt. Bei ärmeren Familien ist es eine der wenigen Gelegenheiten, zu denen auch Fleisch konsumiert wird.[4]

Das zweite große Fest im islamischen Festkalender ist das Opferfest, das zum Ende des Pilgerrituals in der gesamten islamischen Welt gefeiert wird. Durch dieses Opfer nehmen alle Muslime zumindest im Geiste an der großen Gemeinschaft der Pilger an den heiligen Orten des Islams in Mekka und Umgebung teil. Das islamische Recht schreibt für diese Tage allen Muslimen vor, ein Tier zu schlachten. Um welches es sich dabei handelt, hängt von der wirtschaftlichen Situation der einzelnen Familien ab. Es können Kamele oder Rinder sein, meist greift man aber auf Ziegen oder Schafe zurück. Für arme Familien reicht es nicht selten nur zu einem Huhn. Diese

Tiere werden rituell geschlachtet und dann in einem gemeinsamen Mahl verzehrt. Gerade den Armen sollen die Wohlhabenden unter den Muslimen dadurch ihre Solidarität beweisen, daß sie ihnen von ihren Opfertieren einen Anteil abgeben. Das Tieropfer bildet zugleich einen zentralen Teil des islamischen Wallfahrtsrituals. Die Millionen Pilger, die jährlich in der Wallfahrtszeit die wichtigsten der heiligen Stätten des Islams aufsuchen, schlachten am Tag des Opferfestes ein Opfertier. Dies führt zu einer Reihe von ganz praktischen Problemen, mit denen sich die Behörden in Saudi-Arabien und die Organisatoren der Wallfahrt immer wieder befassen müssen. Es gibt Schwierigkeiten damit, die entsprechende Menge an Schlachttieren zur Verfügung zu stellen, für die notwendige Hygiene zu sorgen und die Mengen von Fleisch, die von den Pilgern nicht verzehrt werden können, einem vernünftigen Zweck zuzuführen. Daher sind in der Nähe der Opferplätze Fleischkonservenfabriken entstanden, deren Produkte als Nahrungsmittelnothilfe bei Hungerkatastrophen in der islamischen Welt eingesetzt werden. Inzwischen haben islamische Rechtsgelehrte auch eine Substitutionsmöglichkeit für das Opfertier gefunden. Pilger können Zertifikate in Höhe des Preises für ein Tier erwerben. Die entsprechenden Summen werden für karitative Zwecke verwendet.[5]

Neben diesen großen und von allen Richtungen des Islams akzeptierten Festen gibt es auch solche, die nur in einer bestimmten Konfession oder einer speziellen Region bekannt sind. Für die sunnitischen Muslime ist solch ein Fest das Geburtsfest des Propheten Muhammad, für die Schiiten Ashura, die Erinnerung an das Martyrium des Prophetenenkels Husain. Die bei diesen Gelegenheiten zubereiteten speziellen Gerichte unterscheiden sich allerdings regional erheblich voneinander, wie die Feste auch unterschiedliche Bedeutungsschwerpunkte haben können. Die religiösen Differenzen wirken sich unter kulinarischen Gesichtspunkten auch in den gegenseitigen Bezeichnungen der Gemeinschaften aus. So werden die Schiiten im Irak von ihren sunnitischen Nachbarn als »ahl al-mut'a wa-l-fazandjun« (Leute der Zeitehe und des Gerichts »fazandjun«) bezeichnet. Bei letzterem handelt es sich um ein Gericht aus Wildentenfleisch und Granatapfelsaft, das wohl persischer Herkunft ist.[6]

Das Alkoholverbot

Die Zahl der speziellen Speisevorschriften im Islam ist verhältnismäßig gering. Allgemein bekannt ist das heutige Alkoholverbot. Zu dieser eindeutigen Prohibition ist es erst in jüngster Zeit gekommen, und sie wird auch nicht von allen Muslimen in gleicher Weise akzeptiert. Im Koran selbst läßt sich eine Verschärfung der Haltung gegenüber berauschenden Getränken im Verlauf der Geschichte der Offenbarung feststellen. Dennoch war der Konsum von Wein oder Bier bis in das islamische Mittelalter hinein eine kaum unter Strafe gestellte, weitverbreitete gesellschaftliche Praxis. Davon zeugen zahlreiche Anekdoten, Weingedichte und juristische Gutachten. Eindeutig verboten war allerdings der Rausch. Gegen ihn wenden sich zahlreiche, im übrigen dem Wein gegenüber durchaus liberal eingestellte Rechtsgelehrte und religiöse Autoritäten. Ausgangspunkt der juristischen Problematik aus Sicht der mittelalterlichen islamischen Rechtsgelehrten war, daß zwar der Wein aus Weintrauben (arabisch *Khamr*) im Koran verboten war, dies Verbot jedoch nicht so eindeutig für eine andere Herstellungsart eines alkoholischen Getränks – arabisch *Nabidh* – gelten mußte. Diese Weinart konnte, zumal wenn sie mit bestimmten Zusätzen wie Johanniskraut versetzt wurde, einen stark berauschenden und halluzinogenen Effekt auf den Konsumenten haben. Die Gelehrten waren der Meinung, es gebe keine eindeutige Prophetentradition, die den Nabidh ausdrücklich verbiete. Es gab aber die Rechtsregel, daß Dinge als erlaubt angesehen werden müßten, sofern sie nicht ausdrücklich verboten sind. Für die Freigabe solcher Dinge wurde unter anderem dahingehend argumentiert, Gott habe in dieser Welt Dinge geschaffen und erlaubt, die ähnlicher Art seien, wie jene, die er für das Paradies versprochen habe. So habe er den Gläubigen für das Paradies den Khamr versprochen und für diese Welt den Nabidh erlaubt, damit die Gläubigen etwas Ähnliches kennenlernten, von dem sie auf die Vorzüge des Weins im Paradies schließen könnten. Auf diese Weise ermuntere er sie, sich um gute Werke zu bemühen und sich anzustrengen, ins Paradies zu gelangen. Andere islamische Gelehrte, die seit dem 13. Jahrhundert die Meinungsführerschaft in dieser Frage erringen konnten, meinten dagegen, daß jedes Getränk, das gegoren sei, als Khamr betrachtet werden müsse. Der Lehrsatz »Wovon viel betrunken macht, davon ist auch wenig verboten« wird auch heute von einer überwiegenden Zahl von Muslimen als verbindlich angesehen. Zumindest bis zur Durchsetzung dieser Position gab es in der islamischen Welt einen Umgang mit Wein, den man durchaus als eine Form der Weinkultur bezeichnen könnte. Weingärten wurden sorgfältig gepflegt, die Weinherstellung, die vor allem in den Händen der jüdischen und christlichen Minderheiten in der islamischen Welt lag, war recht elaboriert. Man unterschied verschiedene Sorten, Herkunftsorte und legte auf das Alter der Weine einen besonderen Wert. Die Weine wurden zur Unterscheidung mit Bezeichnungen hinsichtlich der Herkunft und des Jahrgangs gekennzeichnet. Durch eine lange Zeit des islamischen Mittelalters hindurch waren einfache Weine auch für Konsumenten mit einem schmaleren Geldbeutel erschwinglich. Große Weine hatten allerdings auch damals ihren Preis. Erst das rigorosere Verbot des Weinkonsums führte zu einer Verringerung des vorhandenen Angebots und damit auch zu einer entsprechenden Preiserhöhung. Im Zusammenhang mit dem Weinkonsum entwickelten sich besondere Rituale, bei denen der Aspekt der »Kommensurabilität« besonders im Mittelpunkt stand. So galt alles, was bei einem Trinkgelage gesprochen wurde, als vorläufig und bekam eine echte Bedeutung erst, wenn es zu einem späteren Zeitpunkt im nüchternen Zustand wiederholt worden war. Besonders wurde auch darauf geachtet, daß alle Teilnehmer an einem Gelage den Wein im gleichen Tempo konsumierten und auch zunächst die gleiche Menge des Getränks zu sich nahmen. Wollte jemand weniger trinken, hatte er sich zu einem bestimmten Zeitpunkt aus der Gruppe der Trinker zu verabschieden. Natürlich gab es auch Trinkspiele und etwas, das man als Wettkampftrinken bezeichnen könnte.[7]

Seitdem die Bedeutung des Islams als religiöses System Ideologien wie die verschiedenen Formen von Nationalismus und Sozialismus in verschiedenen muslimischen Staaten abgelöst hat, ist die Ablehnung des Konsums von alkoholischen Getränken sehr viel weiter verbreitet, als das noch vor zehn Jahren der Fall war. Die Haltung gegenüber dem Alkohol wird geradezu zu einem Hauptkriterium hinsichtlich der »Treue« eines politischen Regimes zum Islam. Aus Rücksicht auf die Anhänger strenger islamischer Positionen in ihren Ländern sind die staatlichen Autoritäten nicht selten gezwungen, den Alkoholkonsum überall dort einzuschränken oder ganz zu verbieten, wo es ihnen möglich ist. In einigen Staaten, die für sich in Anspruch nehmen, den Vorschriften des islamischen Rechts konsequent zu folgen – zu nennen wären hier Libyen, Iran, Saudi-Arabien oder der Sudan –, herrscht tatsächlich ein allgemeines Alkoholverbot.

Das Verbot von Schweinefleisch

Das andere allgemein bekannte Nahrungsmitteltabu im Islam bezieht sich auf Schweinefleisch. Das Schwein wird zu den unreinen Tieren gezählt. Hier sind die Verbotstexte im Koran völlig eindeutig und werden auch von den Rechtsgelehrten in keiner Weise in Zweifel gezogen. Muslime haben generell Schweinefleisch gegenüber eine ausgesprochene Abneigung. In vielen Regionen der islamischen Welt sind Schweine, nicht zuletzt auf Grund des Verbots, völlig unbekannt. So berichtete mir ein Bekannter, der sich als Mitarbeiter einer Entwicklungshilfe-Organisation im Yemen aufgehalten hatte, von der folgenden Begebenheit. Der Informant hatte von einem beruflichen Aufenthalt in Tibet einen der dort vorkommenden kleinen Hunde mit langem Fell mitgebracht. Mit diesem Hund machte er nun Spaziergänge in der Umgebung seines Hauses in den Außenbezirken der Stadt Sanaa. Häufig wurde er von einheimischen Passanten gefragt, um was für eine Art von Tier es sich da handele. Wahrheitsgemäß gab er dann zur Antwort, daß er einen Hund bei sich führte. Häufiger hörte er beim Weitergehen noch, daß man ihm seine Erklärung nicht geglaubt hatte. »Wahrscheinlich ist es doch ein Schwein« war ein häufiger Kommentar, den er zu hören bekam.

Die Begründungen für das Verbot von Schweinefleisch, die vorgetragen werden, sind vielfältig. Muslime argumentieren häufig damit, daß das Fleisch von Schweinen mit Trichinen verseucht sein könne. Sie sehen also eine Gefahr für die Gesundheit der Konsumenten und nehmen das Verbot als einen Beleg für die Weisheit des Korans. Man muß diese Argumentation als eine Form der »Nachrationalisierung« eines Vorgangs betrachten, dessen eigentliche Ursache in Vergessenheit geraten ist. Wäre der hygienische Aspekt die Hauptursache für das Verbot, dann müßte Rindfleisch noch dringender verboten werden, da es einen Parasiten enthalten kann, der die tödliche Krankheit des Milzbrandes hervorruft, während die Folgen einer Trichinenkontamination weniger schwerer Natur sind und von der Medizin leicht geheilt werden können. Auch einige islamische Gelehrte wehren sich gegen diese medizinische Argumentation für das Schweinefleischverbot, weil sie eine solche Vorstellung nicht mit der Allmacht Gottes in Übereinstimmung bringen wollen. Westliche Kulturwissenschaftler und Ethnologen haben verschiedene Begründungen für das Schweinefleischverbot, das sich ja bekanntlich auch im Judentum findet, vorgetragen, die von unterschiedlicher Überzeugungskraft sind. Die bekannte britische Sozial-Anthropologin Mary Douglas geht in ihrem Buch »Purity and Danger« davon aus, daß im Alten Testament all die Tiere als unrein gelten, die aus irgendeinem Grund aus den üblichen Schemata von »Zugehörigkeit« herausfallen. Sie spricht bei solchen Fällen von einer taxonomischen Dissonanz. Als Beispiele seien Fische ohne Flossen wie der Aal, Vögel, die nicht fliegen, wie der Strauß oder Tiere, die keine Vögel sind, aber doch fliegen, wie die Fledermaus genannt. In diesem Zusammenhang läßt sich das Schwein nur schwerlich einordnen.[8] Der amerikanische Kulturhistoriker Marwin Harris hält die Tatsache, daß das Schwein als Allesfresser ein direkter Konkurrent des Menschen um Nahrung sei, für eine mögliche Ursache für das Verbot. Ein Vergleich der Produktionskosten bei der Aufzucht von Schweinen und Kamelen, Ziegen oder Schafen zeigt darüber hinaus, daß die physiologischen Gegebenheiten des Schweins einen höheren Aufwand bewirken. Dem Schwein fehlen Schweißdrüsen. Bei den im Nahen und Mittleren Osten üblichen hohen Temperaturen kann die entstehende Hitze nicht durch den Schweiß abgeführt werden. Daher suhlen sich Schweine oder suchen nach kühlendem Wasser. Dieses ist wiederum ein kostbares Gut und für den Menschen zu wertvoll, als daß es in dieser Weise verwendet werden sollte. Das Verbot des Schweinefleischs würde in einem solchen Fall einem unökonomischen und schädlichen Verhalten der Menschen einen Riegel vorschieben.[9] All diese Erklärungen bleiben, bei aller zugestandenen Plausibilität, unbefriedigend. Zumindest aus islamwissenschaftlicher Sicht fehlt diesen Argumentationen ein religiöser Aspekt. Auf diesen stößt man, wenn man sich in der vorislamischen Religionsgeschichte umschaut. Schon im pharaonischen Ägypten waren Schweine ausgesprochene Opfertiere bei bestimmten Ritualen. Auch in den zeitgleichen oder späteren altorientalischen Religionen Mesopotamiens oder des syrischen Raumes spielten sie vor allem bei den Opferfeiern zu Ehren von Mondgottheiten eine große Rolle. Auf der arabischen Halbinsel sollen Archäologen Schweineknochen in der unmittelbaren Nähe von Tempelruinen, die Mondgöttinnen geweiht waren, gefunden haben. Damit läge die Begründung für das Verbot des Schweinefleischs in der deutlichen Betonung des Monotheismus gegenüber einer polytheistischen Umgebung, wie sie ein zentrales Thema vor allem der frühislamischen Geschichte darstellt.

Rituelle Reinheit

Im Zusammenhang mit Nahrungstabus im Islam muß schließlich noch auf einen Aspekt hingewiesen werden, der nicht zuletzt für die muslimischen Mitbürger in Deutschland von besonderer Bedeutung ist. Das islamische Recht verlangt unter Bezugnahme auf die entsprechenden Stellen im Koran, daß Muslime nur solches Fleisch konsumieren, das rituell rein ist. Unreines Fleisch ist neben dem Schweinefleisch auch solches von Hunden, Katzen und einigen anderen Tieren. Als unrein gilt aber auch solches an sich erlaubtes Fleisch, das nicht auf die korrekte Weise rituell geschlachtet worden ist. Dabei muß davon ausgegangen werden, daß nach islamischer Auffassung Blut als rituell unrein zu betrachten und Muslimen daher für den Konsum untersagt ist. Das zur Speise vorgesehene Tierfleisch muß daher geschächtet werden. Dazu wird bei dem zu schlachtenden Tier ein Schnitt angebracht, der die Halsschlagadern öffnet. Das Tier blutet dann aus. Voraussetzung für das korrekte rituelle Schlachten sind auch eine Ausrichtung des Tieres gen Mekka und die Anrufung Gottes bei der Schlachtung.

Problematisch ist diese Vorschrift für Muslime, die in einem nicht-islamischen Land leben. Für sie besteht immer die Sorge, daß das von ihnen konsumierte Fleisch nicht rituell rein ist. Auch die Frage des Imports von Fleisch in die islamische Welt wirft in diesem Zusammenhang Fragen auf. In der Praxis in Deutschland hat ein Teil der hier lebenden Muslime seinen Fleischkonsum drastisch eingeschränkt. Andere kaufen bei muslimischen Fleischern ein, um sicher sein zu können, rituell reines Fleisch zu bekommen. Die entsprechenden Tiere werden, da das deutsche Tierschutzrecht der islamischen Schächtungspraxis entgegensteht, z.B. in Frankreich geschlachtet und dann nach Deutschland importiert. Bei dem Import von Fleischprodukten in die islamische Welt konnten islamische Rechtsgelehrte auf eine Prophetentradition verweisen, nach der der Prophet es seinen Glaubensgenossen erlaubt habe, Speisen, die ihnen von Juden oder Christen angeboten wurden, zu essen. Daher wurden die Importe aus »christlichen Ländern« gestattet. Der Import aus den Ländern des Ostblocks oder aus der Volksrepublik China wurde dagegen als unrein angesehen, da man in diesen Fällen sicher sein könnte, daß der Name Gottes bei der Schlachtung nicht angerufen worden sei.[10]

Der Islam ist eine Religion, in der es stets um die Frage geht, ob ein bestimmtes Verhalten mit dem Willen Gottes übereinstimmt. Über die Frage der rituellen Reinheit erhält der kulinarische Komplex in dieser Hinsicht eine zusätzliche Bedeutung. In kaum einem anderen Bereich finden sich auch für die Alltagspraxis so viele grundsätzliche Bezüge auf die Vorschriften des islamischen Rechts wie hier. Ob die besondere Kreativität islamischer Küchen mit diesem Tatbestand in Zusammenhang steht, kann nicht abschließend beurteilt werden, ist jedoch auch nicht ausgeschlossen.

Die Religionen Asiens

Das heilige Essen – Das Heilige essen Religiöse Aspekte des Speiseverhaltens im Hinduismus

Renate Syed

Von der vedischen Zeit (ab etwa 1200 v. Chr.) bis in die Moderne, und damit in allen Epochen der indischen Kultur, wird der Umgang mit Nahrung von religiösen und philosophischen Vorstellungen bestimmt. Nahrung und Nahrungsaufnahme betreffende Vorschriften und Verbote sind in den brahmanischen Schriften überaus zahlreich und differenziert. Wer was (und was nicht) mit wem (und wem nicht) auf welche Weise (und wie nicht) wann und wo (und wann und wo nicht) zu welchem Zwecke verzehren darf oder muß und was die jeweilige Nahrung in dem entsprechenden Kontext bedeutet, ist Gegenstand detailliertester Erörterungen in den altindischen Texten der unterschiedlichsten Gattungen und Epochen. Im Hinblick auf indische Kultur kann man von einer seit ältester Zeit bestehenden Philosophie der Nahrung und der Nahrungsaufnahme sprechen.

Die die hinduistische Gesellschaft und Religion bis auf den heutigen Tag bestimmenden komplexen und komplizierten Vorstellungen hinsichtlich der Nahrung und ihrer Aufnahme lassen sich nur auf der Grundlage der bereits in der Zeit des Veda und der Upaniṣaden entstandenen religiösen und philosophischen Konzepte verstehen, die in den Rechtstexten weiterentwickelt wurden. Im ersten Teil dieses Beitrages soll daher die Verbindung der Nahrung mit den Göttern und dem Opfer, wie sie in den vedischen Saṃhitās und Brāhmaṇas erscheint, untersucht werden, im zweiten Teil der Zusammenhang zwischen Nahrung, Kosmos und Mensch, wie er sich in den philosophischen Texten der spätvedischen Zeit, den Upaniṣaden, darstellt. Teil 3 ist der Bedeutung der Nahrung für das gesellschaftliche Leben gewidmet, wobei vor allem die Rechtstexte der Jahrhunderte um Christi Geburt herangezogen werden, die die Rechte und Pflichten der einzelnen Kasten und ihrer Mitglieder behandeln. Teil 4 fragt nach der Bedeutung der Nahrung für den Menschen als geistiges und körperliches Wesen und bezieht sich hierbei vorrangig auf die Lehre von der Askese und der Erlösung sowie auf medizinische Konzepte. In Teil 5 werden die erlaubten und verbotenen Nahrungsmittel aufgeführt; die Ursprünge und die Genese der Phänomene Rinderverehrung, Vegetarismus und Gewaltlosigkeit, die im alten Indien entstanden sind und den Hinduismus[1] bis in die Neuzeit prägen, werden hier in gebotener Kürze behandelt. Teil 6 geht auf die Eßkultur des modernen Indien und ihre Abhängigkeit von der Tradition ein.

Die Nahrung, die Götter und das Opfer

In den Saṃhitās und Brāhmaṇas, den Texten der vedischen Zeit zwischen ca. 1200 und ca. 600 v. Chr., wird die Nahrung als ein zwischen den Göttern und den Menschen zirkulierendes und beim Opfer gemeinsam verzehrtes Gut angesehen. Der Ṛgveda, der älteste Text der indischen Kultur, enthält in seinem ersten Liederkreis eine an die Nahrung gerichtete Hymne, die um 1000 v. Chr. entstanden sein dürfte. Die Nahrung, *pitú*, wird hier als eine Kraft voller Süße gepriesen, die den Göttern die Fähigkeit verleiht, Dämonen zu besiegen, und den Menschen ein Helfer und Freund ist:

»Die Nahrung will ich preisen, die mächtige Trägerin und Stärke. [...] Komm zu uns, Nahrung, wohlgesonnen. [...] Deine Säfte, o Nahrung, sind in den Räumen verbreitet, sie gelangen wie die Winde bis zum Himmel. [...] O Nahrung, der Geist der großen Götter ist auf dich gerichtet. [...] Wir haben dich, o Nahrung, mit Reden wohlschmeckend gemacht [...], dich für die Götter als gemeinsames Opfermahl, dich für uns als gemeinsames Opfermahl.« (Ṛgveda 1.187.1, 3, 4, 6 und 11)[2]

Im vedischen Opfer sind Nahrung und Trank neben den Lobpreisungen die vorrangigen Gaben der Menschen an die Götter. Das Opfer ist weniger ein Dankopfer als vielmehr ein Bittopfer und ein gemeinsames Mahl, das den die Ordnung der Welt garantierenden Bund zwischen den Göttern und den Menschen bestätigen und erneuern und den Menschen das Wohlwollen der Götter erhalten soll; wer zusammengehört, wie die Menschen und die Götter, speist zusammen. Das wohl im 7. oder 6. vorchristlichen Jahrhundert entstandene Śatapathabrāhmaṇa spricht davon, daß die Götter, die Menschen und die Manen, die männlichen Verstorbenen einer Großfamilie, einstmals bei einem Trinkgelage zusammensaßen, während die Götter und die Manen heute (zur Jetztzeit des Textes) nur mehr unsichtbar anwesend sind (3.6.2.26). Den Göttern werden in vedischer Zeit die wertvollsten Nahrungsmittel, vornehmlich Milch, Butter, Getreide, Honig, Fleisch und der aus der *soma*-Pflanze bereitete Rauschtrank, dargeboten; das, was von den Göttern »übriggelassen« wird, verzehren die Priester und Opfernden.[3] Aus einer alten Saṃhitā, in der der Priester im Namen des Opferveranstalters die Segnung der Güter durch das Opfer erbittet, erfahren wir, welche Nahrungsmittel als besonders wertvoll angesehen wurden: Es waren dies Milch, Butter, Honig, Reis, wilder Reis, Gerste, Bohnen, Sesam, Linsen und andere Hülsenfrüchte sowie Weizen (Vājasaneyasaṃhitā 18.9 und 12).

Nach der vedischen Vorstellung erfreuen die Opfergaben die Götter nicht nur, sondern stärken sie. Diese Annahme ist die Grundlage des in den Brāhmaṇa-Texten (ab ca. 800 v. Chr.) geäußerten Glaubens, die Götter seien von den Opfern der Menschen abhängig. Man glaubt, zwischen Göttern und Menschen finde ein beständiger und notwendiger Austausch von Gütern statt, der in einem Kreislauf sowohl das Leben der Menschen als auch die Existenz der Götter aufrechterhält. So herrschen die Götter über den Regen, der das Wachstum der Pflanzen und der Tiere (die beide Opfergaben sind) ermöglicht; damit es regnet, bringen die Priester dem Gott Parjanya eine Opfergabe dar, ebenso wie dieser Gott eine Gabe erhält, wenn es regnet (Taittirīyasaṃhitā 2.4.9 und 10). Die Götter sind ihrerseits von den in Nahrung und Trank bestehenden Opfergaben abhängig. Als, so das Śatapathabrāhmaṇa, die Menschen den Göttern einstmals keine Gaben mehr darbringen wollten, baten die Himmlischen den Gott Bṛhaspati, den Menschen das Opfer zu befehlen, denn »von den Gaben von hier (aus der Menschenwelt) leben die Götter« (1.2.5.24 und 25). Als König Kutsa seinem Priester Upagu das Opfern verbietet, wendet sich der Gott Indra an Upagu mit der Bitte: »Opfere für mich« und verspricht ihm dafür die Welt, *loka* (Jaiminīyabrāhmaṇa 3.200). An dieser Stelle heißt es auch, die Götter äßen nichts Ungeopfertes. Und dies bedeutet, daß sie das Geopferte benötigen.

Wenn das Opfer vorbereitet wird, kommen daher die Götter freudig herbei, und jeder von ihnen hofft, daß der Priester mit einer Spende an ihn beginnt (Śatapathabrāhmaṇa 1.1.2.18). Die Götter eilen zum Hause dessen, der am Morgen ein Opfer veranstalten wird, und verbrin gen wartend als Gäste die Nacht in seinem Haus; ein Mann, so der Text, darf nicht vor seinen Gästen, oder bevor er den Göttern geopfert hat, speisen (2.1.2.1 und 2).

Nicht nur das große, für die Gemeinschaft vollzogene Opfer, sondern auch das alltägliche, im Hause vollzogene Opfer verbindet seit der vedischen Zeit den Menschen mit Gott. Der Familienvorstand opfert, bevor er ißt, allmorgendlich und allabendlich in das Feuer des Hauses und darf mit seiner Familie nur die »Reste« der den Göttern mittels des Feuers zugeführten Speise verzehren. Der opfernde Familienvater ist ein Verwandter des Gottes, ein *devabandhu,* und »lebt in Speisegemeinschaft mit Agni [dem Gott ›Feuer‹, R. S.] und allen Göttern und ißt in Hinblick auf sein inneres *deva*-Feuer, das mit dem Opferfeuer identisch ist: Erst durch das Opfer wird ihm die Nahrung von den Göttern freigegeben, nur als ›Opferrest‹ ist die Speise für ihn rein und bekömmlich (und mit *deva*-Kraft positiv erfüllt).«[4]

Die Vorstellung, daß Götter und Menschen über den Nahrungskreislauf miteinander in Verbindung treten und sich gegenseitig beschenken, bleibt in der indischen Kultur bestehen und ist bis auf den heutigen Tag anzutreffen. Nach der Manusmṛti, einem Rechtstext der ersten nachchristlichen Jahrhunderte, steigt die in das Opferfeuer gegossene Gabe zum Sonnengott empor, der den Regen spendet, durch den die Nahrung wächst, die wiederum die Lebewesen entstehen läßt. Ein die Opfer darbringender Mann fördert durch seine Gaben das Bestehen der Tiere und Pflanzen (3.75 und 76). Das in den Jahrhunderten um die Zeitenwende entstandene Epos Mahābhārata spricht von einem einstmals bestehenden Bündnis zwischen den Menschen und den Göttern, in dem die Menschen Opfergaben darbrachten und die Götter Regen gewährten; im *kaliyuga,* dem gegenwärtig andauernden

Zeitalter des Untergangs, in dem die heilige Überlieferung und das Recht, der *dharma,* nicht mehr befolgt werden, sind die Götter durch die fehlenden Gaben in Bedrängnis geraten (12.59.22 und 26).

Auch heute noch werden den Göttern in Indien in den Tempeln und Hausschreinen Nahrungsmittel als Opfergaben dargebracht; hinzu kommen Blüten, Kränze und Duftstoffe. Das *liṅgam* des Gottes Śiva im Tempel von Cidambaram in Tamil Nadu etwa wird täglich mit Honig, Kokosnußmilch, Milch, Limonensaft und Butterschmalz überschüttet, die anderen Gottheiten erhalten Reis, Butterschmalz und Gewürze; es handelt sich hierbei weitgehend um die schon in der Vājasaneyisaṃhitā genannten Nahrungsmittel (siehe oben, S. 99). Der in der vedischen Opfertheorie vorherrschende Gedanke, die Götter benötigten die Gaben der Menschen zur Aufrechterhaltung ihrer Existenz, findet sich jedoch in der Moderne nicht mehr, die Götter sind nun frei und erweisen den Menschen durch die Annahme der Gabe eine Gnade. Die Eßgewohnheiten der Götter entsprechen denen ihrer Verehrer, so opfern die vegetarisch lebenden Gläubigen, zu denen die Viṣṇuiten gehören, ihren Göttern niemals Fleisch, während die fleischessenden Verehrer der Göttin Kālī dieser auch Ziegen darbringen. In den Tempeln sind – wie einstmals beim vedischen Opfer – Priester aufgrund ihrer Reinheit und ihres Wissens die Vermittler zwischen den Göttern und ihren Verehrern, und auch heute noch erhält der Gläubige die von der Gottheit übriggelassene Nahrung. Der Kreislauf des Gebens und des Nehmens von Nahrung besteht immer noch, der Gläubige bringt Gaben wie Reis und Süßigkeiten, Früchte und Milch und übergibt sie dem Priester, der sie vor der Gottheit niederlegt. Durch die Präsenz des Gottes verwandeln sich diese Gaben aus profaner Nah rung in sakrale Speise, *prasāda,* die von der Gegenwart und dem Segen des Gottes erfüllt ist. Der Gott als Empfänger und als Geber der Nahrung verbindet mittels der ihm dargebrachten Speisen auch seine Verehrer miteinander, denn zwischen diesen zirkulieren die Gaben: Jeder Verehrer erhält Speise, die zuvor von anderen Gläubigen gebracht wurde und die nun geweihte Nahrung, *prasāda,* ist. Diesen *prasāda* nimmt der Gläubige allein oder im Kreise seiner Angehörigen ehrfürchtig zu sich, denn er enthält die Kraft des Gottes: »Diese göttlichen Speisereste werden als geweihte und hochbewertete Speise [...] verstanden und behandelt, die besondere ›Eigenschaften‹ [...], die Segnungen oder ›Energie-Gnade‹ [...] des Gottes enthält«, schreibt Manuel Moreno über die Vorstellungen der Hindus im heutigen Tamil Nadu.[5] Den Göttern im Hausschrein, den *kuladevatā-s,* wird stets etwas von der für die Familie gekochten Nahrung dargebracht, bevor die Familienmitglieder zu essen beginnen; wie beim vedischen Opfer erhalten erst die Götter ihre Speise. Die Verbindung zwischen der Gottheit und den Gläubigen wird somit immer noch über die Nahrung hergestellt, in der ein Teil der Kraft und die Segnung des Gottes enthalten sind, und das, was der Verehrer mit nach Hause nimmt und sich einverleibt, ist im *prasāda* enthalten, der Gläubige »ißt« Gott.

Die Nahrung, der Kosmos und der Mensch

In der Zeit der Upaniṣaden (ab ca. 600 v. Chr.[6]) wird auch die Nahrung in das philosophische Denken einbezogen, in dem diese mit dem göttlichen Prinzip *brahman* gleichgesetzt wird. In diesen Texten heißt es wiederholt: *annaṃ brahma,* »Die Nahrung ist das *brahman*« (Taittirīyopanṣad 2.2 und 3.1). Die Nahrung wird hier als eine im Individuum und im Kosmos gleichermaßen wirkende Substanz verstanden, von der alles abhängt: »Die Nahrung ist (Ein-)Atmen und Ausatmen, sie ist der Tod und gleichzeitig eine lebenspendende Substanz, sie ist verantwortlich für das Altern und das Erzeugen der Wesen« (Taittirīyabrāhmaṇa 2.8.8.3). Die in den Saṃhitās anzutreffende Verbindung von Göttern – Menschen – Nahrung (nach der die Nahrung von den Göttern kommt, das Leben aus der Nahrung entsteht und somit die Götter den Menschen durch die Nahrung Leben gewähren) erscheint in den Upaniṣaden als Verbindung *brahman* – Mensch – Nahrung.[7]

Die Nahrung wird nun vornehmlich in ihrer Bedeutung für das Individuum gesehen. Die materielle Gestalt des Menschen, die Hülle, in der sein Unsterbliches, der *ātman,* lebt, ist *annarasamaya,* »aus Nahrungssaft bestehend«. Nach der Muṇḍakopaniṣad ist das *brahman* der Ursprung der Nahrung, und aus ihr entstehen Atem, Geist, Wahrheit und die Welten (1.1.8).

> »Aus der Nahrung entstehen die Geschöpfe. Alle, die auf Erden leben, leben wahrlich durch die Nahrung. Und am Ende gehen sie in die Nahrung ein. Die Nahrung ist das älteste aller Wesen, und daher nennt man sie Allheilmittel. Diejenigen erlangen alle Nahrung, die die Nahrung als das *brahman* erkennen (und verehren). Alles Gewordene gedeiht durch Nahrung. [...] Die Nahrung ist der Atem, der Verzehrer der Nahrung ist der Körper.« (Taittirīyopaniṣad 2.2. und 3.7)

In den Upaniṣaden entwickelt sich eine die indische Philosophie und Medizin prägende und bis in die Neuzeit verbreitete Vorstellung, der Körper werde wie der Geist des Menschen von der verzehrten Nahrung gebildet und bestimmt, eine Vorstellung, die wir mit den Worten ausdrücken können: »Du bist, was du ißt.« So verkündet Chāndogyopaniṣad 7.26, daß derjenige rein sei, der sich rein ernähre. Diese auf körperliche Reinheit gegründete geistige Reinheit ist die Grundbedingung für die Erkenntnis, denn, so die Upaniṣad, der Reine bewahre die Tradition und dieses Bewahren führe zur Lösung der (existentiellen) Knoten (und damit zur Erkenntnis und Befreiung). Auch die Jahrhunderte später entstandene Bhagavadgītā erklärt, daß reine Nahrung zu einem reinen Geist führt (17.7–10). Aber nicht nur was man ißt, sondern auch wieviel, ist entscheidend. Seit der Brāhmaṇa-Zeit gilt die Askese, die vor allem in sexueller Enthaltsamkeit und in strengem Fasten besteht, als die Grundbedingung der Spiritualität; Dicksein bedeutet minderwertig sein. Nur zweimal am Tag soll der Mann essen, um weise zu werden, rät die Manusmṛti (2.6). Im Taittirīyabrāhmaṇa (2.4.2.6) und im Śatapathabrāhmaṇa heißt es:

> »Ein Mann, der fett wird, wird im Üblen fett, er stolpert und kann nicht mehr gehen, weil er, Unrechtes getan habend, fett geworden ist. Deshalb soll man nur abends und morgens essen, und wer, dieses wissend, nur abends und morgens ißt, der erreicht ein ganzes Lebensalter (von hundert Jahren), und das, was er mit seiner Stimme spricht, das geschieht, weil er die Wahrheit der Götter beachtet.« (Śatapathabrāhmaṇa 2.4.2.6)

Die Grundlagen der späteren Systematik der indischen Medizin, die drei den Körper bildende Konstituenten, die *doṣa*-s, und drei Eigenschaften der Materie und der Nahrung, *sattva, rajas* und *tamas,* annimmt, sind im Kern schon in der Chāndogyopaniṣad vorhanden, die sagt:

> »Die verzehrte Speise wird dreifach aufgeteilt: Ihr gröbstes Element wird zum Kot, ihr mittleres zum Fleisch, ihr feinstes Element zum Geist. Die getrunkenen Wasser werden dreifach aufgeteilt: Ihr gröbstes Element wird zu Urin, ihr

mittleres zu Blut, ihr feinstes zu Atem. […] Denn der Geist, o Lieber, besteht aus Nahrung, der Atem besteht aus den Wassern. […]« (Chāndogyopaniṣad 6.5.1, 2 und 4)

In den Upaniṣaden wird auch die Frage nach dem Ursprung der Nahrung gestellt. Die Nahrung, die als die Grundlage des Lebens, des Körpers und des Geistes angesehen wird (Taittirīyopaniṣad 3.7–9), ist mehreren Mythen zufolge vom Schöpfergott Prajāpati oder Brahmā als eine der ersten Substanzen geschaffen worden. Nach Chāndogyopaniṣad 6.2.4–6.3.3 ging die Nahrung aus den Wassern hervor, die wiederum der schöpferischen Glut, *tejas,* entstammten; in diese drei göttlichen Substanzen Glut, Wasser und Nahrung ging der Schöpfergott ein. Nach Aitareyopaniṣad 1.3 schuf der *ātman,* die schöpferische Kraft, aus den von ihm erhitzten Wassern die Nahrung. Mehrere Kosmologien beschreiben die Nahrung als ein Bindeglied zwischen den Welten der Menschen, der Götter und der Manen. Nach der in der Bṛhadāraṇyakopaniṣad dargelegten Lehre, in deren Mittelpunkt das Wasser als das lebentragende und -erhaltende Element steht, unterliegen die Verstorbenen, die wiedergeboren werden müssen, einem Kreislauf mit den folgenden räumlichen und zeitlichen Elementen:

»Diejenigen hingegen, welche im Dorfe Opfer und fromme Werke üben, gehen in den Rauch (des Scheiterhaufens) ein, aus dem Rauch in die Nacht, aus der Nacht in die abnehmende Monatshälfte, aus der abnehmenden Monatshälfte in das Halbjahr, in dem die Sonne südwärts geht, aus dem Halbjahr in die Väterwelt, aus der Väterwelt in den Mond. Dieser ist der König Soma, und er ist die Speise der Götter; ihn genießen die Götter. Nachdem sie dort geweilt haben, kehren sie denselben Weg zurück, den sie gekommen sind, von dort in den Äther, aus dem Äther in den Wind, aus dem Wind in den Regen, aus dem Regen in die Erde. Wenn sie in die Erde gelangt sind, werden sie zur Nahrung und werden wiederum im Mannfeuer geopfert und im Weibfeuer gezeugt und entstehen aufs neue zum Leben. Auf diese Art bewegen sie sich im Kreis. Das ist der Weg der Väter.« (Bṛhadāraṇyakopaniṣad 6.2.16, übersetzt von Erich Frauwallner[8])

Die Nahrung ist hiernach ein Durchgangsstadium zwischen zwei Existenzen eines Menschen. Nach der in Chāndogyopaniṣad 5.10 entwickelten »Fünf-Feuer-Lehre« gelangen die Verstorbenen, die zunächst dieselben Elemente durchlaufen wie nach der Wasserlehre, vom Wind in den Rauch, vom Rauch in den Nebel und vom Nebel in die Wolke, von der sie herabregnen. Dann werden sie zu Reis, Gerste, Kräutern und Bäumen, zu Sesam und Bohnen. Wenn ein Mann diese Pflanzen als Speise verzehrt und mit seinem Samen Kinder zeugt, werden die Verstorbenen ihrem *karman* entsprechend in einer hohen oder einer niederen Existenz wiedergeboren.

Nicht nur mit den Göttern, sondern auch mit den Manen trat man über das Darreichen von Nahrung in Kontakt. Den Manen, den männlichen Verstorbenen einer Großfamilie, bringt man regelmäßig kostbare Nahrungsmittel wie Fleisch, Sesam, Reisklöße und Wasser dar; man bittet sie dabei um Reichtum und Segen sowie um die Vergebung der Schuld. Die im Luftraum befindlichen Manen essen, als Luftwesen unsichtbar, zusammen mit den opfernden Brahmanen die dargebrachten Speisen (Kūrmapurāṇa 2.22.4). Die Ahnen sah man wie die Götter als abhängig von den dargebrachten Spenden an (Manusmṛti 3.264 ff.); die Nahrungs- und Wasserspenden konstituieren den Verstorbenen im Jenseits, sie geben ihm einen Leib und seine Identität. Wie Müller in seiner Arbeit über das brahmanische Totenritual feststellt, haben die *navaśrāddha* genannten Rituale die »Funktion, dem Toten, einem körperlosen Wesen, einen geeigneten Körper und geeignete Nahrung zu geben. So wird am ersten Tag ein Kloß geopfert, der als Toter verehrt wird und über den Sesamwasser gegossen wird. Durch diese Opferung entsteht dem Toten ein Kopf. Am zweiten Tag wird derselbe Ritus vollzogen, diesmal ist die Menge des Sesamwassers erhöht. Es entstehen Hals und Schulter usw.«[9] Den Vorvätern, denen man das Leben verdankt, schenkt man es im Jenseits durch die dargebrachten Speisen, und die gespendeten Klöße enthalten wiederum den Segen der Manen. So wünscht sich der Opfernde von seinen Vorvätern heldenhafte Söhne und gibt einen der dargebrachten Klöße seiner Gattin, die ihn ißt und dabei die Worte spricht: »In mich, o Väter, legt einen Keim, einen Knaben, lotosbekränzt...« (Āśvalāyanaśrautasūtra 2.7).

Auch im modernen Hinduismus speist man die Ahnen, um sich ihres Wohlwollens zu versichern: »Um sicherzustellen, daß die Götter des Geschlechtes der Familie auch weiterhin Gedeihen und Fruchtbarkeit gewähren, muß jeder Haushalt ihnen regelmäßig etwas von den besonderen Speisen zukommen lassen, die anläßlich bedeutender Feste wie Namensgebung und Hochzeit zubereitet werden.«[10]

Die Umverteilung von Nahrung unter den Menschen spielt hinsichtlich der Wiedergeburt eine nicht unwesentliche Rolle. Das Schenken von Nahrung, vor allem an Asketen, Mönche und Brahmanen, gilt als eine verdienstvolle Tat, die dem Gebenden zu reichlicher Speise in seiner nächsten Existenz verhilft:

> »Allein durch das einmalige Spenden von Nahrung, o König, speist er (der Gebende) in seiner nächsten Existenz beständig, reichlich (Nahrung) erlangend. Das, was von den Männern in einer früheren Existenz aus Hingabe irgendwann einmal in eine Bettelschale gespendet wurde, das wird von ihnen in der nächsten Existenz als Speise immerwährend gegessen werden. Diejenigen, die einem Brahmanen beständig Nah

rung gewähren, verzehren süße Speise und süßen Trank und erlangen den Himmel. Die Heiligen, die Kenner des gesamten Veda (der heiligen Texte), nennen die Speise »Atem«, denn sie entstammt ohne Zweifel dem Unsterblichkeitstrank. Wer Speise gibt, gibt Leben.«
(Padmapurāṇa 2.94.53–56)

Die Nahrung, die Gesellschaft und das Individuum

Genaue Angaben über verbotene und erlaubte Nahrungsmittel sowie Vorschriften für die Nahrungsaufnahme finden sich vor allem in den Gṛhyasūtras, den Schriften, die sich mit dem häuslichen Ritual beschäftigen, und noch ausführlicher in den Dharmasūtras, den die sozialen und religiösen Pflichten behandelnden Rechtstexten, Werken, die in den Jahrhunderten um die Zeitenwende entstanden.[11] Aber auch das Epos Mahābhārata sowie die Purāṇas, religiöse Texte, die ab der Mitte des ersten nachchristlichen Jahrtausends verfaßt wurden, enthalten ausführliche Angaben über verbotene und erlaubte Speisen und die bei der Nahrungsaufnahme zu beachtenden Regeln. Die äußerst differenzierten, die Speisen und das Essen betreffenden Gebote und Verbote sind auf das engste mit der Hierarchie des Kastensystems[12] und den Vorstellungen von Reinheit und Unreinheit verknüpft und können ohne die Kenntnis dieser Phänomene nicht verstanden werden.

Was jemand essen darf oder nicht, ist im Hinduismus – und dies in weiten Kreisen bis auf den heutigen Tag – nicht von persönlichen Vorlieben bestimmt, sondern von Kaste, Familie und Religionszugehörigkeit, aber auch von dem jeweiligen Lebensstadium.[13] Die in den Upaniṣaden erkennbar werdende Vorstellung »Du bist, was du ißt« verlor zwar ihre Gültigkeit nicht, hinzu kam aber die Auffassung »Du ißt, was du bist« oder vielmehr »Du mußt essen, was du bist«. Dies bedeutete, daß ein Brahmane etwas anderes essen soll als ein Krieger oder ein Unberührbarer und ein Mann etwas anderes als eine Frau. Bei den Brahmanen setzte sich der Vegetarismus zunehmend durch, während die Krieger beim Fleischverzehr blieben und die Angehörigen der tiefen Kasten den Texten zufolge unreine Nahrungsmittel und Fleischarten wie Hund verzehrten. Für den Brahmanen ist die vegetarische Kost, die die spirituelle Kraft fördert, die beste, ein Krieger hingegen, der vornehmlich körperliche Stärke erlangen soll, muß Fleisch essen. Die Nahrung wurde zunehmend abhängig von der Kaste und ihrer religiösen Ausrichtung, aber auch vom Geschlecht, vom Lebensstadium, vom Alter. Wer was wann wo wie mit wem und warum ißt, stellt bis auf den heutigen Tag in Indien einen Indikator für den gesellschaftlichen und religiösen Standpunkt des Individuums dar.

Mit der Kastenhierarchie verbunden ist das Konzept der rituellen Reinheit/Unreinheit. Jede *jāti* besitzt, vereinfacht gesagt, einen bestimmten Grad an ritueller Reinheit, der ihre Stellung in der Kastenordnung und damit ihr Verhältnis zu den anderen Kasten bestimmt. Die den Menschen durch Geburt in einer bestimmten Kaste angeborene, intrinsische Reinheit kann durch den Kontakt mit unreinen Dingen, Nahrungsmitteln oder Personen vorübergehend verlorengehen, vor allem durch das, was von Mensch zu Mensch weitergegeben werden kann, nämlich Körperkontakt (in Form von Berührung oder Körpersubstanzen[14]) und Nahrungsmittel. Der Zustand der Reinheit ist kein absoluter, sondern ein relativer, denn Reinheit geht selbst durch geringe negative Einflüsse wie das Annehmen einer unreinen Speise oder einer reinen

Speise durch eine unreine Person verloren und muß durch Reinigungszeremonien wiederhergestellt werden. Das Meiden unreiner Personen und verbotener Speisen und das Verzehren ausschließlich erlaubter Speisen bewahrt diese Reinheit.[15] Für die Brahmanen, die im Besitz der höchsten Reinheit sind, gelten die strengsten Vorschriften hinsichtlich erlaubter und verbotener Speisen sowie der Etikette bei der Nahrungsaufnahme. So wird in der Manusmṛti der Abschnitt über die erlaubten und die verbotenen Nahrungsmittel mit einem Vers eingeleitet, der besagt, daß vier Dinge die Bedrohung eines Brahmanen durch den Tod bedingen: das Vernachlässigen des Vedastudiums, ein ungebührlicher Lebenswandel, das Vernachlässigen der religiösen Pflichten und die Nahrung betreffende Vergehen. Es folgt dann das bis auf den heutigen Tag von Brahmanen beachtete Verbot des Verzehrs von Knoblauch, Lauch, Zwiebeln und Pilzen sowie aller Pflanzen, die auf unreinem Boden gedeihen (5.4 und 5).[16]

Die Reinheit des Körpers gilt nach indischer Auffassung seit ältester Zeit als die Grundbedingung für die Klarheit des Geistes, und ein klares Bewußtsein ist wiederum die Grundlage der Erkenntnisfähigkeit und damit der Erlösung. Der Körper muß somit rein gehalten werden von jeglicher Kontamination, man darf nur bestimmte, von den Texten für geeignet erklärte Nahrungsmittel unter Beachtung genauer Regeln aufnehmen und muß den Kontakt mit unreinen Dingen vermeiden. »Rein« ist hierbei nicht immer gleichbedeutend mit »hygienisch«,[17] sondern hauptsächlich mit »geordnet« und »richtig« in hierarchischem Sinne. Das Unreine ist nach indischer Vorstellung das Unordentliche, Gefährliche, das den Zustand körperlicher, mentaler und sozialer Ordnung Bedrohende. Aus diesem Grunde bewirken die Geburt eines Kindes und das Wochenbett ebenso wie der Tod und die Trauerzeit Unreinheit, denn sie destabilisieren die bekannte und gepflegte Ordnung und Hierarchie und verursachen Unsicherheit durch neue Aufgaben und Rollen.

Rein und unrein sind in vielen Fällen jedoch keine absoluten Kategorien, sondern müssen kontextuell interpretiert werden. Dinge oder Nahrungsmittel, die für die Mitglieder einer Kaste rein sind, können für andere unrein sein. Das, was in welchem Kontext rein oder unrein ist, wird erst auf der Grundlage der sozialen Ordnung bestimmt: »Aber diese Klassifikation der Nahrungsmittel geht essentiell auf die Klassifikation der Menschen und die Beziehungen der menschlichen Gruppen zueinander zurück und ist keinesfalls ein grundlegendes und unabhängiges Faktum, das aus einer universellen Klassifikation in das Reine und das Unreine resultiert.«[18] Parallel zur Hierarchie von Reinheit/Unreinheit existiert eine Hierarchie der Nahrungsmittel. So verzehren hohe Kaste primär reine und als wertvoll angesehene Nahrungsmittel (Brahmane – Butterschmalz, Milch), niedrige Kaste vornehmlich unreine und als minderwertig klassifizierte Nahrungsmittel (Unberührbarer – Schweinefleisch).

Reines, das durch den Kontakt mit unreinen Dingen oder Vorgängen verunreinigt wurde, kann durch bestimmte Riten wieder rein gemacht werden. Einige Dinge sind generell rein (wie ein Götterbild in einem Tempel, die Kuh, Milch oder das Wasser des Ganges), andere immer unrein (der Hund, Speichel, Blut, Urin und Kot, Geburt und Tod); die generell reinen Dinge können durch bestimmte Substanzen oder Vorgänge verunreinigt werden (wie Milch durch Blut), generell unreine Dinge werden niemals rein und sind immer kontaminierend. Diese komplizierten Gegebenheiten, die darüber hinaus in vielen Fällen auch unterschiedlich interpretiert werden können, gelten auch für Nahrungsmittel. Ein erlaubtes und reines Nahrungsmittel kann bei seiner Herstellung oder durch den Kontakt mit einer unreinen Person verunreinigt werden. Personen können entweder generell unrein (ein Angehöriger einer tieferen Kaste) oder temporär unrein sein (wie die zur gleichen Kaste gehörende und damit ebenso reine Gattin während ihrer Menstruation und nach der Geburt eines Kindes oder wie ein Angehöriger im Falle des Todes eines Familienmitgliedes). Wer reine Nahrung zu sich nehmen will, muß somit nicht nur darauf achten, daß er von den Texten oder der Tradition erlaubte Speisen zu sich nimmt, sondern auch, daß diese während des Herstellungsprozesses und während des Darreichens nicht verunreinigt wurden und daß die Personen, mit denen sie in Berührung gekommen sind, nicht unrein oder verunreinigt waren. Aus diesem Grunde gilt die im Hause zubereitete und hier aufgenommene Nahrung als die beste, da ihre Herkunft, der Zubereitungsvorgang und die Kochenden bekannt sind.

Die Vorschriften über die Annahme von Nahrung und ihre Aufnahme sind ebenso kompliziert und differenziert wie die Einteilung der Nahrungsmittel in rein/unrein und damit in erlaubt/verboten, denn der Vorgang des Essens selbst wird als die rituelle Reinheit gefährdend angesehen. Da Nahrung Träger von Reinheit und Unreinheit ist, darf ein Brahmane nur mit einem anderen Brahmanen speisen und von einem Angehörigen einer tiefer stehenden Kaste und damit geringerer Reinheit keine zubereitete Speise annehmen. Ein Mitglied einer niedrigeren Kaste kann Nahrung von Höherstehenden entgegennehmen, jeder kann Nahrung von Brahmanen annehmen, für die es ja nur Gleichrangige und Tieferstehende gibt. Im höchsten Maße verunreinigend ist Speise, die von einer Menstruierenden zubereitet und dargereicht wird; schon die Taittirīyasaṃhitā, ein etwa um 1000 v. Chr. entstandener vedischer Text, erklärt die von menstruierenden Frauen zubereitete Nahrung für unrein und verbietet ihre Annahme (2.5.1.5 und 6), ein Verbot, daß sich nahezu in allen Rechtsbüchern findet. Die Manusmṛti nennt zahlreiche Vorschriften, die ein Brahmane zu beachten hatte. Eine Auswahl sei hier angeführt:

> »Ein Brahmane [...] darf niemals Nahrung von einem betrunkenen, erzürnten oder kranken Menschen annehmen, und niemals Nahrung, in der sich ein Haar oder ein Insekt findet oder die von einem Fuß berührt wurde. Er darf keine Nahrung annehmen, auf die der Blick eines Embryonentöters gefallen ist oder die von einer Menstruierenden berührt, von einem Vogel angepickt oder von einem Hund beleckt wurde. Er darf auch keine Nahrung annehmen, die von einer Kuh berochen wurde, keine öffentlich ausgeteilte Nahrung, keine von einer Schar (?) oder von einer Prostituierten gegebene Nahrung oder eine, die von den Wissenden für unrein erklärt wurde. Er darf keine Nahrung von einem Dieb, einem Sänger, [...] einem Hermaphroditen, einer unkeuschen Frau entgegennehmen. [...]. Er darf keine Nahrung annehmen, die ohne Achtung gegeben wurde, die Fleisch enthält, das nicht für ein Opfer geschlachtet wurde, keine Nahrung von Frauen ohne männliche Verwandtschaft oder solche, die ihm von seinem Feind gegeben wird. [...]« (Manusmṛti 4.207–213)

Von einer Frau ohne männliche Verwandtschaft und damit ohne männliche Beaufsichtigung darf ein Brahmane nichts annehmen, weil die Frau Verführungsabsichten haben und damit sexuell gefährlich sein könnte. Die Nahrung eines Feindes kann nicht nur vergiftet, sondern absichtlich kontaminiert worden sein. Die Nahrung wird als Träger von psychischer Energie (etwa der Schuld und des Schmutzes, die einer Menstruierenden anhaften, oder der sexuellen Kraft der Prostituierten) angesehen; das verwerfliche Wesen, Denken oder Handeln eines Men schen ist in der von ihm zubereiteten und weitergegebenen Nahrung enthalten, und ihre Aufnahme vermag den Empfänger zu kontaminieren. So verbietet das Padmapurāṇa einem Brahmanen, Nahrung von Verbrechern, Kurtisanen, Wäschern und Dieben anzunehmen; auch die Speise eines Furchtsamen, eines Weinenden, eines der die Brahmanen haßt, eines, der Freude am Bösen hat, eines Atheisten *(nāstika)* oder eines Mannes, der die Götter tadelt, ist ihm verboten. Von einem Mann, der Waffen führt (und somit seine Bereitschaft zum Töten kundtut), darf ein Brahmane ebenfalls nichts entgegennehmen (Ādikhaṇḍa 56.8f.). Auch die Unreinheit einer Kaste wird über die von ihren Mitgliedern zubereitete Nahrung aufgenommen: Ein Brahmane, der sechs Monate lang verbotene Speise von einem Śūdra annimmt, wird zu Lebzeiten selbst ein Śūdra und als Hund wiedergeboren. (Vers 2. Gemeint ist, daß der Brahmane wegen der Verunreinigung innerlich oder in seinem Verhalten zum Śūdra wird; ob das Essen der Śūdra-Speise konkret zu seinem Kastenausstoß führt, bleibt unklar.) Wer eines Mannes Speise ißt, so erklärt der Text explizit, verzehrt dessen Befleckung oder Schuld (*kilbiṣa,* Vers 16). Der zu Beginn des 14. Jahrhunderts lebende Caṇḍeśvara zitiert in seinem Werk Gṛhastharatnākara den folgenden Vers aus einem alten Gesetzestext:

> »Die Nahrung nennt man die Unreinheit der Menschen, und auf der Nahrung ist alles gegründet. Die Vergehen eines Menschen gehen in seine Nahrung ein und verbleiben dort, und wer die Nahrung eines anderen ißt, ißt deshalb dessen Befleckung.« (Gṛhastharatnākara S. 347)

Die Nahrung ist eines der gefährlichsten verunreinigenden Dinge, weil sie die Integrität des für negative Substanzen durchlässigen Körpers bedroht; im Gegensatz zu den meisten anderen Objekten wird sie einverleibt. Die den Komplex Reinheit/Unreinheit betreffenden Vorschriften sind für die Brahmanen besonders streng, da diese aufgrund ihrer hohen Reinheit am stärksten gefährdet sind. Ein hoher Grad an Reinheit ist schwerer zu bewahren und stärker gefährdet als ein geringer. Harper schreibt hierzu: »Verunreinigung kann von einem Wesen zum anderen fließen, direkt oder über ein Medium. Reinheit kann nicht fließen – sie ist ein nicht dauerhafter Zustand, der verlorengehen, aber nicht übertragen werden kann. [...] Ein unreines Wesen kann durch den Kontakt mit einem reinen Wesen nicht rein werden, aber ein reines Wesen wird durch den Kontakt mit einem unreinen Wesen befleckt.«[19] Oder anders gesagt: Reines (Menschen wie Dinge) kann unrein, aber wieder gereinigt werden, während Unreines niemals rein werden kann. Die Texte nennen Sühne- und Reinigungsriten, zu denen das Fasten (bei innerer Kontamination) und das Baden in heiligen Flüssen oder Teichen (bei äußeren Verunreinigungen) gehören. Auch Räume können durch die Gegenwart unreiner Personen oder Dinge kontaminiert werden, weshalb weder Fremde noch die menstruierenden Frauen der Familie die Küche betreten dürfen, die wegen der Nahrungszubereitung der reinste Raum des Hauses zu sein hat.

Aber nicht nur das, was der Körper aufnimmt, ist gefährlich, weil möglicherweise unrein, sondern auch das, was er abgibt. Daher sind nicht nur Kot, Urin, Blut, Menstruationsblut und Schweiß unrein (Substanzen, die auch wir als unhygienisch und ekelhaft ansehen), sondern auch der eigene Speichel und abgeschnittene Haare und Nägel. Zahlreiche die Nahrungsaufnahme regelnde Vorschriften betreffen die Verunreinigung durch eigene Körpersubstanzen. Weil von einer Person teilweise verzehrte oder übriggelassene Nahrung deren Unreinheiten aufgenommen hat, darf man nichts von einer anderen Person Berührtes oder Übriggelassenes essen. Als Ausnahme hiervon gibt es den bewußten Verzehr von Speiseresten, die eine höherstehende oder verehrte Person übriggelassen hat. So soll eine Gattin die Speisereste ihres Mannes aufessen, die Schüler die des Lehrers, Diener die Speisereste ihres Herrn und die Verehrer die vom Gott »übriggelassenen« Speisen. Durch diesen Verzehr wird zum einen die bestehende Hierarchie bestätigt, zum anderen wird vom Verzehrenden die Kraft aufgenommen, die vom ersten Esser in die Speise übergegangen ist.

Die folgenden Verbote und Gebote, die sich an die männlichen Zweimalgeborenen, die Männer der oberen drei *varṇa*-s (Brāhmaṇas, Kṣatriyas und Vaiśyas) richten, sind den Dharmasūtras entnommen.[20] Bei den Nahrungsmitteln gibt es solche, die ihrer Natur nach unrein und damit verboten sind (sie heißen *svabhāvaduṣṭa,* und zu ihnen gehören Knoblauch, Zwiebeln, Pilze), solche die rein, aber durch Handlungen oder Umstände verunreinigt und deshalb zu meiden sind (*kriyāduṣṭa,* hierzu gehören auch Nahrungsmittel, die von unreinen Menschen oder Tieren wie Hunden angeblickt worden sind), Nahrungsmittel, bei denen Zeit oder der Zeitpunkt im weitesten Sinne verkehrt sind und die daher nicht gegessen werden dürfen (*kāladuṣṭa,* hierbei handelt es sich um Speisen, die zu alt und schal oder verdorben sind, oder um solche, die hinsichtlich eines Ereignisses, eines Tages oder einer Sternenkonstellation zu früh oder zu spät gegessen werden), Nahrungsmittel, die durch Kontakt mit unreinen Wesen oder Gegenständen kontaminiert wurden (*saṃsargaduṣṭa,* etwa Speisen, die mit einem Hund oder einem Haar, mit Knoblauch oder einem Insekt in Berührung gekommen sind), Nahrungsmittel, die aus irgendeinem Grunde Zweifel oder Ekel erregen *(sahṛllekha)*, Nahrungsmittel, die ihren Geschmack oder Duft verloren haben *(rasaduṣṭa)*, und solche, die zu meiden sind, weil sie einem unreinen Menschen, einem Unberührbaren oder einer Menstruierenden, gehören *(parigrahaduṣṭa)*. Darüber hinaus gibt es weitere Vorschriften, aus unserer Sicht Spitzfindigkeiten, deren Behandlung hier zu weit führen würde.

Wie bereits gesagt, ist es nicht nur bedeutsam, was man ißt oder meidet, sondern auch wo, wann, wie und mit wem man speist. Es gibt unzählige Regeln, die vorschreiben, was zu meiden ist; die »don't-s« sind ebenso zahlreich wie die »do-s«, wenn sie diese nicht übertreffen. Es sollen hier einige der wichtigsten Gebote aufgeführt werden, von denen viele, wie die Gebote, Nahrung nur mit der rechten Hand zu berühren, weiterzugeben und zu essen, oder nur im Sitzen zu speisen, auch heute noch gelten.[21] Bereits nach dem Śatapathabrāhmaṇa soll man allein oder nur mit Angehörigen der Familie oder Kaste essen, auf keinen Fall soll ein Mann zusammen mit seiner Frau speisen (1.9.2.12 und 10.5.2.9).[22] Auch hier gilt: Nur wer zusammengehört, darf zusammen essen. Kastenfremde sind ebenso »andere« wie die eigene Gattin, die aufgrund der den Frauen eigenen Unreinheit eine »andere« ist. Nach den Dharmaśāstras soll ein Mann mit seinen Brüdern oder mit seinen Söhnen essen, niemals mit Personen, die keine Zweimalgeborenen sind, und niemals vor Fremden (deren Kasten- und damit Reinheitsstatus unbekannt ist) oder vor Hungrigen (offenbar, weil man das Essen aus Schuldgefühlen nicht genießen kann, und verschenken darf man es nicht ohne weiteres). Vor dem Essen müssen Hände und Füße gereinigt und der Mund ausgespült werden. Man darf weder im Liegen noch im Stehen oder Gehen speisen, Stillschweigen und Ruhe sollen gewahrt werden; man soll nicht schmatzen. Im Mahābhārata findet sich eine das Essen betreffende Unterweisung Yudhiṣṭhiras durch Bhīṣma: Erst nachdem ein Mann Speisen an die Götter, die Manen, die Gäste, seine Verwandten und die übrigen Wesen *(bhūta)* verteilt hat, darf er essen. Er soll dies immer auf dem Boden sitzend und mit nach Osten gerichtetem Gesicht tun. Beim Essen soll er schweigen, nicht schmatzen und umhergehen, denn nur auf diese Weise wird der Nahrung die gebührende Verehrung entgegengebracht. Die seit dem Śatapathabrāhmaṇa belegte Anweisung, nur zweimal am Tage, nämlich morgens und abends, zu essen, findet sich auch im Mahābhārata (13.148.10 ff.). Mit dem Essen zu spielen, Bälle daraus zu formen, zu schmatzen, zu schlürfen oder die Finger abzulecken ist nach den Dharmasūtras verboten; der Nahrung muß Respekt entgegengebracht werden. Von den Speisen sollten kleine Portionen, die mit der rechten Hand zu greifen sind, abgetrennt und zum Munde geführt werden; man darf nichts abbeißen, weil der zurückbleibende Teil dabei vom eigenen Speichel verunreinigt wird. Aus diesem Grunde soll man sich das Wasser in den Mund gießen, denn die Lippen würden das Gefäß kontaminieren. Eine gute innere Einstellung dem Essen gegenüber ist von Bedeutung, denn erst sie macht die in der Nahrung enthaltenen Kräfte wirksam. Baudhāyana rät, während des Essens, das geräuschlos zu verzehren ist, Gefühle wie Leidenschaft, Zorn, Haß und Gier zu vergessen (2.3.5.21), die Manusmṛti fordert die Verehrung der Speise:

»Ein Zweimalgeborener soll sein Essen immer nach vollzogenen Waschungen und mit innerer Sammlung verzehren. Wenn er gegessen hat, soll er sich waschen und die Höhlungen (des Kopfes, also Mund, Nase und Ohren) mit Wasser reinigen. Er soll seine Nahrung verehren und sie ohne Wi-

> derwillen essen; wenn er sie sieht, soll er sich freuen, glücklich und beständig dankbar sein. Nahrung, die verehrt wird, gibt ohne Unterlaß Kraft und Stärke, wird sie aber gegessen, ohne verehrt zu werden, vernichtet sie beides.« (Manusmṛti 2.53–55)

Die in den Dharmasūtras die Nahrung und ihre Aufnahme betreffenden Vorschriften gehen in vielen Fällen auf sehr alte, bereits in den Saṃhitās und Brāhmaṇas formulierte Gebote zurück. Das in den Dharmasūtras anzutreffende komplizierte und überaus detaillierte Regelsystem der Speisegebote entsteht parallel zu der zunehmend komplizierter und fester werdenden Struktur des Kastensystems. Nahrungs- und Heiratsgebote sind die beiden entscheidenden Komplexe, die die Verhältnisse der einzelnen Kasten zueinander bestimmen. Für Indien gilt, was Mary Douglas sowohl für westliche als auch für östliche Gesellschaften feststellt, wenn sie in ihrem Buch »Reinheit und Gefährdung« den menschlichen Körper als ein Abbild des gesellschaftlichen Körpers interpretiert. Die gesellschaftliche Ordnung bildet sich nach Douglas in den den menschlichen Leib betreffenden Geboten, darunter in den Speisegesetzen, ab, denen der einzelne als Mitglied einer bestimmten Gruppe unterworfen ist. Die den Körper des einzelnen betreffenden Gesetze spiegeln die Gesetze seiner Kaste wider.[23] Douglas setzt hierbei Ordnung mit Reinheit und Unordnung mit Unreinheit gleich. Das ordnungsgemäß vollzogene und gemeinsam eingenommene Mahl hält die soziale Ordnung, die beständig von Chaos bedroht ist, gleichermaßen aufrecht, wie die richtige Nahrung das Individuum und seinen von Unreinheit/Chaos bedrohten Körper stabilisiert. Dies bedeutet im Falle Indiens: Indem ein Brahmane ein Mahl den Vorschriften entsprechend zu sich nimmt, stabilisiert er seine Identität, bestätigt die Kastenordnung und schützt sich vor der überall drohenden Unreinheit. In dem Maße, in dem die von den verschiedenen Kasten anerkannten und beachteten Speisegebote die gesellschaftliche Ordnung, das hierarchische System der *jāti*-s, stärken, bewahren sie auch die Intaktheit des Individuums und bestimmen seinen Standpunkt. Ein Verletzen der Speisegebote durch die Menschen ist daher dem indischen Denken zufolge immer ein Kennzeichen des *kaliyuga,* des Zeitalters des Unterganges, in dem die gesellschaftliche Ordnung zusammenbricht. Nach Mahābhārata 12.59.20 unterscheiden die Menschen in diesem Zeitalter nicht mehr zwischen dem Erlaubten und dem Unerlaubten, nicht mehr zwischen dem, was gesagt werden darf und was nicht, und nicht zwischen dem, was gegessen werden darf *(bhakṣya),* und dem, was nicht gegessen werden darf *(abhakṣya).* In einem verhängnisvollen Kreislauf, in dem die Nahrung eine bedeutsame Rolle spielt, bedingen sich individuelle und soziale Unordnung, menschlicher und gesellschaftlicher Verfall.

Die Kastenschranken waren niemals so undurchlässig, wie dies von den alten Texten, die eine idealtypische Gesellschaft entwerfen, gefordert wird. Auch in unserem Jahrhundert versuchten tiefer stehende Kasten eine höhere Stellung innerhalb der *jāti*-Hierarchie zu erreichen, indem sie Verhaltens- und Lebensweisen, religiöse Vorstellungen und Zeremonien höherer Kasten übernahmen, ein Phänomen, das der indische Soziologe Srinivas mit dem Begriff »sanscritization« (Sanskritisierung) belegte. Bezeichnend ist, daß die Kasten, die einen höheren Status zu erreichen versuchten, vor allem zum Vegetarismus übergingen, der in hohem Maße eine traditionelle und als kulturell überlegen verstandene, von den Brahmanen vertretene *(»sanscritic«)* Lebensart darstellte.[24] Der einer tiefen Kaste angehörende Kancha Ilaiah bemerkt in seinem jüngst erschienenen Buch »Why I Am Not a Hindu« kritisch, daß die höheren Gruppen der tiefstehenden Kasten (»Sudra upper«), die über die Nachahmung der Lebensweise der oberen Kasten einen höheren Kastenstatus zu erreichen versuchen, dies zuerst über die Nahrung tun: »Die Vorstellung des Heiligen beginnt in ihre Nahrungszubereitung und in ihre Nahrungsgebote einzugehen.« Die Art der Nahrung ist auch heute noch der primäre Indikator des Status einer Kaste.[25]

Die Nahrung, der Kọrper und der Geist

Nahrung, Körper und Geist stehen nach indischem Denken in engstem Zusammenhang. Alles, was in den menschlichen Körper gelangt, beeinflußt dessen materielle und geistige Befindlichkeit, ist entweder förderlich oder schädlich. Nahrung ist nicht nur die Grundlage von Gesundheit und Krankheit, sondern auch, wie dies schon in Śatapathabrāhmaṇa 2.4.2.6 (siehe oben) gesagt wurde, die Grundlage der Moral des Menschen. Die in den ersten Jahrhunderten n. Chr. entstandenen medizinischen Texte, die Carakasaṃhitā und die Suśrutasaṃhitā, sehen die richtige Nahrung als die Grundlage körperlichen und geistigen Wohlbefindens und als gesundheitsfördernde, ein hundertjähriges Leben garantierende Medizin an:

> »36 000 Nächte (hundert Jahre) lebt ein Mensch, der gute Nahrung zu sich nimmt, frei von Krankheiten, selbstbeherrscht und anerkannt von den Guten (Menschen). Die Nahrung ist der Atem aller Lebewesen, die Welt ist auf Nahrung ausgerichtet. Körperfarbe, Gemüt, eine angenehme Stimme, Langlebigkeit, Intelligenz, Glück, Zufriedenheit, Wohlgenährtheit und Weisheit, all dies ist von der Nahrung abhängig. Weltliches Handeln, das zu irdischem Wohlerge-

hen führt, und rituelles Handeln, das zu himmlischem Lohn führt, die Beendigung allen Tuns (Keuschheit und Askese), all dies hat seine Grundlage in der Nahrung.« (Carakasaṃhitā, Sūtrasthāna 27.347–350)

Gemeint ist, daß weder weltliches oder spirituelles Leben noch die Ausführung der vedischen Opfer ohne die körperliche und geistige Gesundheit und Kraft, die durch gesunde Nahrung entstehen, möglich ist. Ein langes Leben war nach indischer Auffassung nötig, um alle Lebensstadien erreichen und alle weltlichen und religiösen Pflichten erfüllen zu können.

Auf der Grundlage der seit ältester Zeit verbreiteten Vorstellung, der Mensch bestehe aus seiner Nahrung, lehrt die Carakasaṃhitā, daß Gesundheit das Ergebnis richtiger Nahrung und jede Krankheit das Ergebnis falscher Nahrung ist (Sūtrasthāna 28.44). Die durch die richtige Nahrung gewonnene Gesundheit ist Grundlage und Wurzel von *dharma* (religiöser und sozialer Ethik), *artha* (materiellem Wohlergehen), *kāma* (sinnlichem Genuß) und *mokṣa* (Erlösung) gleichermaßen (Sūtrasthāna 1.15 und 16). Auch hier wird ein verhängnisvoller Kreislauf aufgezeichnet: Falsche Nahrung führt zu krankem Körper und krankem Geist und dadurch zu erneutem Fehlverhalten beim Essen.

Nach den medizinischen Anschauungen ist der Körper des Menschen ein Mikrokosmos, der dem Makrokosmos gleicht. Der Mensch, sein Körper und die Nahrung bestehen wie die gesamte Materie aus den fünf Elementen Erde, Wasser, Feuer, Wind und Äther. Durch die Aufnahme der fünf Elemente mit der Nahrung nährt der Mensch die entsprechenden Elemente seines Körpers. Hierbei soll die Nahrung ausgewogen sein, um das Equilibrium der körperlichen Elemente zu erhalten; bei falscher Nahrung geraten die fünf Elemente des Körpers aus dem Gleichgewicht, und Krankheiten entstehen (Carakasaṃhitā, Śārīrasthāna 6). Die aus den fünf Elementen bestehende Nahrung wird durch die im Körper wirkende Hitze verdaut und in *rasa,* »Saft«, umgewandelt. Aus dem *rasa* entsteht durch Umwandlungen das Blut, aus diesem das Fleisch, daraus Knochen, aus diesem Mark und aus letzterem schließlich die wertvollste aller körperlichen Substanzen, der Samen (Suśrutasaṃhitā, Sūtrasthāna 14.1–10). Wie schon in den Upaniṣaden (Chāndogyopaniṣad 5.10) wird die Nahrung in fruchtbaren Samen umgewandelt, der neue Wesen entstehen läßt.

Da die Nahrung in engstem Zusammenhang mit den körperlichen und geistigen Aufgaben eines Menschen gesehen wird, unterscheidet sie sich nach dem jeweiligen Lebensstadium. Der beim Lehrer lebende Schüler und der im Walde lebende Asket müssen komplizierte Speisegebote beachten und große Einschränkungen hinnehmen, die vor allem die Keuschheit ermöglichen sollen; Gewürze sind ihnen daher verboten.[26] Im Lebensabschnitt als Familienvater, *gṛhastha,* darf der Mann sein Essen genießen. Doch auch der weltliche Mensch muß Körper und Geist gesund und kräftig erhalten, um ein hohes Lebensalter zu erreichen. Dem Erhalt von körperlicher und geistiger Stärke dient eine zeitlose Methode, die auch in der modernen westlichen Welt weit verbreitet ist:

> »Ein leichtes Gewicht, Handlungsfähigkeit, eine gute Verdauung und der Abbau von Fett sowie ein harmonischer (ästhetischer) und fester Körperzustand entstehen durch Gymnastik.«
> »Es gibt nichts anderes, um das Fett loszuwerden, als die Gymnastik, und einen, der Gymnastik betreibt, den meiden die Krankheiten. Das Alter kann einem, der Gymnastik betreibt, nichts anhaben, und sein Fleisch wird fest. [...] Von

einem, der regelmäßig Gymnastik betreibt, wird selbst minderwertige und schwer verdauliche Nahrung, ohne Schaden anzurichten, verdaut.« (Aṣṭāṅgahṛdayasaṃhitā 1.2.9 und 10; Suśrutasaṃhitā Cikitsāsthāna 24.40ff.)

Nur der nichtbrahmanische *gṛhastha* durfte Alkohol zu sich nehmen. Alkohol erzeugt nach der Manusmṛti eine Berauschung, während der ein Brahmane auf etwas Unreines fallen könnte (ohne dies zu merken), er könnte einen vedischen Text falsch rezitieren (was ein rituelles Vergehen ist) oder etwas Verbotenes tun, ohne daß es ihm bewußt wird (11.96 und 97). Die Manusmṛti verbietet den Brahmanen den Verzehr von Fleisch und Alkohol auch mit der Begründung, diese seien Nahrung der Dämonen und damit eines Brahmanen, der die Opfergaben der Götter verzehrt habe, nicht würdig (11.94); nicht einmal im Magen dürfen Reines/Göttliches und Unreines/Dämonisches sich begegnen.

Doch auch für den Weltmenschen ist Völlerei schädlich. Nahrung, persönliches Wohlbefinden, soziale Stellung, ein langes Leben und spirituelle Entwicklung stehen in engem Zusammenhang:

»Übermäßiges Essen führt zu Krankheit und zu einem verkürzten Leben und verhindert himmlischen Lohn; es ist unheilbringend und in der Welt verhaßt, deswegen soll man es vermeiden.« (Manusmṛti 2.57)

Die alten philosophischen Vorstellungen über den Zusammenhang zwischen Nahrung, Körper und Geist stellen die Grundlagen der medizinischen Theorien dar. Das medizinische Werk Aṣṭāṅgahṛdayasaṃhitā nimmt die alte Vorschrift, nur zweimal am Tage zu essen, auf und begründet sie medizinisch: Wer zuviel ißt oder etwas zu sich nimmt, wenn er nicht hungrig ist, wird krank (8.35). Diejenigen Nahrungsmittel, die seit ältester Zeit wegen ihrer die Lust anregenden Wirkung verboten sind wie starke Gewürze, Zwiebeln oder Alkohol, gelten meist auch in der Medizin als gesundheitsschädlich. Die philosophische Einteilung der Materie *(prakṛti)* in die drei Komponenten *sattva, rajas* und *tamas* wird von der Medizin übernommen, die die Nahrungsmittel in diese drei Kategorien einteilt.[27] Nach der im Mahābhārata enthaltenen Bhagavadgītā bestimmt die geistig-körperliche Befindlichkeit, die ebenfalls in unterschiedlichem Maße von *sattva, rajas* und *tamas* geprägt ist, die Bevorzugung der verschiedenen wertvollen oder minderwertigen Nahrungsmittel:

> »Nahrungsmittel, die das Leben, die Klarheit, die physische Kraft, die Gesundheit, das Glück und die Freude fördern, die saftig, milde, nahrhaft und angenehm sind, werden von den nach *sattva* (nach geistiger Klarheit und Erkenntnis) strebenden Menschen bevorzugt. Nahrungsmittel, die bitter, sauer, salzig, heiß, stechend, rauh und brennend sind, und Schmerz, Unglück und Unbehagen erzeugen, werden von den Menschen bevorzugt, die nach *rajas* (Energie, Leidenschaft) streben. Was verdorben, geschmacklos, verfault, schal, übriggeblieben und unrein ist, wird zur Nahrung der von *tamas* (Verblendung und Stumpfheit) bestimmten Menschen.« (Bhagavadgītā 17.8–10)

Man ißt somit, was man ist. Das weltliche Leben zwischen dem 20. und dem 50. Lebensjahr ist zwar ein notwendiges Stadium, sollte aber für höhere Ziele aufgegeben werden. Das Streben eines Menschen, der Erkenntnis und damit die Erlösung gewinnen will, muß auf *sattva,* auf körperliche und geistige Reinheit, gerichtet sein. Das Fasten ist ein entscheidendes Element des indischen Asketismus, in dessen Denken Nahrungsaufnahme und Sexualität Kennzeichen des weltlichen Lebens sind. Der den *saṃsāra* kennzeichnende Zustand der Unreinheit wird vornehmlich durch Nahrung und Sexualität hervorgerufen; Fasten und sexuelle Enthaltsamkeit ermöglichen nicht nur die Herrschaft des Geistes über den als minderwertig angesehenen Körper, sondern auch einen bleibenden Zustand der Reinheit. Das Fasten muß als der Versuch verstanden werden, den Körper und seine Bedürfnisse zugunsten der geistigen Entwicklung zu unterdrücken und Reinheit zu erzeugen; je mehr Körpermasse ein Mensch aufweist, um so weniger Geist besitzt er und unreiner ist er, und je mehr ein Mensch seine Nahrungsaufnahme kontrollieren kann, um so stärker vermag er sich selbst zu bändigen und Reinheit zu bewahren.[28] Es gilt, vom Fleisch zum Geist, vom Essen zum Erkennen, von der Unreinheit zur Reinheit zu gelangen. Die Gheraṇḍasaṃhitā, ein später Text über den *yoga,* stellt fest, daß ein *yogin,* der die entsprechenden Speisegebote nicht einhält, krank wird und keinen Erfolg bei seinen Anstrengungen erlangen wird (5.16). In dem Maße, in dem der in der Waldeinsamkeit lebende Asket sich selbst vom sozialen Leben zurückzieht, schließt er seinen Körper durch die zunehmende Verweigerung von Nahrung gegen die Außenwelt ab und vermeidet hierdurch die Gefahr einer Verunreinigung durch Speisen. Der Asket läßt sich von niemandem Nahrung zubereiten und ißt mit niemandem mehr, weil er zu niemandem mehr gehört. Die Abkehr vom sozialen Leben bedeutet Abkehr von der Nahrung, oder: Askese bedeutet die Aufgabe des eigenen Körpers und des gesellschaftlichen Körpers.

Das Baudhāyana-Dharmasūtra nennt verschiedene Asketenschulen, deren Anhänger auf unterschiedlichste Weise (über)leben. Manche ernähren sich nur von Wurzeln und Früchten, andere vom Aas der von Tigern, Wölfen oder Falken gerissenen Tiere (3.3. und 9.11). Diese »Nahrungsmittel« zeigen zum einen den bewußten

Bruch mit dem weltlichen und sozialen Leben und seinen Regeln, zum anderen die Gleichgültigkeit gegenüber dem Körper auf. Auch die das gemeinschaftliche Mahl im sozialen Verband regelnden Sitten werden bewußt verletzt, wenn manche Asketen ihre spärliche Kost wie Tiere mit dem Mund aufnehmen. Das Fasten des einzelnen Asketen wird zunehmend strenger: Nach dem Āpastamba-Dharmasūtra ißt der Asket zunächst Wurzeln, wilde Früchte, Blätter und Gräser (und zeigt hiermit seine Unabhängigkeit von den Produkten des Ackerbaus), und schließlich nimmt er nur noch das zu sich, was zufällig in seine Hände fällt, dann nur noch Wasser und im letzten Stadium nur noch Luft (2.9).[29]

Die Nahrung: das Erlaubte und das Verbotene

Auffallend bei einer historischen Untersuchung der erlaubten und verbotenen Nahrungsmittel ist zum einen die Kontinuität, zum anderen die weitgehende Übereinstimmung ihrer Bewertung in den Texten. Divergenzen hinsichtlich der Beurteilung von einzelnen Nahrungsmitteln sind weniger von der Epoche als vielmehr vom Diskurs abhängig. So sind die Rechtstexte wie die Manusmṛti, deren Regeln sich an die Zweimalgeborenen, vor allem aber an die Brahmanen richten, strenger als die ungefähr der gleichen Zeit angehörenden medizinischen Texte oder das Kāmasūtra. Die Rechtstexte, deren Vorschriften sich an Gesunde richten, haben andere Kriterien der Beurteilung eines Nahrungsmittels als die medizinischen Texte, die Kranken sogar Rinderbrühe erlauben.

Reis, Gerste und Weizen sowie Milchprodukte (Milch, Sauermilch und vor allem Butterschmalz) sind seit ältester Zeit die bevorzugten Nahrungsmittel. Erlaubt sind Bohnen und Linsen, Gurken und anderes Gemüse, Lotoswurzeln, Honig, Zuckerrohr. Früchte wie Kokosnüsse, Datteln, Mangos, Myrobalanen, Granatäpfel, Brotfrucht, *mātāluṅga* (Citrus medica) und Bananen sowie eine Vielzahl außerhalb Indiens unbekannter Früchte gelten als reine und erlaubte Speisen. Eine große Bedeutung hat der Sesam, der auch im Opfer und als Gabe an die Manen verwendet wird; sein Öl gilt als das wertvollste überhaupt und als äußerlich und innerlich reinigend. Fleisch war in alter Zeit keinesfalls verpönt (s. u.), erlaubt und geschätzt waren Rind, Ziege, Schaf und Geflügel. Zahlreiche Gewürze wurden verwendet: Salz, Pfeffer, Chili, Kumin, Kurkuma, Kümmel, Nelken, Zimt, Koriander, Kardamom, Anis, Asafoetida, Senfsamen, Ingwer, Tamarindenmark und Kräuter. Aus Früchten wurden Säfte, aber auch Alkoholika hergestellt, letztere waren aber den Brahmanen streng verboten, da sie die Klarheit des Denkens vermindern und zu moralischem Fehlverhalten führen.[30] Schon in vedischer Zeit wird das Wasser als Nektar, als Heil- und als Reinigungsmittel angesehen, und das Mahābhārata sagt: »Von allen trinkbaren Substanzen ist das Wasser die vorzüglichste.« (14.44.9)

Verboten waren das Fleisch des Hundes, des Büffels, des Schweines, des Hahnes und das fleischfressender Tiere. Āpastamba-Dharmasūtra 1.5.17.30 ff. erlaubt das Essen von Milchkuh und Ochse, verbietet aber den Verzehr des Fleisches zahlreicher Tiere, von denen hier nur die uns bekannten genannt seien: Hahn, aasfressende Vögel, Wildgans, Ente, Kranich, Schildkröte, Nashorn, Hase, zahlreiche Fischarten sowie Alligatoren.

Im Sūtrasthāna der Carakasaṃhitā findet sich eine Erörterung darüber, was heilsame *(hita)* und was schädliche *(ahita)* Nahrung ist. Die meisten Nahrungsmittel werden jedoch hinsichtlich ihres Nutzens oder Schadens von den medizinischen Texten nicht, wie dies in den Rechtstexten meist der Fall ist, absolut bewertet, sondern ihre Wirkung wird als von verschiedenen Umständen abhängend gesehen:

> »(Agniveśa fragt:) Wie können wir heilsame und schädliche Arten der Nahrungsmittel denn zweifelsfrei voneinander unterscheiden? Wir stellen (in der Praxis) doch fest, daß die heilsam und schädlich genannten Nahrungsmittel ein ganz unterschiedliches Ergebnis bewirken können je nach der Menge, dem Zeitpunkt, der Zubereitungsart, dem Orte, der Konstitution, der Krankheit und dem Alter des Individuums. (Punarvasu antwortet:) Dasjenige Nahrungsmittel, das die (fünf) Elemente, aus denen der Körper besteht, im natürlichen Gleichgewicht hält und sie wieder ins Gleichgewicht bringt, wenn ihr Verhältnis gestört ist, das ist heilsam. Jedes andere ist schädlich.« (Carakasaṃhitā, Sūtrasthāna 25.32 und 33)

An diese Diskussion schließt sich eine Aufzählung des jeweils besten und schlechtesten Nahrungsmittels einer Kategorie an. So ist der Reis (Oryza sativa) das beste Getreide, Regenwasser, bevor es zu Boden fällt, das beste aller Wasser. Weitere vorzügliche Nahrungsmittel sind: Mungobohnen (Phaseolus aureus), Steinsalz, Antilopen- und Wachtelfleisch, der *rohita*-Fisch, Butterschmalz, Kuhmilch, Sesamöl, Fischfett, Ingwer, Trauben und Rohrzucker. Zu meiden sind als die schlechtesten Nahrungsmittel der jeweiligen Kategorie: Gerste (Hordeum vulgare), *māṣa*-Bohnen (Phaseolus radiatus, sie gelten als schwer verdaulich), Flußwasser in der Regenzeit (als Getränk), aus dem Boden gewonnenes Salz, Senf, Rindfleisch, Taube, Frosch, Fett aus der Schafsmilch, Schafsmilch, Öl des *kusumbha* (Carthamus tinctorius), Büffelfett sowie minderwertige Früchte. Die Carakasaṃhitā führt weitere lange Listen von Nahrungsmitteln sowie ihre Verwendung als Heilmittel bei bestimmten Krankheiten auf. Die medizinischen Texte schreiben auch für die sechs Jahreszeiten, in denen der Körper aufgrund unterschiedlicher Wetterbedingungen unterschiedliche Bedürfnisse hat, ganz verschiedene Nahrungsmittel vor. Ein »kühles« Nahrungsmittel, das im Sommer der Gesundheit zuträglich ist, kann im Winter überaus schädlich sein.

Die Gheraṇḍasaṃhitā, nach der die richtige Nahrung die erste Grundvoraussetzung für alle asketischen Anstrengungen darstellt, erlaubt nur vegetarische Kost und empfiehlt Reis, Getreide, Hülsenfrüchte, Kichererbsen (Cicer arietinum), Bananen, Gurken, Feigen, Auberginen und Blattgemüse. Reine, süße und milde Speisen, die den Magen nicht belasten, soll der *yogin* zur Freude des von ihm verehrten Gottes essen (5.17–21); auch hier lautet die Vorschrift, der *yogin* solle nur zweimal am Tage essen (5.32). Ein moderner Asket, Mahātma Gandhi, lebte zeitweilig ebenfalls ausschließlich von Früchten, aß nur zweimal am Tag und war wie die früheren Philosophen der Meinung, unbeherrschtes Essen und der Verzehr von unreinen Dingen seien die Grundlage eines schlechten Charakters.[31]

In Indien wie außerhalb gelten der Vegetarismus und die mit ihm verbundene Vorstellung von der Gewaltlosigkeit, *ahiṃsā*, als Kennzeichen des Hinduismus. Jedoch setzte sich der Vegetarismus erst in nachchristlichen Jahrhunderten durch, und nur ein geringer Teil der Hindus, vornehmlich die Brahmanen, übernahmen ihn. Eine Sonderstellung nahm das Rindfleisch und hier vornehmlich das des weiblichen Rindes, der Zebu-Kuh, ein, das heute allen Hindus, selbst den Nicht-Vegetariern, verboten ist. Dies galt in alter Zeit nicht. Ludwig Alsdorf hat in seiner grundlegenden Arbeit über die Geschichte des Vegetarismus und der Rinderverehrung in Indien anhand altindischer Quellen aufgezeigt, daß die Opferung und der Verzehr von Fleisch, darunter Rindfleisch, vorherrschten.

In vedischer Zeit wurden Rinder und andere Tiere sowohl für das Opfer als auch für den profanen Verzehr geschlachtet. Im Śatapathabrāhmaṇa heißt es in Zusammenhang mit dem Tieropfer, Fleisch sei die beste aller Speisen (11.7.1.3). Dem Opfertier gegenüber empfand man jedoch Schuldgefühle, die man zu besänftigen versuchte; so wurde das zu tötende Tier mit den Worten angesprochen: »Nicht stirbst du, nicht wirst du verletzt, du gehst auf angenehmen Wegen zu den Göttern.« (Ṛgveda 1.162.21) Die Manusmṛti enthält widersprüchliche Aussagen hinsichtlich des Verzehrs von Fleisch, die zeigen, daß verschiedene Traditionen in diesen äußerst heterogenen Text eingeflossen sind.[32] Die Manusmṛti nennt zahlreiche zum Verzehr erlaubte Tiere, was von weitverbreitetem Fleischgenuß zeugt, und erklärt in 5.30, Fleisch zu essen sei kein Vergehen, da der Schöpfer selbst einige Wesen dazu bestimmt habe, verzehrt zu werden, während andere Verzehrer seien; dies wird in 5.39 dahingehend eingeschränkt, daß der Schöpfer einige Tiere für das Opfer bestimmt habe und Tötung für das Opfer nicht als Tötung, *vadha*, anzusehen sei. In 5.48 spricht die Manusmṛti jedoch davon, daß man ohne das Verletzen, *hiṃsā*, von Lebewesen kein Fleisch erlangen könne und daher Fleisch meiden solle, da es nicht zu einer himmlischen Existenz verhelfe; die völlige Abstinenz von Fleisch bewirkt nach Manusmṛti 5.53 dasselbe Verdienst wie das Durchführen von einhundert Pferdeopfern. Den Ahnen wird jedoch nach wie vor neben zahlreichen anderen Gaben auch Fleisch gespendet (3.267 ff.). Zum einen werden hier neue Gedanken erkennbar, die den Fleischverzehr mit Gewalt, *hiṃsā*, verbinden und ihn damit unannehmbar machen (eine Vorstellung, die sich durchsetzen wird), zum anderen wird der Respekt vor den alten, als ehrwürdig angesehenen Vorstellungen der vedischen Zeit deutlich, in der das Tieropfer im Zentrum religiösen Denkens und Handelns stand. So sagt die Manusmṛti in 5.44 in Verteidigung der vedischen Tradition: »Die vom *veda* festgesetzte Verletzung der beweglichen und unbeweglichen Wesen (der Tiere und der Pflanzen) ist als Nichtverletzen, *ahiṃsā*, zu verstehen.« Ein anderer Kunstgriff, die alte Tradition des Tötens von Tieren mit dem *ahiṃsā*-Gedanken zu verbinden, besteht darin, die zum Opfer gehörende sakrale Tiertötung zu gestatten und den im Rahmen des Opfers stattfindenden Fleischverzehr zu erlauben, das außerrituelle Essen von Fleisch aber zu verbieten. So gestattet das Gesetzbuch des Vasiṣṭha, ein Tier für die Verehrung der Manen, der Götter und des Gastes zu töten (und dieses Fleisch danach zu essen), untersagt aber das Schlachten für den nichtrituellen Verzehr (4.5). Ein bekannter, in Manusmṛti 5.55 zu findender und ähnlich in Mahābhārata 13.117.34 wiederholter Vers besagt hinsichtlich des profanen Fleischgenusses:

> »Mich *(mām)* wird derjenige *(saḥ)* in der nächsten Existenz verzehren, dessen Fleisch *(māṃsaḥ)* ich in diesem Leben esse; dieses ist die wahre Bedeutung von *māṃsa* (Fleisch), so verkünden die Weisen.«

Ähnlich zwiespältig hinsichtlich des Verzehrs von Fleisch ist das über Jahrhunderte entstandene Mahābhārata. Auch hier finden sich Vorstellungen, die zeigen, daß das Töten von Tieren nur noch in religiös-rituellem Kontext gestattet war, ansonsten aber als sinnlose Gewalt angesehen wurde:

> »Hinsichtlich des Fleischessens gilt, was von den Heiligen als Regel bestimmt wurde: Wer das, was den Göttern und den Manen dargeboten wurde, verzehrt, der verhält sich den

> Vorschriften entsprechend und befleckt sich nicht.« (Mahābhārata 3.199.11) »Wer Fleisch verzehrt, das in einer Opferhandlung bereitet wurde, begeht kein Vergehen. Wer aber Fleisch vom Rücken (eines Tieres) oder nicht für das Opfer bereitetes Fleisch verzehrt, der ißt gleichsam das Fleisch seines Sohnes.« (13.148.17) »Fleisch erlangt man weder aus Gras noch aus Holz oder aus Stein, sondern nur durch die Tötung eines Lebewesens, und deshalb bedeutet sein Verzehr ein Vergehen.« (13.116.26) »Fleischgenuß im Ritual ist nicht nur keine Verfehlung, sondern als Nicht-Fleischgenuß zu verstehen.« (3.199.12)

Unter Berufung auf die *ahiṃsā,* das Nichtschädigen von Lebewesen, setzt sich das Tötungsverbot durch und führt zum Vegetarismus, den die meisten Brahmanen praktizieren.[33] Sie werden konsequente Vegetarier und geben sich nicht mit der buddhistischen Haltung zufrieden, nach der man nur dann kein Fleisch essen darf, wenn das Tier nachweislich eigens für einen geschlachtet worden war, es aber verspeisen darf, wenn es ohnehin schon getötet und zubereitet worden war.[34] Das Tieropfer wird durch andere Gaben ersetzt und ist nur in wenigen Kulten, wie in der Verehrung der Göttin Kālī, der ihre Anhänger bis heute Ziegen opfern, erhalten geblieben. Nach unserer Definition waren und sind die vegetarischen Hindus Laktovegetarier. Doch selbst heute sind nicht alle Brahmanen Vegetarier im strengen Sinne, so essen die bengalischen Brahmanen Fisch, andere Brahmanen essen Eier.

Skrupel hinsichtlich des Fleisches generell oder des Rindfleisches speziell kennen die pragmatischen medizinischen Texte nicht. Fleisch gilt hier als eine nahrhafte Speise, die besonders in der Konvaleszenz geeignet ist: »Kein anderes Nahrungsmittel *(anna)* ist so geeignet für das Gedeihen des Körpers wie das Fleisch.« (Carakasaṃhitā, Sūtrasthāna 27.87) Nach Suśrutasaṃhitā, Sūtrasthāna 46.89 wird Rindfleisch als ein Heilmittel für Krankheiten wie Asthma, Husten, Erkältung und chronisches Fieber empfohlen.

Das Rindfleisch nimmt eine Sonderstellung unter den Fleischarten ein. Das Rind war in vedischer Zeit nicht nur eines der wichtigsten Opfertiere, sondern wurde auch im alltäglichen Leben gerne und viel verspeist, wie aus Taittirīyabrāhmaṇa 3.9.8 und zahlreichen anderen Texten hervorgeht. Noch zu Zeiten des Kaisers Aśoka in der Mitte des 3. Jahrhunderts v. Chr. gab es kein Rindertötungstabu (Alsdorf, S. 615). Die Brahmanen aßen Rindfleisch, und vor allem Gäste wurden mit Rindfleisch bewirtet, weshalb ein Synonym für »Gast« *goghna,* »Kuhtöter«, ist (so der Kommentator zu Pāṇini 3.4.73). Während es zur Brāhmaṇa-Zeit noch ein geschätztes Nahrungsmittel war, wird es in der Folgezeit mehr und mehr auf den Ritus beschränkt, im Ritual der Gṛhyasūtras und der älteren Rechtstexte spielt es noch eine wichtige Rolle (siehe Alsdorf, S. 611 f.). Im Laufe der Zeit wird Rindfleisch aber schließlich völlig und für alle Hindus tabu, während die von der lebenden Kuh stammenden Produkte für heilig, rein und purifizierend erklärt werden.[35] Das reinste und alle inneren Verunreinigungen beseitigende »Nahrungsmittel« ist *pañcagavya,* »die fünf Kuhprodukte«, ein Gemisch, bestehend aus Milch, Sauermilch, Butter, Dung und Urin, das wie Gangeswasser in kleinen Dosen aufgenommen wird, um Kontaminationen zu beseitigen. Ein Gesetzbuch, die Yājñavalkyasmṛti, nennt das *pañcagavya* rituell rein *(pavitra)* und alle Verfehlungen beseitigend (3.314).[36]

Der muslimische Wissenschaftler und Reisende Al-Bīrūnī, der Indien in der ersten Hälfte des 11. Jahrhunderts besuchte, referiert verschiedene ihm von den Hindus vorgetragene Gründe für das Verbot, Rindfleisch zu essen und schreibt: »Verboten sind Kühe, Pferde, Maultiere, Esel, Kamele, Elefanten, zahmes Geflügel, Krähen, Papageien, Nachtigallen, alle Arten von Eiern und Alkoholika. [...] Einige Hindus sagen, in der Zeit vor Bhārata sei der Verzehr von Kuhfleisch erlaubt gewesen und damals habe es Rituale gegeben, in denen man Kühe tötete. Danach jedoch wurde dieses wegen der Schwäche der Menschen verboten, die zu schwach zum Erfüllen ihrer Pflichten geworden waren. [...] Andere Hindus erzählten mir, die Brahmanen hätten wegen des Verzehrs von Kuhfleisch gelitten. Ihr Land ist heiß, die inneren Organe des Körpers aber kalt, die natürliche Wärme wird schwach in ihnen, und ihre Verdauung ist so schwach, daß sie sie durch das Betel-Essen nach einer Mahlzeit anregen müssen. [...] Deshalb verboten sie den Verzehr von Kuhfleisch, da dieses dick und kalt ist.« (Sachau, S. 152, siehe Anm. 36) Nach dieser Vorstellung war der Verzehr von Rindfleisch somit in einer Zeit erlaubt, in der die Menschen ihre ethischen Pflichten erfüllten, während es in unserem Zeitalter, in dem der *dharma* nicht mehr beachtet wird, nicht gestattet ist. Zum einen werden moralische, zum anderen medizinische Gründe als Rechtfertigungen für die als Neuerung empfundenen Gebote des Vegetarismus und der Unantastbarkeit der Kuh angeführt.

Die Jahrhunderte dauernde Entwicklung des Vegetarismus muß in Zusammenhang mit der *ahiṃsā*-Vorstellung und auch mit dem Konzept der Wiederverkörperung der Seele verstanden werden. So nennt bereits die Chāndogyopaniṣad die *ahiṃsā* als Tugend neben der Askese, der Freigebigkeit, der Aufrichtigkeit und der Wahrheitsliebe (3.17.4), und nach der Manusmṛti ist die *ahiṃsā* zusammen mit der Kontrolle der Sinnesorgane und der Emotionen die wichtigste Voraussetzung für einen asketischen Lebenswandel (6.60). Auch die Vorstellung von der Seelenwanderung spielte eine Rolle. Der *saṃsāra* verbindet alle Wesen, denn eine Seele kann sich nicht nur in einer menschlichen, sondern auch in einer tierischen Existenz verkörpern; Tiere gelten zunehmend als empfindende Lebewesen und ihr Mißbrauch und ihre Tötung als Gewalt, *hiṃsā*.[37] Auch in diesem Fall beeinflußte religiöses und philosophisches Denken das Nahrungsverhalten ganz entscheidend.

Festzustellen ist, daß die den vegetarischen Brahmanen erlaubten Nahrungsmittel gesund sind und auch nach unseren modernen Kenntnissen Wohlbefinden und ein langes Leben zu garantieren vermögen. Weder die Nahrungsmittel noch die Speisen aus orthodoxer brahmanischer Küche werden unseren Ekel hervorrufen, das einzige, das dem westlichen Menschen Schwierigkeiten bereitet, ist die Schärfe des indischen Essens, vor allem der Küche des Südens. Umgekehrt schaudert es gläubige Hindus bei dem Gedanken an zahlreiche unserer Nahrungsmittel: Rindfleisch, möglicherweise halbroh, Schweinefleisch und roher Fisch, Käse (verfaulte Milch), Eier (Träger von Leben), Meeresgetier, Schnecken, Pilze und vieles mehr.[38]

Die Nahrung, die Tradition und die Moderne

Es stellt sich angesichts der genannten, überaus komplizierten Speise- und Reinheitsgebote die Frage, ob und von wem diese auch eingehalten worden sind. Zunächst ist hierbei zu bedenken, daß die erhaltenen altindischen Texte weitestgehend von Brahmanen verfaßt worden sind und sich an die Angehörigen dieser Kaste sowie an die Kṣatriyas und Vaiśyas und damit nur an einen Teil der Gesellschaft richten. Wir können diesen Texten entnehmen, wie die ideale Gesellschaft aussehen sollte und welche Normen galten, jedoch nicht mehr. Andererseits können wir feststellen, daß eine große Zahl der in den altindischen Werken anzutreffenden Regeln hinsichtlich des Essens, der Ehe, der Religion und anderer Bereiche auch heute noch von einer nicht unbeträchtlichen Zahl von Hindus beachtet wird und somit zumindest die Langlebigkeit und die weitgehende Akzeptanz dieser Traditionen konstatieren. Reiseberichte von Ausländern sind wertvoll, weil ihre Aussagen mit denen indischer Texte verglichen werden können.[39] Moderne ethnographische Studien und die eigene Beobachtung geben Auskunft über das Eßverhalten der heutigen Inder verschiedener Kastenzugehörigkeit und Regionen und belegen ebenfalls die bemerkenswerte Kontinuität und die große Wertschätzung der alten Nahrungsvorschriften in unseren Tagen. Weder die islamische und die britische Fremdherrschaft noch die neuzeitlichen westlichen Einflüsse konnten am Lebensstil und Eßverhalten der konservativen Hindus, hauptsächlich der Brahmanen, etwas Wesentliches ändern.

Viele der den Körper, seine Reinheit und Unreinheit sowie die Nahrung betreffenden alten Vorstellungen sind bis in die Neuzeit lebendig geblieben. Hiervon zeugen zahlreiche moderne Untersuchungen wie die von Carstairs, Harper, Michaels, Bennett und vieler anderer. Es wird deutlich, daß die konservativen Hindus bis in unsere Tage die Nahrungsaufnahme als einen gefährlichen Prozeß ansehen, der die Reinheit des Körpers bedroht. Harpers Forschungen bei den Havik-Brahmanen etwa zeigen, daß auch heute noch Knoblauch, Zwiebeln und Lauch gemieden werden, weil sie als aphrodisisch gelten, oder Pilze, weil sie mit Schmutz assoziiert werden. Die Havik-Brahmanen nehmen auch heute keine Nahrung an, die ihnen von Angehörigen einer anderen Kaste angeboten wird. Speichel, auch der eigene, gilt als verunreinigend, weshalb das Getränk in den Mund geschüttet und nichts vom Brot oder anderen Speisen abgebissen, sondern alles abgebrochen wird;[40] man verwendet ausschließlich die rechte Hand. Die Frauen bedienen ihre Männer, um nachher das von ihnen Übriggelassene zu essen, ein Verhalten, das Harper als »respect pollution« bezeichnet (Harper, S. 156 ff. und S. 181, siehe meine Anm. 19). Shweder berichtet ähnliches über die heutigen Orissa-Brahmanen: »Erwachsene Männer verstehen sich als ›lebende Götter‹, und so werden sie auch von ihren Frauen behandelt, [...] eine Frau ißt im allgemeinen nicht mit ihrem Gatten; tut sie dies, wird es als schamlos betrachtet, so als äße man mit Gott.«[41] Die alle Bereiche des gesellschaftlichen und religiösen Lebens kennzeichnende Hierarchie, hier in Gestalt der Geschlechtertrennung, gilt auch für die Nahrungsaufnahme; der Mann als der Höherstehende speist vor der Frau, so wie der Gott als der Höherstehende vor dem Menschen gespeist wird.

Auch medizinische Vorstellungen aus alter Zeit finden heute noch Beachtung. Die Nahrungmittel werden, wie Carstairs berichtet, in kalte, förderliche und heiße, schädliche eingeteilt.[42] Als »kalt« gelten *sattva*-Speisen wie Milch, Sauermilch, Butterschmalz, Weizen, Reis, Obst und Zucker, sie stärken nach Carstairs' Informanten den Geist, schwächen die Libido und sind daher zu bevorzugen. »Heiß« sind *rajas*- oder *tamas*-Nahrungsmittel wie Fleisch, Fisch, Eier, Öl, Mais- und Hirsemehl, Zwiebeln, Knoblauch, Gewürze und Alkoholika; sie erhöhen die Geschlechtslust und sind daher zu meiden. Bei der Annahme von Nahrung wird im modernen Indien unterschieden, ob sie roh oder gekocht ist, so ist Nichtzubereitetes wie Früchte, Getreide oder rohe Milch unter den

Zweimalgeborenen austauschbar, während bei zubereiteter Speise strengere Maßstäbe gelten. Unterschieden wird hier zwischen in Butterschmalz gekochter Nahrung, *pakka,* die auch von Tieferstehenden angenommen werden kann, und in Wasser gekochter Nahrung, *kaccā,* die ausschließlich von Gleichrangigen und Höherstehenden entgegengenommen werden darf (Michaels, S. 82, siehe Anm. 12).

In bestimmten Gebieten Indiens, die in der Mehrheit von orthodoxen Hindus[43] bewohnt werden wie Tamil Nadu oder Teile Keralas, Karnatakas und Gujarats, gelten die Vorschriften der alten Gesetzbücher auch heute noch. Es gibt hier weder eine Feinschmeckerkultur noch den Wunsch, fremdländische oder neue Kost auszuprobieren, und bis auf den heutigen Tag essen südindische orthopraktische Brahmanen keine Tomaten, weil diese erst von den Engländern nach Indien gebrachten Früchte wegen ihrer Farbe und Konsistenz an Blut erinnern und als unappetitlich gelten. Neuzeitliche Produkte, Importiertes und industriell Gefertigtes können sich in weiten Teilen Indiens kaum durchsetzen, was nicht nur wirtschaftliche Gründe hat. Die von den Vorvätern ererbten, seit Jahrtausenden anerkannten und praktizierten Speisegebote werden nicht hinterfragt; die meisten konservativen Hindus betrachten die strengen Speisegebote eher als Privileg denn als Belastung. Nahrungsmittel werden in Indien mit starken Emotionen verknüpft und verbotene Speisen wie Fleisch, Zwiebeln oder Knoblauch erregen Ekel, weshalb nur wenige Personen verbotenen kulinarischen Verlockungen erliegen. Wer gegen die Essensvorschriften verstieß, wurde in alter Zeit nicht von einer äußeren Instanz bestraft, sondern mußte vielmehr eigenständig Reinigungszeremonien, darunter Fasten, auf sich nehmen, um die im eigenen Körper entstandene Unreinheit zu beseitigen. Verunreinigung war weitestgehend Privatsache. Auch heute tritt an die Stelle der äußeren Bestrafung das Bewußtsein einer Kontamination und damit das Gefühl der Schuld oder Scham. Wenn ein Inder unwissentlich Rindfleisch verzehrt hat, fühlt er höchstwahrscheinlich dasselbe, was wir empfinden würden, wenn uns jemand sagte, wir hätten gerade versehentlich unseren Hund oder unsere Katze verzehrt.

In den großen Städten beginnen sich die Sitten zu lokkern. Zwar gibt es auch hier noch viele Restaurants, in denen Brahmanen, von denen jeder Gast Speise entgegennehmen kann, als Köche fungieren, doch hält der Westen langsam Einzug. Aber selbst McDonald's mußte den indischen Speisegeboten Rechnung tragen und vegetarische »Burger«, deren mächtigster »Maharaja-Burger« heißt, anbieten und darf weder Rind- noch Schweinefleisch verwenden, ersteres aus Rücksichtnahme auf die Hindus, letzteres als Konzession an die Muslime, für die das Schwein unrein und verboten ist. Wenn ein städtischer und sich als modern verstehender junger Hindu auch gelegentlich einen vegetarischen oder aus Huhn zubereiteten »Burger« ißt, heißt dies nicht, daß er sich generell von den seiner Kaste eigenen Speisegeboten abwendet. Vielmehr wird der Burger, der in Indien ein teurer Luxus ist, die Ausnahme bleiben und die in der Familie genossene traditionelle Nahrung die Regel.

Daß die alten Speisegebote heute nicht mehr von allen Hindus beachtet werden und vor allem in den urbanen Zentren an Bedeutung verlieren, wird von den Gläubigen und den Traditionalisten nicht weiter beklagt, sondern vielmehr gelassen hingenommen. Schließlich leben wir im Zeitalter des kulturellen Untergangs, im *kaliyuga*, und schon das Mahābhārata hatte verkündet, daß es ein Zeichen dieses schlechtesten aller Zeitalter sei, daß die Menschen zwischen erlaubter und verbotener Speise nicht mehr unterschieden (12.59.20). Moral und Eßverhalten sind also auch hier miteinander verknüpft. Die Modernisten unter den Hindus sehen andererseits das Verschwinden der Traditionen und damit auch der strengen Speisegebote als notwendige Bedingung für die Befreiung aus den Zwängen einer ungerechten Kastengesellschaft an, die es zu überwinden gilt. Dennoch sind die meisten von ihnen, und ich kenne einige persönlich, nach wie vor Vegetarier und betrachten den Verzehr von Zwiebeln und Knoblauch immer noch als gesundheitsschädlich und den von Rindfleisch als ein Verbrechen. Ausländische kulturelle Einflüsse führen im heutigen Indien nicht selten zu heftiger Kritik: Die schnelle Ausbreitung und die aggressiven Werbe- und Verkaufspraktiken der amerikanischen Fast-food-Kette »Kentucky Fried Chicken« in Indien sind hier nicht nur bei Konservativen auf Protest gestoßen, sie haben vielerorts Unruhen ausgelöst und zu einer öffentlich ausgetragenen Kontroverse über Sinn und Unsinn des Imports fremder Nahrungsmittel und Eßgewohnheiten geführt, mit dem Ergebnis, daß sehr viele Inder die Fast-food-Produkte boykottieren und sich zur traditionellen Ernährung bekennen.

Schlußbetrachtung

Religiöse, philosophische, spirituelle, ethische, soziologische, medizinische und ästhetische Gesichtspunkte spielten und spielen bei der Bewertung von Nahrung in Indien eine Rolle. Was jemand wann ißt, wird nicht von persönlichen Vorlieben bestimmt, sondern von einem komplizierten Regelsystem.

Wer? Wer was ißt, hängt von zahlreichen Kriterien ab: Kaste *(jāti),* Religion (Vaiṣṇavas sind Vegetarier, Śaivas meistens nicht), Geschlecht (Männer essen hochwertigere Speisen, die Frauen erhalten das Übriggebliebene), Alter (Kind, Erwachsener), Rang (dem ältesten Mann einer Familie wird zuerst serviert), Beruf (jemand, der geistig arbeitet, sollte etwas anderes essen als ein körperlich Tätiger).

Wann? Zu verschiedenen Zeiten wird Unterschiedliches gegessen. Kriterien sind Tages- und Jahreszeiten, Wetterverhältnisse (in der heißen Jahreszeit soll man nur »kalte« Nahrungsmittel zu sich nehmen), Feier-, Gedenk- und Fastentage (an ersteren werden Süßigkeiten verzehrt, an den Gedenktagen fastet man), Lebensstadien (Schüler, Familienvater, Asket), Gesundheit und Krankheit.

Wo? Der Ort des Essens ist nicht unwesentlich. Unterschieden werden: das Haus (der ideale Raum, denn man kennt den Koch und den Kochvorgang), die Öffentlichkeit (den Brahmanen ist Essen in der Öffentlichkeit verboten), das Restaurant (es sollte einen brahmanischen Koch haben), der Tempel (Nahrungsaufnahme ist nur bei religiösen Anlässen erlaubt), die Landschaft und ihr Klima (Berge oder Wüstenregion), Indien oder das Ausland, profaner oder sakraler Raum (Zeremonie), Essen auf Reisen (Pilgerfahrt, Verwandtenbesuch).

Warum? Verschiedene Umstände werden von den Texten genannt: Essen zur Sättigung oder zur Förderung körperlicher und geistiger Kraft, zum Vergnügen, zur Genesung, während des Fastens oder der Askese, zur Reinigung oder Sühne oder als Strafe, aus religiösen oder spirituellen Gründen.

Mit wem? Am besten ist es für den Brahmanen, allein zu speisen, möglich ist das Essen mit männlichen Verwandten und Söhnen. Man sollte nur mit Personen der gleichen Kaste und des gleichen Geschlechtes essen und niemals vor oder mit Fremden. Man soll nicht in Gegenwart von Feinden, Hungrigen, von Kranken oder von Tieren essen.

Von wem? Nicht nur die Nahrung selbst, sondern auch die sie zubereitende Person und der Herstellungsprozeß müssen bekannt sein. Zuhause von der Gattin zubereitete Speise ist die beste (keine Menstruierende darf kochen), ansonsten darf nur Speise verzehrt werden, die von Personen gleicher Kaste oder höherer Kaste hergestellt wurde oder noch roh ist. Keine Nahrung darf von Unbekannten, Verbrechern und Kranken angenommen werden.

Was? Die das »Was« betreffenden Regeln sind am ausführlichsten; die folgenden Dichotomien gelten: rein/unrein und dementsprechend erlaubt/verboten, verunreinigt/gereinigt, unberührt/übriggelassen, vegetarisch/nichtvegetarisch, geistig förderlich/geistig schädlich, kalt (kühlend)/heiß (erhitzend), gesund/ungesund, heilend/pathogen, roh/gekocht, in Butterschmalz gebraten/in Wasser gekocht, selbstgekocht/von anderen zubereitet, einheimisch/fremd, frisch/alt, einfach/wertvoll, festlich/alltäglich, menschlich/göttlich *(prasāda)*, profan/heilig (im Kult oder im Tempel zubereitet), diesseitig/jenseitig (Speise für die Manen).

Für Indien gilt die generelle Feststellung Marcel Mauss', nach der die Nahrung das Objekt ist, in dem sich Körper, Seele und Gesellschaft treffen.[44] Moreno (S. 150, siehe Anm. 5) stellt hinsichtlich der Nahrung in »Hindu South Asia« treffend fest: »Jeder Bissen Nahrung ist beides: Metapher und Metonymie für den ganzen Kosmos.« Das Essen ist in Indien heilig, weil die Menschen, indem sie essen, des Kosmos, und indem sie das Heilige essen, des Göttlichen selbst teilhaftig werden.

Essen, ohne zu töten
Zur Frage von Fleischverzehr und Vegetarismus im Buddhismus[1]

Lambert Schmithausen

Seit ältester Zeit, und im großen und ganzen bis heute, verpflichten sich Buddhisten, seien sie Mönche bzw. Nonnen oder Laien, sich des Tötens lebender, atmender Wesen zu enthalten. Zu diesen gehören – daran läßt die buddhistische Tradition keinen Zweifel – auch die *Tiere.* Dennoch essen die meisten Buddhisten mehr oder weniger bedenkenlos Fleisch (und Fisch); und dies gilt nicht nur für Laien, sondern auch für Mönche: die tibetischen ebenso wie die meisten Mönche in Sri Lanka, Burma oder Thailand. Streng vegetarisch leben hingegen Mönche und Nonnen in Taiwan, während es in Japan heute nur noch Relikte einer solchen Tradition gibt. Die Idee, daß der Fleischverzehr in buddhistischen Ländern auf westlichen Einfluß zurückgehe, gründet auf voreiligen Schlüssen. Gewiß, in manchen dieser Länder dürfte der Einfluß westlicher Lebensgewohnheiten (und Lebensstandards) eine Zunahme des Fleischverzehrs begünstigt haben. Das ändert aber nichts daran, daß Buddhisten auch schon vorher Fleisch und Fisch gegessen haben. Aus der Textüberlieferung geht klar hervor, daß die Buddhisten, auch die Mönche, schon in alter Zeit durchweg keine Vegetarier waren. Eine konsequent vegetaristische Richtung ist vielmehr erst relativ spät aufgekommen und hat sich nur in einem Teil der Tradition durchsetzen können.

Fleischverzehr: ja – Tiertötung: nein

Daß gegen den Verzehr von Fleisch (und Fisch) in der älteren Tradition keine grundsätzlichen Bedenken bestanden, ergibt sich unter anderem aus den traditionellen Vinaya-Texten, den Texten zur Ordensdisziplin, die Verhaltensvorschriften für die Mönche und Nonnen enthalten. Fleisch und Fisch werden hier nämlich ausdrücklich unter den üblichen, auch ihnen normalerweise erlaubten Speisen genannt, ferner unter den *feinen* Speisen, welche die Mönche und Nonnen annehmen, aber nicht ausdrücklich erbitten dürfen.

Auch in den volkstümlichen *Jātakas* – Geschichten, die mit früheren Existenzen des Buddha in Verbindung gebracht werden – finden Fleisch und Fisch mehrfach als zumal in privilegierten Kreisen bzw. bei festlichen Anlässen gängige Speisen und als Anzeichen von Wohlstand Erwähnung, in den alten Versen (überwiegend außer-, zum Teil vorbuddhistischer Herkunft) ebenso wie in dem erst später in die vorliegende Form gebrachten Prosakommentar. Obwohl die in den *Jātakas* gesammelten Geschichten in vorbuddhistische Zeit projiziert sind, spiegelt zumindest die Prosa doch durchweg spätere Verhältnisse. Viele dieser Geschichten illustrieren nur weltliche Lebensklugheit bzw. die Folgen unklugen Verhaltens. In manchen kommen aber, zumal in der Prosa, doch auch Bewertungen zum Ausdruck, die der buddhistischen Ethik und Spiritualität entstammen oder ihr doch wenigstens entsprechen. So wird etwa die *Jagd* zwar als eine bei Königen und bestimmten Randgruppen übliche Praxis dargestellt, zugleich aber des öfteren deutlich als unmoralisch charakterisiert. Beim Fleischverzehr hingegen wird allenfalls hemmungslose Gier kritisiert, zumal wenn sie direkter Anlaß für Tiertötung ist, nicht aber der

Verzehr als solcher, was etwa daraus erhellt, daß in einer Geschichte nicht nur ein Waldeinsiedler, sondern sogar ein Mönch *(bhikkhu)* Fleisch enthaltende Nahrung annimmt.

Es wird also schon im frühen Buddhismus zwar das Töten von Tieren abgelehnt, Fleischverzehr hingegen grundsätzlich gestattet. Wie paßt das zusammen? Hier ist ein Blick in die vorbuddhistische Religionsgeschichte hilfreich.

Die vedischen Inder haben bekanntlich durchaus Fleisch gegessen, nicht zuletzt Rindfleisch. Zugleich ist für die vedische Religion das *Tieropfer* von zentraler Bedeutung, also das rituelle Töten bestimmter Tiere, deren Fleisch dann zum größeren Teil von den Teilnehmern verzehrt wurde. Es bestand jedoch die Vorstellung, daß getötete bzw. gegessene Tiere sich im Jenseits rächen, indem sie ihrerseits dort den Töter bzw. Esser töten und verzehren. (Töten und Verzehr gelten offenbar als einheitlicher Vorgang; zumindest scheint vorausgesetzt zu werden, daß der Esser auch der Töter ist). Die gleiche Vorstellung findet sich auch im Hinblick auf Bäume, Kräuter und sogar das Wasser. Sie alle galten, zumindest in bestimmten Situationen, als belebte, fühlende Wesen, die ähnlich wie Menschen auf Verletzung mit Rache reagieren. Die vedischen Ritualisten kannten jedoch eine ganze Palette von Maßnahmen und ideologischen Konstruktionen, durch die sie die Rache des Opfers vereiteln oder vermeiden zu können glaubten: Wegsehen bei der Tötung, Vermeidung der üblichen Wörter für Töten im rituellen Kontext, rituelles Ableiten und Neutralisieren der Verletzung bzw. des Schmerzes oder sonstige Beschwichtigungs- und Schutzriten, Fiktion der Zustimmung des Opfertieres und seiner Verwandten, Erklärung der Opferung als Überführung des Opfertieres in die Himmelswelt, Abschieben des Tötens bzw. der Verantwortung auf einen von außen Hinzugekommenen (Opferpriester oder Gast).

Solche Auswege scheiden für den Veda-Schüler *(brahmacārin)* aus, da er die rituellen Maßnahmen, mit denen er sich schützen könnte, noch nicht beherrscht. Ihm bleibt daher nichts anderes übrig als das völlige Vermeiden von Töten und Verletzen: konsequentes Nichtverletzen *(ahiṃsā)*. Gleiches gilt für Weltentsager und für die Anhänger der außervedischen Asketenbewegungen, die um die Mitte des 1. Jahrtausends v. Chr. auftreten. Sie haben das Ritual aufgegeben, weil sie nach endgültigem Heil, nach Erlösung streben und deshalb, sofern sie überhaupt noch an die Wirksamkeit des Rituals glauben, an seinen befristeten Wirkungen nicht mehr interessiert sind. Zwar tritt auch die Vorstellung von der persönlichen Rache des Opfers in den Hintergrund, aber dadurch wird, was die Problematik des Tötens angeht, die Situation eher noch verschärft; denn nach dem nun zur herrschenden Vorstellung aufrückenden unpersönlichen und deshalb unerbittlichen Karma-Gesetz ziehen schlechte Handlungen wie das Töten von Lebewesen automatisch üble Jenseitsfolgen nach sich. Das Unterlassen solcher Handlungen hingegen wirkt sich günstig auf das Jenseits-Schicksal aus und gilt als unabdingbare Voraussetzung für die Erlösung. Töten von Lebewesen *(prāṇāti-pāta)* ist in diesen Traditionen von jedermann zu unterlassen.

Wie aber kann man sich ernähren, ohne zu töten, wenn praktisch *alles* belebt ist, auch die Pflanzen und Samen, eventuell sogar das Wasser und der Erdboden? In einem Strang, den die Hindu-Rechtstexte unter der Kategorie der Waldanachoreten *(vānaprastha)* subsumieren, wird versucht, die *ahiṃsā* im Rahmen einer (sicher auch asketisch motivierten) Beschränkung der Diät auf wildwachsende Wurzeln und Früchte usw. und Raubtierbeutereste oder, verschärft, auf von selbst abgefallene Früchte, auf Wasser und schließlich auf Wind und durch totales Fasten zu verwirklichen. Einem anderen Strang zufolge, dem auch der Veda-Schüler *(brahmacārin)* und die brahmanischen Wanderasketen *(parivrāj)* oder Weltentsager *(saṃnyāsin)* zuzuordnen sind, kann man *ahiṃsā* dadurch wahren, daß man von Almosenspeise lebt. Diese Lösung basiert auf einer konsequenten Weiterführung der schon im vedischen Ritual angelegten Entkopplung von Verzehr und Tötung, im Idealfall dergestalt, daß der Asket ausschließlich von Speiseresten anderer lebt, die übriggeblieben waren und andernfalls verkommen würden, daß er also nur verzehrt, was ohnehin schon getötet worden ist. Dieses Prinzip leitet unter anderen die *Jaina*-Asketen: Nach den für sie geltenden Regeln muß sichergestellt sein, daß die als Nahrung zubereiteten Lebewesen – und darunter fallen nicht nur Tiere, sondern auch Pflanzen und Samen – nicht eigens für den Asketen getötet oder auch nur eigens für ihn gekauft, geholt oder zubereitet worden sind.

Wie man sieht, besteht unter der Voraussetzung der Allbelebtheit kein grundsätzlicher Unterschied zwischen pflanzlicher und tierischer Nahrung. Das Tötungsproblem stellt sich in beiden Fällen, aber auch die »Speisereste-Lösung« greift in beiden. Vegetarismus hingegen ist, wenn auch Pflanzen und Samen als lebende, empfindungsfähige Wesen gelten, keine befriedigende Lösung des Dilemmas. Das Problem bei der »Speisereste-Lösung« ist, daß sie nur funktioniert, wenn *andere* das Töten übernehmen; daß der Asket nur schuldlos bleiben kann, weil andere sich schuldig machen, also sozusagen auf deren Kosten. Aber die anderen tun es ohnehin; er soll ja nur von allemal angefallenen Resten leben.

Der Buddhismus übernimmt von dieser Lösung nur die Forderung, daß die Mönche und Nonnen von Speise, die andere (das heißt Laien) zubereitet haben, leben sollen. Es müssen aber nicht die Reste von deren Mahl sein. Der Normalfall dürfte zwar der Almosengang gewesen sein (darauf verweist ja auch die mit »Mönch« etwas ungenau wiedergegebene Bezeichnung als *bhikṣu* »[religious] mendicant«). Aber die buddhistischen Mönche und Nonnen brauchen sich nicht darum zu kümmern, ob die Speisen eigens für sie zubereitet worden sind, und sie dürfen sogar (wie die Brahmanen) Einladungen annehmen, bei denen dies ganz offensichtlich der Fall ist.

Im Vergleich zur Einstellung der Jainas, nach deren Auffassung dies nicht erlaubt ist und ein Mönch, wie gesagt, Speisen grundsätzlich nur annehmen darf, wenn weder die Leblosmachung noch die Beschaffung und Zubereitung eigens für ihn erfolgt ist, ist die buddhistische Praxis deutlich lockerer. Es lag daher nahe, daß sie über kurz oder lang zum Zielpunkt der Kritik strengerer Richtungen wie eben der Jainas wurde, wobei sich allerdings der asketische Gesichtspunkt der Laxheit und der ethische der indirekten Mitschuld an der Tötung und Verletzung von Lebewesen überlagern.

Im Falle pflanzlicher Nahrung scheinen solche Vorwürfe die Buddhisten nicht beunruhigt zu haben. Die Belebtheit und Empfindungsfähigkeit von Pflanzen (und erst recht der Elemente) wird im Buddhismus, zumal im Kontext der Ernährung, verdrängt, später explizit abgelehnt. Offenbar war auch für die als Spender in Frage kommenden Laien der mit der Verfügbarmachung und Zubereitung pflanzlicher Nahrung verbundene »Tötungsakt« nicht (mehr?) von so gravierender Bedeutung, daß der Orden ernsthaft hätte befürchten müssen, sie könnten an der buddhistischen Praxis Anstoß nehmen.

Aber bei *Fleisch* (und Fisch) geht es nicht so einfach: Tiere sind, wie eingangs festgestellt, auch für die Buddhisten unbestritten fühlende Lebewesen. Sie zu schlachten verstößt eindeutig gegen die Norm, keine Lebewesen zu töten, und der Vorwurf einer Mitschuld an der Schlachtung konnte den Mönchen nicht gleichgültig sein und war auch dazu angetan, sie in den Augen der Laien zu diskreditieren. Es überrascht daher kaum, wenn im *Vinaya,* also in den Schriften zur Ordensdisziplin, berichtet wird (I 233–238), daß der Buddha, der die Einladung eines Heerführers *(senāpati)* angenommen und dort Fleisch vorgesetzt bekommen hatte, von Jaina-Mönchen bezichtigt wird, wissentlich eigens für ihn »gemachtes« Fleisch *(uddissa-kataṃ maṃsaṃ)* zu verzehren – wobei *uddissa-kata* ein zumindest im Munde der Jainas etwas unscharfer Ausdruck ist, da er sowohl »eigens für ihn zubereitet (oder auch gekauft)« als auch »eigens für ihn [durch Schlachtung eines Tieres] hergestellt« bedeuten kann. Der Gastgeber erklärt daraufhin, daß er unter gar keinen Umständen mit Absicht ein Lebewesen (das heißt ein Tier!) töten würde; das Fleisch stamme vielmehr vom Markt. Das Tier ist also nicht eigens für den Buddha geschlachtet worden. Dies (und nicht der Kauf oder die Zubereitung) ist für den Buddha (bzw. die Redaktoren des Vinaya) das Entscheidende, und in diesem Sinne ist auch die abschließend formulierte Regel zu verstehen, der zufolge die Mönche Fleisch unter der Bedingung annehmen dürfen (oder sogar müssen?), daß es »dreifach rein« *(tikoṭi-parisuddha)* ist. Diese Bedingung ist erfüllt, wenn sie weder gesehen noch gehört haben, daß das Tier eigens für sie geschlachtet worden ist, noch auch einen begründeten Verdacht in diese Richtung hegen. Mit dieser Regel ist, nach Auffassung des Vinaya, der Mönch in den Augen der Gesellschaft (darum geht es hier!) ausreichend vor Vorwürfen geschützt. Er darf, als Weltentsager und im Gegensatz zum eingeladenen Brahmanen, nicht der unmittelbare, explizite Anlaß der Tötung des Tieres sein. Darüber hinausgehende Bedenken (seien sie asketischer oder ethischer Natur) braucht er jedoch nicht zu haben, jedenfalls nicht unter dem Aspekt, daß sein Verhalten von den maßgeblichen Kreisen der Gesellschaft als anstößig empfunden werden könnte.

Es ist allerdings bemerkenswert, daß sich diese Regelung nicht im Prātimokṣasūtra, der wohl ältesten Schicht des Vinaya-Materials, findet. Die einzige auf Fleisch bezogene Regel dort ist die, daß die Mönche und Nonnen es nicht ausdrücklich erbitten dürfen. Es ist deshalb möglich, daß die Mönche und Nonnen ursprünglich einfach annehmen durften (und mußten), was ihnen gegeben wurde, und sich um die Herkunft nicht zu kümmern brauchten, sondern die Verantwortung dafür ganz den Laien überlassen konnten.

Hierzu würde jedenfalls ein Jātaka (Nr. 246: Telovāda) recht gut passen, wo – so die Prosa – ein Haushälter einen brahmanischen Asketen (den Buddha in einer früheren Existenz) bei dessen Almosengang mit Fisch und Fleisch bewirtet, nach dem Mahl jedoch in einem Vers erklärt, durch den Verzehr der Almosenspeise, die er, der Haushälter, durch Töten der Tiere hergestellt habe (und zwar, so die Prosa, eigens für den Asketen), sei nunmehr (auch) der Asket vom Übel (des Tötens) beschmutzt. Darauf entgegnet der Asket mit einem zweiten Vers, selbst wenn ein zügelloser Spender seine Kinder oder seine Frau tötete und dem Asketen als Speise vorsetzte, würde dieser durch den Verzehr nicht vom Übel (des Tötens) beschmutzt. Zumindest der Verstext läßt nicht erkennen, daß es aus der Sicht des Asketen irgendwie relevant ist, ob der Spender das Tier selbst getötet und dies gar eigens für ihn getan hat. Von Relevanz ist allenfalls der spirituelle Status des Asketen, den der Verstext vielleicht mit seiner Kennzeichnung als »weise« *(sappañña)* andeutet.

Mit allem Nachdruck betont die entscheidende Bedeutung der moralischen und spirituellen Vollkommenheit ein alter Verstext, das Āmagandhasutta, die »Lehrrede vom ›Geruch rohen Fleisches‹« (Suttanipāta 239–252). Dort wird Kassapa, einem Buddha der Vergangenheit, offenbar von einem vegetarisch lebenden brahmanischen Asketen vorgeworfen, er esse Reis *mit Vogelfleisch* und behaupte trotzdem von sich, er sei frei vom »Geruch rohen Fleisches«. Kassapa entgegnet, der *wirkliche* »Geruch rohen Fleisches« bestehe nicht im Fleischverzehr, sondern im Töten und Quälen von Lebewesen und anderen unmoralischen Handlungen, in der Gier nach Wohlgeschmack und sonstigen Sinnesgenüssen, in Zorn, Stolz und anderen Untugenden. Äußerliche Praktiken hingegen wie Fasten, Nacktheit usw. oder vedische Rituale, oder eben auch die völlige Meidung von Fleisch, führen, so Kassapa, nicht zu echter Läuterung. Daß in den meisten Fällen zwischen Fleischnahrung und Töten ein Zusammenhang besteht, kommt in diesem Text mit keinem Wort zum Ausdruck; aus Kassapas Sicht genügt es offenbar, wenn man an der Tötung weder äußerlich noch innerlich selbst beteiligt ist. Wahrscheinlich ist die Kritik des Brahmanen gar nicht gegen den Zusammenhang zwischen Fleischverzehr und Töten gerichtet, und nicht einmal in erster Linie gegen Fleisch als unrein und ekelhaft, wie es der Ausdruck »Geruch rohen Fleisches« suggeriert, sondern gegen Fleisch als feine Speise; denn er bezichtigt Kassapa, »(nach) roh(em Fleisch) Riechendes« zu essen, weil dieser ein ihm von anderen gespendetes »wohlzubereitetes, feines *(paṇīta)* Reisgericht« verzehrt, und auch die diesem beigemischten Vogelfleisch(stück)e bezeichnet er mitnichten als ekelhaft, sondern ganz im Gegenteil als »gut zubereitet (oder gewürzt)«. Es wäre dann der Ausdruck »(nach) roh(em Fleisch) riechend« hier weniger ein Ausdruck physischen Abscheus denn asketischer Geringschätzung.

Eine Kombination der formellen Bedingung des Vinaya und der spirituellen Voraussetzungen, die dem Mönch Fleischverzehr erlauben, bietet die »Lehrrede an Jīvaka« (Jīvakasutta: Majjhimanikāya Nr. 55). Der Text besteht aus drei Abschnitten. In dem ersten wird, ganz im Sinne des Vinaya, dem Gerücht, der Buddha esse Fleisch, das eigens für ihn »gemacht« worden ist, die Regel entgegengehalten, daß Fleisch dann und nur dann gegessen werden dürfe, wenn man weder gesehen noch gehört noch Grund zu der Befürchtung hat, daß das Tier eigens für einen selbst getötet worden ist. Im zweiten Abschnitt geht der Buddha auf die spirituelle Seite ein: Ein vorbildlicher Mönch übt schon vor einer möglichen Einladung, gewissermaßen vorbeugend, Wohlwollen *(mettā)* gegenüber allen Lebewesen. Wenn es zu einer Bewirtung mit feinen (das heißt Fleisch enthaltenden) Speisen kommt, verzehrt er diese frei von Gier, ohne das Verlangen, auch in Zukunft wieder mit solchen Speisen bewirtet zu werden, und in dem Bewußtsein ihrer Nachteile. Auf diese Weise ist er frei von jeglicher Schädigungsabsicht und seine Ernährung (auch im Falle von Fleischspeise) untadelig. Das Anliegen dieser Lehrrede dürfte gewesen sein, deutlich zu machen, warum die (inzwischen etablierte) formale Bedingung, der Mönch müsse davon ausgehen können, daß seine Beköstigung nicht der unmittelbare Anlaß für die Tötung des Tieres war, aus spiritueller Sicht nicht ausreicht, sondern eine adäquate innere Einstellung hinzukommen muß: eine Gemütsverfassung, die jeglicher Schädigung von Lebewesen grundsätzlich entgegengesetzt ist und die gewissermaßen einen Schutzschild gegen die Mitverantwortung für die Tötung bildet, vorausgesetzt, sie wird nicht durch Gier nach Fleisch (die ein unterschwelliges Gutheißen der Tötung implizieren dürfte) wirkungslos gemacht. Im dritten und letzten Abschnitt schließlich wird versucht, der Möglichkeit einer Bewirtung des Buddha und der Mönche mit dem Fleisch eines eigens für sie geschlachteten Tieres auch durch eine entsprechende Beeinflussung der Laien entgegenzuwirken. Diesen wird deutlich gemacht, daß sie sich in einem solchen Fall auf fünffache Weise unheilsames Karma *(apuṇya)* zuziehen: durch den Befehl, das Schlachtopfer herbeizuschaffen, durch die diesem beim Transport zugefügten Qualen, durch den Befehl zur Tötung, durch die Qual, die das Tier bei der Tötung erleidet, und schließlich dadurch, daß sie den Buddha und die Mönche durch die Bewirtung mit unziemlicher Nahrung beleidigen.

Die Regel vom »dreifach reinen« Fleisch wirft allerdings ein nicht ganz unwichtiges Interpretationsproblem auf: Ursprünglich war sie wohl so gemeint, daß das Tier nicht eigens für den bewirteten Mönch geschlachtet worden sein durfte. Es stellt sich aber dann die Frage, ob ein anderer Mönch das Fleisch dann guten Gewissens essen konnte. Die Tradition verneint dies, soweit ich sehe. In den Pāli-Kommentaren geht das schon daraus hervor, daß ausdrücklich formuliert wird, das Tier dürfe nicht für *Mönche* (Mehrzahl) geschlachtet worden sein. In der Samantapāsādikā wird zudem ausdrücklich festgestellt, daß das Fleisch eines Tieres, das für die Mönche des einen Klosters geschlachtet worden ist, auch von denen eines anderen Klosters nicht gegessen werden darf, sofern sie von diesem Umstand wissen. Der Vinaya der Mahāsāṅghikas verbietet den Verzehr des Fleisches eines für Mönche geschlachteten Tieres auch Novizen, Nonnen, Novizinnen und sogar (frommen) Laienanhängern *(upāsaka)* und -anhängerinnen – und umgekehrt.

Auch damit wäre allerdings auf dem Markt angebotenes Fleisch, zumindest in einer pluralistischen Gesellschaft wie Indien, nicht unbedingt verboten. Es wird erst dann problematisch, wenn man sich der in der formellen Regelung des Vinaya (und auch bei den oben angedeuteten Rechtfertigungen aus spiritueller Sicht) ausgeblendeten Frage stellt, ob der Mönch nicht auch schon dadurch indirekte Verantwortung für die Tötung auf sich lädt, wenn er zuläßt, daß Fleisch eigens für ihn auf dem Markt oder im Schlachthaus *gekauft* wird, insofern durch diesen Vorgang zusätzliche Nachfrage entsteht, die ihrerseits unter Umständen zu einer Steigerung des Fleischangebotes und damit indirekt zu mehr Tiertötung führt. Bei einer kleinen Zahl von Mönchen mag dies ja ein zu vernachlässigender Punkt gewesen sein; nicht aber bei einer wahren Massen-Fleischspeisung, wie sie an einer anderen Vinaya-Stelle (I 222 f) geschildert wird. Danach soll ein Laie 1250 Mönche eingeladen und mit je einem Fleischteller bewirtet haben. Aber auch in diesem (allerdings in dieser Form kaum sehr alten) Text tadelt der Buddha nicht etwa die Fleischmenge oder die zu vermutende Rückwirkung eines solchen Konsums auf das Angebot, sondern bloß die Tatsache, daß sich die Mönche schon vorher satt gegessen und so den spendefreudigen Gastgeber verärgert hatten.

In einem wohl der Mahāsāṅghika-Schule entstammenden Vinaya-Text scheint aber de facto der Problematik des durch Kauf erworbenen Fleisches Rechnung getragen zu sein; denn als für den Empfänger – hier einen Novizen – akzeptable Antwort auf die Frage an den Spender, ob das Tier auch nicht eigens für ihn, den Empfänger, geschlachtet worden sei, nennt der Text nur die, daß das

Tier von einem Raubvogel oder anderen Tier getötet worden oder durch den Verzehr von (zuviel?) Reis oder ähnlichem von selbst gestorben sei. Hier ist ganz deutlich die Mitverantwortung für den Tod des Tieres das Entscheidende für die Einschränkung des Fleischverzehrs, und nicht etwa eine dem Fleisch als solchem zugeschriebene Unreinheit. Damit ist jedoch nicht gesagt, daß Fleischnahrung wenigstens in den Fällen, in denen sie erlaubt bleibt, weil der Esser keine Mitverantwortung für den Tod des Tieres trägt, nach wie vor als »feine« oder gar beste Speise angesehen wurde. Hiergegen spricht deutlich eine Vorstellung aus dem Bereich der postkanonischen buddhistischen Kosmologie, wonach auf dem Kontinent Jambudvīpa (zu dem auch Indien gerechnet wird) die Menschen Tiere töten und deren Fleisch verzehren, während die Bewohner des utopischen Erdteils Pūrvavideha nur das Fleisch »von selbst gestorbenen« Tieren verzehren, die des idealen Erdteils Uttarakuru aber weder töten noch Fleisch essen.

Bemerkenswert ist noch, daß der eben genannte Mahāsāṅghika-Text außer dem Fleisch von Raubtieren getöteter oder von selbst gestorbener Tiere auch das von Tieren, die der Spender wegen eines Opfers für seine Eltern getötet hat, für unbedenklich erklärt. Dies entspricht dem Vinaya der Mahāsāṅghikas, wo Reste des Fleisches eines als Opfer an die Götter geschlachteten Tieres dem Mönch ausdrücklich erlaubt werden. Es ist sicher nicht abwegig, hierin mit Masahiro Shimoda (1997, S. 668 f.) eine Anpassung an Hindu-Normen zu sehen, und eine solche könnte vielleicht auch die Nichterwähnung durch Kauf erworbenen Fleisches erklären; denn Fleisch aus dem Schlachthaus *(sauna)* gehört zu den von Brahmanen bzw. höherkastigen Personen zu meidenden Fleischarten. Andere Schulen haben eine solche Anpassung ausdrücklich verweigert, mit dem Argument, das Hauptmotiv der Opfer sei die Bewirtung von Gästen.

Halten wir fest, daß im frühen Buddhismus den Mönchen und Nonnen Fleischverzehr grundsätzlich erlaubt ist, weil von der Auffassung ausgegangen wird, man sei durch den bloßen Verzehr nicht automatisch für den Tötungsakt mitverantwortlich. Entscheidend ist vielmehr die innere Einstellung, die spirituelle Haltung des Essers. Nach außen hin genügt es, wenn der Mönch nicht wissentlich *persönlich* in die Tötungshandlung involviert ist, auch nicht *indirekt* in der Weise, daß jemand anders das Tier eigens für ihn getötet hat und er dies weiß oder vermutet. Darüber hinausgehende Zusammenhänge, insbesondere die pauschale Auswirkung des Konsums auf das Angebot, konstituieren keine Mitschuld, doch läßt sich in Mahāsāṅghika-Texten eine (wahrscheinlich von Hindu-Normen beeinflußte) Tendenz zur Zurückhaltung auch gegenüber gekauftem Fleisch beobachten.

Askese

Der besprochene Zusammenhang mit der Tiertötung ist aber nicht der einzige Anlaß für einschränkende Bestimmungen im Zusammenhang mit Fleisch und Fisch. Zumal im Falle der Mönche (und Nonnen) liegt ein weiteres Motiv nahe, nämlich das asketische. Asketische Züge können ja dem alten Buddhismus gewiß nicht abgesprochen werden, auch nicht hinsichtlich des Essens. Zumindest die Mönche und Nonnen sollen ja maßvoll essen *(bhojane mattaññū hoti)*, gerade soviel wie nötig ist, um den Körper am Leben zu erhalten, und es wird ihnen die Kultivierung der Vorstellung von Nahrung als etwas Widerwärtigem *(āhāre paṭikūlasaññā)* empfohlen. Aber ein generelles Verbot bestimmter Speisen wird in diesem Zusammenhang nicht ausgesprochen. In einigen kanonischen Texten ist zwar von völligem Verzicht auf Fleisch und Fisch und einer Beschränkung der Diät auf einfache vegetarische Kost bis hin zu von selbst abgefallenen Früchten die Rede. Die betreffenden Stellen sind jedoch Bestandteil einer Schilderung extremer asketischer Selbstkasteiung (z. B. Majjhimanikāya Nr. 12: I 77 f.), wie sie auch der Buddha selbst vor seinem Erwachen erfolglos praktiziert und deshalb als übertrieben und nicht heilsdienlich verworfen haben soll.

Das impliziert, daß den buddhistischen Mönchen (und Nonnen) der Verzehr von Fleisch und Fisch grundsätzlich erlaubt ist. Dementsprechend wird auch im Prātimokṣasūtra, den Verhaltensregeln für die Mönche und Nonnen und dem wohl ältesten Teil des Vinaya, Annahme und Verzehr von Fleisch und Fisch nirgendwo untersagt. Den Mönchen und Nonnen ist vielmehr lediglich verboten, Fleisch und Fisch ausdrücklich für sich selbst zu *erbitten,* es sei denn, sie seien krank (Pācittiya 39: Vinaya IV 88). Dabei stehen Fleisch und Fisch in einer Reihe mit anderen »feinen Speisen« *(paṇīta-bhojana)* wie Butter, Honig, Milch und Sauermilch. Auch diese darf der Mönch nicht ausdrücklich erbitten. Es geht also in diesem Kontext nicht um den Zusammenhang von Fleisch und Fisch mit Tiertötung, sondern um Askese: Die Mönche dürfen nicht um leckere Speisen bitten, weil sich das für Asketen nicht schickt und in den Augen der Laien ihre Ernsthaftigkeit in Frage stellen würde.

Es hat allerdings auch im frühen Buddhismus den Versuch gegeben, im Rahmen einer zwar nicht bis zu extremer Selbstkasteiung gesteigerten, aber doch bewußt strengeren asketischen Lebensführung den Mönchen unter anderem (ständiges Leben in der Wildnis, ausschließliches Tragen von Lumpengewändern usw.) auch einen generellen Verzicht auf Fleisch und Fisch zur Pflicht zu machen. Nach der Überlieferung hat der Buddha aber diesen Versuch, den sie mit der Person des Devadatta (der als interner Widersacher des Buddha dargestellt wird) verbindet, abgewiesen (Vinaya II 196f.). Wahrscheinlich verbirgt sich hinter dieser Geschichte eine Kontroverse zwischen zwei Richtungen: einer strengeren, die in einigen Punkten lediglich urbuddhistische Lebensformen verfochten, in anderen aber zu Verschärfungen tendiert zu haben scheint, und einer weniger strengen, die neuen, weniger asketischen Organisationsformen aufgeschlossener gegenüberstand. Dabei konnte sich die letztere im großen und ganzen durchsetzen, wobei sie die strengere Lebensform lediglich als eine freiwillige Möglichkeit duldete. In der Frage der Ablehnung von Fleisch und Fisch allerdings wird eine solche Duldung nicht ausgesprochen. Wahrscheinlich war gerade dies eine verschärfende Neuerung, während ursprünglich von den Mönchen erwartet worden sein dürfte, daß sie beim Almosengang ohne Widerspruch und Murren einfach das annahmen, was ihnen die Laien gaben, und daß sie deshalb auch Fleisch und Fisch nicht grundsätzlich zurückweisen konnten.

In diesem Zusammenhang ist die Überlieferung der fünf Positionen Devadattas im Vinaya der Mūlasarvāstivādins bemerkenswert. In diesem Vinaya tritt Devadatta, im Gegensatz zu den übrigen Vinayas, als Gegner der strengeren Askese auf, während der Buddha als deren Befürworter gekennzeichnet wird (wenngleich nicht im Sinne einer ausschließlichen Forderung). Aber unter den von Devadatta abgelehnten asketischen Praktiken fehlt der Verzicht auf Fleisch und Fisch. Mit anderen Worten: In *diesem* Punkt liegt keine Vertauschung der Rollen vor.

Daß dies kein Zufall ist, bestätigt der Text an einer anderen Stelle, an der Devadattas fünf Positionen ein zweites Mal, jedoch in einer erheblich abweichenden Version, vorgetragen werden. Auch hier werden zwar einerseits, wie an der ersten Stelle, einige asketische Praktiken (das Leben in der Wildnis und das Tragen einfacher Gewänder) als Praxis des Buddha bezeichnet und von Devadatta abgelehnt. Im Falle des Fleischverzehrs hingegen nimmt Devadatta in diesem Text die gleiche Position ein wie in den übrigen Versionen, das heißt auch hier ist es Devadatta, der, im Gegensatz zum Buddha, den Verzicht auf Fleischverzehr fordert. Er tut dies aber hier nicht aus asketischen Erwägungen, sondern bezeichnenderweise mit einer ethischen Begründung: Fleischverzehr sei Anlaß dafür, daß Lebewesen (Tiere) getötet werden. Auch wenn der Text die Position Devadattas nicht ausdrücklich verurteilt, ist sie doch eben dadurch, daß sie ihm, dem wenig später für eine ganze Weltperiode zur Hölle fahrenden Widersacher des Buddha, in den Mund gelegt wird, automatisch abgewiesen. Das bedeutet, daß der Vinaya der Mūlasarvāstivādins trotz seines Eintretens für traditionell akzeptierte asketische Praktiken in einer ethischen und damit verpflichtenden Begründung einer vegetarischen Ernährung eine mit der traditionellen Einstellung des Buddhismus (für die »dreifach reines« Fleisch auch ethisch unbedenklich ist) unvereinbare Haltung sieht, möglicherweise eine (aus der Sicht unseres Textes opportunistische?) Annäherung an (inzwischen aufgekommene?) brahmanisch-»hinduistische« Normen (bei gleichzeitiger Abkehr von asketischen Standards).

In der zuletzt behandelten Fassung schließen die Forderungen Devadattas nicht nur den Verzicht auf Fleisch, sondern auch den auf Milch und Sauermilch sowie auf Salz ein. Das gleiche gilt auch für einige andere Versionen. Obwohl die Mūlasarvāstivāda-Fassung Devadatta auch den Verzicht auf Milch und Sauermilch mit dem Hinweis, er gehe auf Kosten des Kalbes, wiederum ethisch begründen (und damit verbindlich machen) läßt, dürfte dies kaum das ursprüngliche Motiv sein. Näher liegt es, dieses darin zu sehen, daß es sich auch bei ihnen um »feine Speisen« handelt. Es verwundert daher nicht, daß sie, jedenfalls später, ebenso wie Honig auch im Rahmen der als übertrieben gewerteten Askese auftauchen. Der Verzicht auf Honig und Salz neben Fleisch ist in brahmanischen Ritual- und Rechtstexten dem *Veda-Schüler* vorgeschrieben. Diese Vorschrift dürfte eng mit der dem Veda-Schüler (wie auch dem buddhistischen Mönch) ebenfalls auferlegten geschlechtlichen Enthaltsamkeit zusammenhängen, zumal die gleiche Kombination auch schon bei bestimmten Observanzen im Zusammenhang mit vedischen Ritualen, etwa der Feuergründung, zu beobachten ist. Hierzu paßt ferner, daß die genannten Nahrungsmittel einem alten Hindu-Rechtstext zufolge auch der Witwe ein Jahr lang nach dem Tode des Gatten verboten sind. Die asketische Enthaltsamkeit von Fleisch, Honig und Salz ist also nicht nur Ausdruck des Verzichts auf feine Speisen, sondern bedeutet auch eine Vermeidung von Nahrungsmitteln, die in besonderem Maße als sexuelle Potenz und Begierde bewirkend gelten, wie auch Jaina- und Hindu-Quellen bestätigen. Wenn den buddhistischen Mönchen diese Nahrungsmittel nicht grundsätzlich verboten sind, dürfte dies darin seinen Grund haben, daß im Buddhismus eine gewaltsame bzw. rein äußerliche Unterdrückung der Gelüste nicht für ausreichend und erfolgversprechend gehalten, sondern vielmehr die Abtötung ihrer inneren, geistigen Wurzeln mittels Versenkung und Einsicht als das Entscheidende angesehen wird.

Zu den Devadatta in den Mund gelegten strengeren asketischen Regeln gehört übrigens auch das Verbot, Einladungen anzunehmen, was in den Lehrreden jedoch ebenfalls als Element übertriebener Askese gewertet wird. Es liegt nahe, daß fromme Laien, um des größeren religiösen Verdienstes willen, bestrebt waren, den Mönchen möglichst gutes Essen vorzusetzen, nicht zuletzt Fleisch, das ja als feine Speise galt. Das konnte geradewegs in den Luxus führen – eine Tendenz, der Teile des Ordens bisweilen erlegen zu sein scheinen, zu Lasten der ursprünglich intendierten unverkrampften Anspruchslosigkeit. Trotzdem wird auch diese Verschärfung in den meisten Versionen abgelehnt, nicht zuletzt wohl weil solche Einladungen und die dabei erteilten Unterweisungen die Bindungen zwischen Orden und Laiengemeinde stärkten und gewiß auch dazu beitrugen, den Einfluß der Brahmanen, die zu den verschiedensten rituellen Anlässen eingeladen zu werden pflegten, in Grenzen zu halten.

Fleischtabus

Es ist aber noch ein dritter, für die Problematik des Fleischverzehrs im Buddhismus ebenfalls sehr wichtiger Komplex zu betrachten: die Tabuierung bestimmter Arten von Fleisch. So ist den Mönchen die Annahme rohen Fleisches *(āmakamaṃsa)* untersagt, vielleicht deshalb, weil sie ihr Essen nicht selbst zubereiten sollen und der Verzehr rohen Fleisches dem Gebaren der Dämonen entspräche. Bei gewissen Krankheiten (Besessenheit) allerdings wird die Einnahme rohen Fleisches und frischen Blutes als Heilmittel ausnahmsweise gestattet (Vinaya I 202 f.), doch lassen einige Versionen deutlich erkennen, daß hiergegen zunehmend Widerwille und gesellschaftliche Vorbehalte bestanden.

Grundsätzlich verboten ist hingegen Menschenfleisch (Vinaya I 216–18). Der Überlieferung zufolge war der Anlaß für ein formelles Verbot folgender: Ein kranker Mönch erbittet Fleischbrühe. Da kein Fleisch aufzutreiben ist, schneidet sich eine Laienanhängerin ein Stück aus dem Schenkel und läßt es für den Mönch zubereiten. Der Mönch nimmt das Fleisch unbesehen an und verzehrt es. Er wird, nachdem die Sache herausgekommen ist, vom Buddha getadelt und der Verzehr von Menschenfleisch streng verboten. Ob die Geschichte den tatsächlichen Anlaß des Verbotes beinhaltet hat, sei dahingestellt. Jedenfalls ist nach den Regeln des Vinaya der Verzehr von Menschenfleisch unter allen Umständen, auch bei Krankheit, untersagt. Im Vinaya der Mahāsāṅghikas wird auch das Trinken von Menschenblut als Medizin ausdrücklich verboten. Um unwissentlichen Verzehr von Menschenfleisch auszuschließen, verlangt ein Teil der Überlieferung von den Mönchen ausdrücklich, Fleisch nicht ungeprüft anzunehmen bzw. nachzufragen, um was für Fleisch es sich handelt. In einer Mahāyāna-Version der Episode hingegen verschiebt sich die Perspektive radikal in Richtung auf eine positive Bewertung der Opferbereitschaft der Laienanhängerin, die nunmehr geradezu als vorbildlich dargestellt wird, während der (unwissentliche) Verzehr von Menschenfleisch durch den Mönch unbeanstandet bleibt.

Im Anschluß an das Verbot von Menschenfleisch im Vinaya wird den Mönchen auch der Verzehr einiger weiterer Fleischarten untersagt. An erster Stelle sind Elefanten- und Pferdefleisch genannt. Hier handelt es sich, so die meisten Versionen, um Tiere, die dem König gehören und insbesondere von militärischer Bedeutung sind; der Verzehr ihres Fleisches könnte zu einem Konflikt mit dem König führen, woran dem Orden natürlich nicht gelegen sein kann. Verboten ist ferner Hundefleisch. Der Hund gilt in Indien als besonders unrein, sein Fleisch essen nur die verachtetsten Gruppen wie die Caṇḍālas oder Śvapākas (»Hundekocher«). Hundefleisch zu essen würde deshalb dem Sozialprestige der Mönche und damit des buddhistischen Ordens äußerst abträglich sein. Ähnlich wie bei Hundefleisch argumentieren einige Versionen auch bei Schlangenfleisch. Hier kommt jedoch noch ein weiterer, wichtigerer Grund hinzu: die Verwandtschaft bzw. Quasi-Identität der Schlangen mit den mächtigen Nāgas, mythischen Schlangenwesen, die es übelnehmen, wenn jemand Schlangenfleisch ißt, und solchen Mönchen ein Leid antun könnten. Es ist also wohl vor allem die vom Buddhismus integrierte oder doch respektierte kultische Verehrung der Nāgas und die Scheu vor ihnen, die hinter dem Verbot des Verzehrs von Schlangenfleisch stehen. Mit der Gefährlichkeit wird auch das (allerdings nur in einigen Versionen zu findende) Verbot des Verzehrs von Raubtierfleisch begründet. Hier sind es jedoch die ganz normalen Artgenossen, also z. B. andere Tiger, die riechen, wenn ein Mönch Tigerfleisch gegessen hat, und ihn offenbar automatisch für den Töter halten und anfallen. Diese Vorstellung dürfte dem gleichen Weltbild entstammen wie die von der Rache des Opfers im Jenseits. Übrigens bestehen keine Bedenken gegen den Verzehr der Beutereste von Raubtieren, die ja unter dem Gesichtspunkt der Tötungsverantwortung geradezu den Idealfall darstellen: hier kann der Mönch absolut sicher sein, daß das Tier nicht eigens für ihn getötet worden ist.

Es gibt allerdings zwischen den Vinayas der verschiedenen Schulen, wie Shimoda (1997, S. 397–400) herausgearbeitet hat, einige bemerkenswerte Unterschiede. So fehlt im Vinaya der Mūlasarvāstivādins das Verbot von Hundefleisch völlig. Auch sonst wird in diesem Vinaya, trotz seiner nach allgemeiner Auffassung relativ späten Endredaktion, außer Menschenfleisch keine Fleischart mit dem Argument, daß sie unrein oder gesellschaftlich geächtet sei, verboten. Genau umgekehrt ist es im Falle des Vinaya der Mahāsāṅghikas. Hier wird auch der Verzehr von Elefanten- und Pferdefleisch ausschließlich damit begründet, daß er typisch für die Caṇḍālas (Unberührbaren) und deshalb dem Sozialprestige der Mönche abträglich ist. Außerdem werden hier weitere Tiere aufgeführt, deren Fleisch die Mönche nicht essen dürfen: Geier, Krähe, Affe und Schwein. Eine Begründung gibt der Text nur in den beiden ersten Fällen: Die Artgenossen rotten sich zusammen und verfolgen kreischend die Mönche, die Geier- bzw. Krähenfleisch gegessen haben. Ähnlich reagieren diesem Vinaya zufolge übrigens auch die Hunde, indem sie die Mönche, die Hundefleisch verzehrt haben, beim Bettelgang verbellen. Vielleicht kann man in dieser Belästigung der Mönche, analog zur Rache der Raubtiere, eine Art ohnmächtigen Protestes sehen. Zugleich verraten aber die Tiere, wie der Vinaya der Mahīśāsakas feststellt, durch ihr Verhalten, daß die Mönche solches Fleisch gegessen haben, und setzen sie so der Verachtung durch die Laien aus. Insofern eines der Hauptziele des Vinaya die Wahrung des Ansehens des Ordens in der Gesellschaft ist, dürfte der letztere Aspekt das entscheidende Motiv gewesen sein; im Falle des Hundefleisches ist dies ja in mehreren Versionen klar ausgedrückt. Im Falle von Krähen und Geiern dürfte die Ablehnung ihres Fleisches damit zusammenhängen, daß sie Aasfresser sind. Jedenfalls erinnert das Verbot ihres Fleisches im Vinaya der Mahāsāṅghikas an die Regel der Hindu-Dharmatexte (»Rechtsbücher«), nach denen das Fleisch fleischfressender Vögel nicht gegessen werden darf. Ob auch hinter dem Verbot von Raubtierfleisch letztlich

Hindu-Speiseregeln stehen, sei dahingestellt. Sie fallen jedenfalls, ebenso wie der Affe und der Hund, unter diejenigen fünfkralligen Tiere, deren Verzehr nach den Dharma-Texten verboten ist. Ein Einfluß des Hindu-Dharma auf den Vinaya der Mahāsāṅghikas kann aber schon deshalb als sicher gelten, weil hier wie in den Hindu-Dharmatexten in Verbindung mit den verbotenen Fleischarten auch der Verzehr von Knoblauch untersagt wird.

Eindeutig von Tabu-Vorstellungen der höheren Schichten der Hindu-Gesellschaft veranlaßt sein dürfte das im Vinaya der Mahāsāṅghikas (ohne Begründung) auftauchende Verbot von Schweinefleisch. Das Hausschwein gehört jedenfalls zu den Tieren, deren Verzehr schon in den älteren Dharma-Texten ausdrücklich untersagt wird. Daß dies zur Zeit der Übersetzung des Mahāsāṅghika-Vinaya ins Chinesische (Anfang 5. Jahrhundert n. Chr.) tatsächlich der Lebenswirklichkeit in der zentral-nordindischen Ebene (Mathurā) entsprach, bestätigt Fa-hsien (einer der beiden Übersetzer des Mahāsāṅghika-Vinaya!), der in seinem Reisebericht bemerkt, Schweinehaltung sei dort unüblich. Im Amarakoṣa (6. Jahrhundert?) wird das Hausschwein – und damit Schweinehaltung und Schweinefleischverzehr – mit dem untersten Stand, den Śūdras, assoziiert. Interessant ist in diesem Zusammenhang ferner der Reisebericht des chinesischen Pilgers Hsüan-tsang, der zwischen 630 und 644 Indien bereiste und eine Liste von Tieren angibt, deren Verzehr allgemeine gesellschaftliche Ächtung nach sich zog. In dieser Liste, die übrigens große Ähnlichkeit mit einer Liste, die als Zitat aus einem nicht erhaltenen Dharma-Werk des Devala überliefert ist, aufweist, finden sich neben dem Schwein auch die meisten übrigen Tiere, deren Fleisch die verschiedenen Vinayas den Mönchen verbieten, wieder.

Hinzu tritt bei Hsüan-tsang und Devala allerding das (Haus-)Rind, das in den buddhistischen Vinayas in der Liste der Tiere, deren Fleisch den Mönchen verboten ist, noch nicht enthalten war, auch nicht in dem der Mahāsāṅghikas. Hierzu paßt, daß es auch in den älteren Hindu-Rechtstexten, zumindest unter bestimmten Bedingungen, noch zugelassen wird. Beim Hausschwein hingegen ist dies, wie gesagt, nicht der Fall. Die frühbuddhistischen Texte bezeugen demgegenüber für die ältere Zeit nicht nur den Verzehr von Rindfleisch, sondern auch den von Schweinefleisch und lassen, was auch immer die Einstellung brahmanischer Kreise gewesen sein mag, keine Abneigung breiterer Kreise gegen letzteres erkennen. In diese Richtung weisen auch die Aśoka-Inschriften und die Tatsache, daß in den Vinayas, mit der alleinigen Ausnahme des offenbar am weitestgehenden an Hindu-Konventionen angepaßten Mahāsāṅghika-Vinaya, Schweinefleisch auch nicht in der Liste der den Mönchen verbotenen Fleischarten erscheint. Noch Buddhaghosa (zwischen 370 und 450) führt Schweinefleisch als erlaubtes Fleisch an, unter dessen Namen übelgesinnte Laien Mönchen unerlaubtes Bärenfleisch unterschieben.

Angesichts dieser Fakten ist auch die Überlieferung in der Pāli-Version der »Großen Lehrrede vom Eingehen ins Nirvāṇa« (Mahāparinibbānasutta), keineswegs a priori unglaubwürdig: Ihr zufolge bestand das letzte Mahl des Buddha, das er bei einem Schmied (also allemal einem Śūdra) eingenommen haben und im Anschluß an welches er an blutigem Durchfall erkrankt und wenig später ins Nirvāṇa eingegangen sein soll, aus nur ihm allein serviertem Schweinefleisch (DN Nr. 16: II 127). Auch in einer anderen Lehrrede des Pāli-Kanons wird berichtet, der Buddha sei von einem Laienanhänger mit einem ausdrücklich als »köstlich« bezeichneten Gericht aus Schweinefleisch mit feinen Brustbeeren *(sampannakolakaṃ sūkaramaṃsaṃ)* bewirtet worden und habe dieses auch angenommen. Die immer noch andauernde Kontroverse, ob der in der Pāli-Version der »Großen Lehrrede vom Eingehen ins Nirvāṇa« verwendete Ausdruck *sūkaramaddava* tatsächlich zarte Stücke vom Schwein bezeichnet oder irgend etwas anderes, kann hier jedoch nicht aufgerollt werden.[2] Schon die Pāli-Kommentare führen, neben »zartem Schweinefleisch«, Alternativerklärungen an: mit Milch und Milchprodukten gekochten Reisbrei, von Schweinen weichgetrampelte Bambusschößlinge, ein bestimmtes Elixier *(rasāyana)* oder, wie in der Version der Dharmaguptakas, eine Pilzart. Nach einer für die Sarvāstivādins und Mūlasarvāstivādins belegten Fassung erhält der Buddha ein »wohlzubereitetes Gericht mit feinen Brustbeeren« *(sampannakolakaṃ sukṛtānnakam).* In anderen, nur in chinesischer Übersetzung erhaltenen Versionen (unter ihnen die um 300 n.Chr. angefertigte des Po Fa-tsu, der älteste datierbare Textzeuge) ist überhaupt nicht von einem Extragericht für den Buddha die Rede, sondern nur von einer gemeinsamen Bewirtung des Buddha und der Mönche mit feinen Speisen bzw. »Reisbrühe« oder ganz ohne nähere Angaben. Wie auch immer dieser komplizierte Befund überlieferungsgeschichtlich zu erklären sein mag: es wäre jedenfalls nicht unplausibel, wenn in einer Zeit, in der, wohl aufgrund zunehmenden Einflusses brahmanischer Normen, der Verzehr von Schweinefleisch auf dem indischen Festland in den »besseren Kreisen« mehr und mehr der Ächtung anheimfiel, eine Überlieferung, wonach der Buddha Schweinefleisch verzehrt haben soll, zumal in der exponierten Situation des letzten Mahles vor seinem Eingehen ins Nirvāṇa, als anstößig oder zumindest unvorteilhaft empfunden und deshalb umgedeutet, geändert oder ausgeschieden worden wäre und sich nur auf Ceylon, wo die Vorbehalte gegen Schweinefleisch sich erst später durchgesetzt zu haben scheinen, erhalten hätte.

Gesellschaftliche Auswirkungen

Von großem Interesse für die Frage des Fleischverzehrs in frühbuddhistischer Zeit sind die Inschriften des Königs Aśoka, der um die Mitte des 3. Jahrhunderts v. Chr. fast den ganzen indischen Subkontinent beherrschte und sich ausdrücklich als Laienanhänger des Buddhismus bezeichnet. Aśoka propagiert in seinen Inschriften nachdrücklich moralische Verhaltensweisen, die der buddhistischen Laienethik entsprechen, allerdings nicht spezifisch buddhistisch sind, sondern ebensogut zur Laienethik der Jainas und dem *ahiṃsā*-Strang der brahmanischen Religion passen. Zu diesen Verhaltensweisen gehört auch das Abstandnehmen vom Schlachten und Verletzen von Tieren.

Im ersten seiner Großen Felsenedikte bezieht Aśoka dies ausdrücklich auch auf *rituelle* Tiertötung: »Hier soll kein Lebewesen (= Tier) als Schlachtopfer dargebracht werden.« Selbst wenn mit dem umstrittenen »hier« nur die Hauptstadt gemeint sein sollte, so dürfte die Anordnung doch Vorbildcharakter für das ganze Reich gehabt haben. Überdies dürften durch sie immerhin die großen, nur dem Herrscher zustehenden Riten, die mit der Schlachtung besonders vieler Tiere verbunden waren, ausgeschaltet gewesen sein.

Vielleicht ist es in diesem Zusammenhang zu sehen, wenn Aśoka in demselben Edikt wenige Sätze weiter erklärt, daß früher in der Küche des Kaisers »viele Hunderttausende« Tiere zum Curry, also zum Zwecke des Verzehrs, geschlachtet worden seien, jetzt hingegen nur noch drei Tiere geschlachtet würden – zwei Pfauen und eine Gazelle, aber auch die Gazelle nicht regelmäßig – und auch dies in Zukunft eingestellt werden solle. Es liegt meines Erachtens nahe, hinter dieser Formulierung die Abschaffung einer vorher üblichen, großangelegten (ritualisierten?) Fleischverteilung durch den Herrscher zu sehen. Hierzu paßt auch, daß Aśoka im achten Großen Felsenedikt erklärt, die bei seinen Vorgängern übliche Jagd aufgegeben zu haben. Inwieweit damit aber auch die Tätigkeit professioneller (vermutlich niedrigkastiger) Jäger, Fischer und Schlächter, wie sie aus dem buddhistischen Kanon bekannt sind, eingeschränkt oder gar unterbunden und ein Trend zu vegetarischer Ernährung eingeleitet war und ob auch der König selbst tatsächlich zu einer solchen übergegangen ist, muß offenbleiben – auch wenn eine griechische Inschrift Aśokas erklärt, die Jäger und Fischer des Königs hätten die Jagd eingestellt, und ihn (und die übrigen Menschen!), wie Alsdorf (1962, S. 606) es ausdrückt, »unter Verwendung der in der griechischen Diskussion über den Vegetarismus üblichen Phrase ἀπέχεται τῶν ἐμψύχων, *er enthält sich des Beseelten*, … kurzerhand zum Vegetarier« macht. Auf jeden Fall aber dürfte Aśoka durch die erwähnten Massentierschlachtungen bei Hofe mit dem Zusammenhang von Fleischverzehr und Tiertötung unmittelbarer konfrontiert gewesen sein als die Mönche oder auch gewöhnliche Laienbuddhisten, die ihren begrenzten Fleischbedarf »anonym« auf dem Markt decken konnten. Das könnte ihn sehr wohl zu einer Abschaffung dieser Schlachtungen und einer Einschränkung auch des eigenen Fleischverzehrs motiviert haben. Damit soll aber keineswegs ausgeschlossen werden, daß bei der Abschaffung der Massentierschlachtungen auch wirtschaftliche und politische Gründe im Spiel gewesen sein können.

Aśokas generell gegen Tiertötung gerichtete Aufrufe hatten jedoch bestenfalls eine Reduktion von Jagd, Schlachtung und Fleischkonsum zur Folge. Denn ein gutes Dutzend Jahre später, gewissermaßen auf einer zweiten, realistischen Schiene, beschränkt er im fünften Säulenedikt sein Tötungsverbot auf bestimmte Tierarten (zumal solche, die ohnehin nicht gegessen oder zu anderen Nutzungszwecken getötet wurden), auf bestimmte Lebensphasen (etwa trächtige und säugende Ziegen, Schafe und Schweine oder Jungtiere) und auf bestimmte Tage (an denen beispielsweise die Tötung und der Verkauf von Fischen verboten waren). Das impliziert, daß lediglich das Fleisch gewisser Tierarten allgemein gemieden wurde, im übrigen aber der Verzehr von Fisch und Fleisch (zumal von Ziege, Schaf und Schwein) weiterhin gängig war und sich Aśoka – trotz der auch weiterhin erteilten Ermahnung, grundsätzlich keine Tiere zu töten – nicht mehr der Illusion hingab (wenn er es denn je getan hatte), ihn (und das damit verbundene Schlachten von Tieren) völlig unterbinden zu können.

Die Situation hat sich auch in Sri Lanka und den südostasiatischen Ländern, in denen die im vorigen behandelte ältere Tradition des Buddhismus (in der Form des Theravāda-Buddhismus, der Pāli-Schule) zur dominanten Religion geworden ist, nicht grundsätzlich geändert. Die buddhistischen Laien in diesen Ländern folgen im Grunde einem Muster, das man als ein abgeschwächtes Abbild der für die Mönche geltenden Regel verstehen kann: Sie haben im allgemeinen keine Bedenken, Fleisch und Fisch zu essen, solange sie das Tier nicht selbst töten müssen. Die Konsequenz, mit der diese Regel eingehalten wird, schwankt allerdings von Land zu Land, von einer sozialen Gruppe zur anderen und natürlich auch von Individuum zu Individuum erheblich. Aber nach Möglichkeit wird ein buddhistischer Laie versuchen, sein Fleisch auf dem Markt oder im Laden zu kaufen (und auch keine Hemmungen haben, im Restaurant ein Fleischgericht zu bestellen). Die Tiere sind ja in diesen Fällen nicht für den einzelnen persönlich geschlachtet worden. Das schlechte Karma des Tötens bleibt sozusagen bei den Jägern, Fischern und Schlächtern hängen. Diese Tätigkeiten werden schon im alten Kanon als besonders unheilvoll gekennzeichnet, und kein Buddhist wird sie ausüben, wenn er es eben vermeiden kann (von der einem anderen Wertesystem zuzuordnenden fürstlichen Jagd einmal abgesehen), oder doch jedenfalls mehr oder weniger starke Schuldgefühle dabei empfinden. Verboten ist auch der Handel mit Fleisch und lebenden Wesen (also wohl auch Schlachtvieh). Nach dem Bericht des chinesischen Pilgers Fa-hsien waren zu Anfang des 5. Jahrhunderts in Indien Jagd, Fischfang und Fleischverkauf Sache der Caṇḍālas, der Outcasts. In vielen buddhistischen Ländern wird auch heutzutage (bzw. wurde bis vor kurzem) das Schlachten von Tieren, insbesondere größeren, von Gruppen am Rande oder außerhalb der buddhistischen Gesellschaft, z.B. Muslimen, erledigt.

In Ceylon sind jedoch, auch bei den buddhistischen Laien, massive Auswirkungen der Tabuierung bestimmter Fleischarten zu beobachten, ganz abgesehen davon, daß in der traditionellen buddhistischen Gesellschaft überhaupt relativ wenig Fleisch gegessen wurde. Unbedenklich waren vor allem Fisch, Ziegen- und Hühnerfleisch. Schweinefleisch hingegen und ganz besonders Rindfleisch wurden zumindest in neuerer Zeit von den Buddhisten gemieden, wobei vor allem im Falle des Rindfleisches hinduistischer Einfluß (Tamilen) eine entscheidende Rolle gespielt haben dürfte. Beim Schweinefleisch wäre möglicherweise außerdem auch an die emphatische Ächtung dieser Fleischart in der (für die Fleischversorgung ja wichtigen) muslimischen Bevölkerungsgruppe zu denken.

Nebenbei bemerkt, haben zumindest in Sri Lanka die Buddhisten auch mit dem Verzehr von Eiern Probleme. Ein Grund ist, daß diese als potentielles Leben gelten (so wie in Indien vor allem in der Frühzeit die Vorstellung verbreitet war, daß nicht nur Pflanzen, sondern auch Samen Lebewesen sind). Deshalb werden von den Händlern manchmal sogenannte »Buddhist eggs« angeboten, das heißt Eier mit angebrochener Schale. Hinzu kommt allerdings auch der Glaube, der Genuß von Eiern mache unfruchtbar. Dagegen versteht sich von selbst, daß der Genuß von Milch und Milchprodukten aus buddhistischer Sicht überwiegend als unbedenklich gilt, wenngleich in der traditionellen buddhistischen Gesellschaft Ceylons auch Milchtrinken nicht sehr verbreitet war.

Mahāyāna

Im vorigen hatte ich zu zeigen versucht, daß in den älteren, traditionellen Richtungen des Buddhismus das Thema Fleischverzehr in drei zwar miteinander verbindbaren, aber doch grundsätzlich verschiedenen Problemzusammenhängen zur Sprache kommt: dem ethischen (Ahiṃsā), dem asketischen (Verzicht auf Fleisch und Fisch als feine und triebfördernde Speisen) und dem der Rücksichtnahme auf (grob gesagt) gesellschaftliche Erfordernisse und Tabus. Während der erste und der letzte Aspekt durchgängig zu Einschränkungen führten (am stärksten offenbar bei den Mahāsāṅghikas, aber wohl, wie Aśokas Beispiel zeigt, auch unter den Laien), scheint der zweite Aspekt, der auf einen konsequenten Vegetarismus (zum Teil sogar unter Ausschluß von Milchprodukten) abzielt, in keiner der uns greifbaren älteren Schulen zur maßgeblichen Auffassung geworden zu sein. Zu einer Position, die zumindest Mönchen und Nonnen einen völligen Verzicht auf Fleisch und Fisch zur Pflicht gemacht hätte, ist es in den älteren Schulen nicht gekommen. Dies ändert sich jedoch im *Mahāyāna,* dem »Großen Fahrzeug«, das sich um die Zeitwende formiert und dessen Anhänger nicht, wie dies von den Mönchen und Nonnen des älteren Buddhismus erwartet wurde, die möglichst baldige eigene Erlösung suchen, sondern, trotz des längeren Weges, im Interesse der anderen die *bodhi,* das »Erwachen« im Sinne der vollkommenen Wirklichkeitserfahrung eines *Buddha,* anstreben. Solche Personen hießen deshalb Bodhisattva. Ein Bodhisattva zu sein ist – ungeachtet der kontroversen Frage, in welchen Kreisen das Mahāyāna entstanden ist – nicht nur für Mönche möglich, sondern auch für Laien. Es ist aber vorerst schwer zu entscheiden, ob dies eine Rolle dabei gespielt hat, daß im Mahāyāna eine den Fleischverzehr strikt ablehnende Richtung aufkam.

Zunächst ist aber festzuhalten, daß keineswegs der gesamte Mahāyāna-Buddhismus Fleischverzehr ablehnt. Ein starker Strang bleibt bei der traditionellen Auffassung, und die Mönche dieses Stranges folgen, wie in Tibet, den traditionellen Verhaltensvorschriften, das heißt, Fleisch ist grundsätzlich erlaubt, sofern der Mönch nicht gesehen, gehört oder begründeten Verdacht hat, das Tier könnte eigens für ihn getötet worden sein.

Diese Position wird z.B. von Bhavya (6. Jahrhundert) in seinem Madhyamakahṛdaya (IX.132–138) ausdrücklich und mit Argumenten gegen eine in Hindu-Kreisen etablierte (lakto-)vegetaristische Tendenz verteidigt. Um nur einige seiner Argumente zu referieren: Wenn Fleisch als Speise abgelehnt wird, weil es aus Sperma usw. entstanden ist, so ließe sich das Argument auch auf Milch anwenden, die ja, als Körperprodukt, letztlich aus der gleichen Ursache stammt, und damit mittelbar auch auf Milchprodukte wie zerlassene Butter (die den Hindus als Läuterungssubstanz gilt!). Fleischverzehr kann auch nicht als Ursache für Begierde gelten, da solche auch bei Pflanzenfressern wie z. B. Rindern auftritt. Wenn der Verzehr des Fleisches eines Tieres, das ohnehin schon tot ist und dem deshalb der Verzehr nicht mehr weh tut, unheilsam wäre, dann würde Gleiches für die Benutzung von Perlen und Pfauenfedern oder für den Verzehr von Wasser oder (als leblos angesehenen) enthülsten Reiskörnern gelten oder (wie der Kommentar hinzufügt) für das Verbrennen einer Leiche. Auf den Hinweis eines Gegners hin, der Konsument sei zumindest indirekt – durch die Nachfrage – Anlaß für die Tötung, entgegnet Bhavya, daß dies dann auch für das Tragen eines schwarzen Antilopenfelles (durch brahmanische Asketen) gelten müßte.

Die in dem letzten Argument zum Ausdruck kommende Ablehnung indirekter Verantwortung, genauer: Verantwortung für Wirkungen, die man nicht beabsichtigt hat, an denen man aber über einen mehr oder weniger undurchsichtigen Kausalzusammenhang beteiligt ist, wird in einer Versreihe, die der Kommentar zitiert, noch deutlicher. Nach diesen (im Detail leider recht schwierigen) Versen würde aus der Annahme einer indirekten Verantwortung des Fleischessers (falls ich den Text richtig verstanden habe) z.B. folgen, daß der Hersteller eines Teiches am Tode von jemandem, der darin ertrinkt, mitschuldig ist oder gar das Opfer einer Gewalttat an eben dieser Gewalttat, weil diese ohne die Existenz der Person, die ihr zum Opfer fällt, gar nicht hätte stattfinden können; desgleichen die Eltern (des Täters oder gar des

Opfers?), da er (bzw. es) ohne sie nicht geboren worden wäre. Mit anderen Worten, der Begriff der indirekten Verantwortung wird von Bhavya (und noch pointierter in den von ihm zitierten Versen) undifferenziert ausgelegt und sophistisch ad absurdum geführt, indem Fälle vorhersehbarer, zwangsläufiger Auswirkung mit unvorhersehbaren Zufällen in eins gesetzt werden.

Strikter Vegetarismus

Ein anderer Strang des Mahāyāna hingegen fordert wie gesagt strikten Verzicht auf Fleischverzehr. Dieser Strang ist allerdings nur in einer relativ kleinen Gruppe von Texten, von denen die wichtigsten im 4. oder zu Anfang des 5. Jahrhunderts entstanden sein dürften, dokumentiert. Die für den Verzicht namhaft gemachten Motive variieren von Text zu Text.

In einer der Lehrreden dieses Komplexes, dem Hastikakṣyasūtra, das bereits zwischen 265 und 316 ins Chinesische übersetzt wurde, ist von einer magisch-kräftigen Formel *(mantra)* die Rede, die alle Krankheiten heilt. Der Bodhisattva, der sie mit Erfolg (und gefahrlos?) rezitieren will, muß »rein« leben. Dazu gehört nicht nur, daß er eine wohlwollende Gesinnung *(*maitrī-citta)* gegenüber allen Lebewesen kultiviert, sondern auch, daß er kein Fleisch ißt. Der Verzicht auf Fleischverzehr scheint hier eher zweck- und situationsgebunden: Er wird offenbar noch nicht generell, sondern nur in einem speziellen Kontext besonderer spiritueller oder gar, ähnlich wie schon in vedischer Zeit, ritueller Reinheit gefordert. Er steht damit eher der asketischen Funktion des Verzichtes auf Fleischverzehr nahe, der wir auch im frühen Buddhismus begegnet sind, allerdings nur im Zusammenhang mit der mit dem Namen des Devadatta verbundenen Tendenz zu verschärften asketischen Regeln, die sich nicht offiziell durchsetzen konnte. Im vorliegenden Text tritt sie wieder hervor, nun aber als spezielle Observanz im Rahmen einer für das Mahāyāna charakteristischen altruistischen Zielsetzung: der Krankenheilung.

Im asketischen Kontext steht das Gebot, auf Fleischnahrung zu verzichten, auch im Ratnameghasūtra (»Juwelenwolken-Lehrrede«, älteste chinesische Übersetzung Anfang 6. Jahrhundert). In diesem Text wird es als Sonderregel für den Bodhisattva, der sich für seine Übungen auf eine Leichenstätte zurückgezogen hat *(śmāśānika)*, aufgeführt, mit der Begründung, die bösartigen, menschenfleischfressenden Dämonen, die sich in der Nähe der Leichenstätten aufhalten, würden durch den Anblick eines fleischessenden Bodhisattva gereizt und ihn anfallen. Die gleiche Sonderregel gilt übrigens auch im Theravāda-Buddhismus für Mönche, die auf einer Leichenstätte meditieren. Bei solchen Personen ist der Verzicht auf Fleischverzehr ganz eindeutig auch und vor allem ein Mittel zum Selbstschutz. Er übernimmt damit eine Funktion, die sonst oft der – im Text unmittelbar zuvor vom auf der Leichenstätte lebenden Bodhisattva ebenfalls geforderten – Übung des Wohlwollens *(maitrī)* zugeschrieben wird.

Von großem Interesse sind zwei weitere, möglicherweise recht früh ins Chinesische übersetzte Texte. In dem einen wird als eines der Mittel, durch das im Weltleben stehende Personen religiöses Verdienst *(*puṇya)* erwerben können, neben Krankenpflege, Armenfürsorge und Gaben an Asketen der Verzicht auf jeglichen Fleischverzehr genannt. Gegen Ende des Textes heißt es dann noch, Erlöste *(arhat)* und Pratyekabuddhas äßen kein Fleisch, wobei letztere dies in dem Gedanken daran tun, daß Fleisch ursprünglich aus Sperma erzeugt und somit unrein ist. Aus beiden Aussagen läßt sich kein generelles Verbot von Fleischverzehr ableiten, sondern lediglich eine positive Bewertung des Verzichtes darauf, der ebendeshalb auch den Laien empfohlen und bei spirituell vollendeten Personen als gegeben vorausgesetzt wird. Die Betrachtung des Fleisches als etwas Unreines aufgrund seiner Entstehung aus Sperma und (Menstrual?-) Blut findet sich übrigens auch im Kontext der Betrachtung der generellen Widerwärtigkeit der Nahrung, wobei diese verständlicherweise bei den »feinen« Speisen wie Fleisch, aber auch Milch, Sauermilch und Butter besonders herausgestellt wird. Aber es geht dabei nicht um völlige Vermeidung ihres Verzehrs, sondern nur um Abbau von Gier und Anhaften.

In diesem konkreten spirituellen Kontext kommt die Abkehr vom Fleischverzehr auch in dem anderen Text, der »Lehrrede vom Buddha als dem Arzt«, zur Sprache. Dieser Text greift im Zusammenhang mit Fleisch auf den bereits an einer Stelle des alten Kanons belegten Gedanken, daß im Laufe der anfanglosen Kette der Wiedergeburten alle Lebewesen schon einmal enge Verwandte voneinander waren, zurück. Wenn man, so heißt es nun, Begierde nach Fleischverzehr hat und Geschmack daran findet, so soll man sich vergegenwärtigen, daß im Laufe der (unzähligen) früheren Existenzen alles Fleisch (das heißt die Tiere, deren Körper es bildet) schon einmal der eigene Vater, die eigene Mutter, der eigene Sohn oder sonst ein naher Verwandter gewesen ist. Fleisch zu essen sei deshalb dem Verzehr des Fleisches des eigenen Sohnes vergleichbar. Über diesen Gedanken, so der Text, komme die Begierde nach Fleisch zum Stillstand. Nimmt man den Text beim Wort, so will er lediglich jemandem (insbesondere wohl einem Mönch), der starkes Verlangen nach Fleisch hat, eine meditative Praxis, die ihn Abstand davon gewinnen läßt, an die Hand geben, nicht aber ein totales Fleischverbot formulieren. In der Tat folgen sechs Bedingungen, unter denen man Fleisch nicht essen darf, während bei ihrem Nichtgegebensein der Verzehr erlaubt ist. Auch dieser Text betont allerdings, der Verzicht auf Fleischverzehr sei verdienstvoll und habe Furchtlosigkeit zur Folge.

Im Kontext eines asketisch-spirituellen Ideals wird Distanz zum Fleischverzehr auch im Mahāmeghasūtra (der »Große-Wolken-Lehrrede«, chinesische Übersetzung Anfang 5. Jahrhundert) vorausgesetzt. Hier wird Fleisch*genuß*, gieriges Auskosten des Wohlgeschmacks, zusammen mit dem Annehmen und In-Besitz-Halten von Kostbarkeiten, Naturalien (auch Haustieren, u. a. Schweinen!), Immobilien und Dienern als Symptom für den Verfall des buddhistischen Ordens gegeißelt und mit strenger Einhaltung der Mönchsregeln, asketischem Lebensstil und, wiederum, Kultivierung von Wohlwollen *(maitrī)* kontrastiert. Auch die Ausdrucksweise des Mahāmeghasūtra impliziert nicht unbedingt, daß Mönche Fleischnahrung gänzlich meiden und gegebenenfalls ablehnen müssen, sondern genaugenommen nur, daß sie inneren Abstand dazu haben, nicht hinter Fleisch her sein und es nicht genießen sollen.

Die soeben behandelte Stelle des Mahāmeghasūtra enthält unüberhörbare Anklänge an das mahāyānistische Mahāparinirvāṇasūtra, die »Große Lehrrede vom Eingehen [des Buddha] ins Nirvāṇa« (älteste chinesische Übersetzung Anfang 5. Jahrhundert; nicht zu verwechseln mit der gleichnamigen Lehrrede des alten Kanons!). Es ist nach Shimoda (1997, S. 407 f.) zwar vielleicht nicht der älteste Text, der Fleischverzehr ablehnt, aber doch der erste, in dem ein totales Verbot programmatisch formuliert wird. Auch hier werden die unwürdigen Mönche der Zeit des Verfalls der wahren Lehre unter anderem dadurch charakterisiert, daß sie scharf auf Fleisch sind. Zugleich läßt der Text gleich zu Anfang den Buddha klipp und klar feststellen, daß er von jetzt an (die Lehrrede spielt in der Zeit unmittelbar vor dem Eingehen des Buddha ins Nirvāṇa) seinen Jüngern nicht mehr gestatte, Fleisch zu essen. Dementsprechend sind die Mönche der Verfallszeit schon dadurch unwürdig, daß sie Fleisch und Fisch überhaupt annehmen und überdies noch behaupten, der Buddha habe es erlaubt. Letzteres ist nach Auffassung des Mahāparinirvāṇasūtra aber unzutreffend, und der Text stellt klar, daß der Buddha zuvor die Erlaubnis, Fleisch zu essen, sofern es in dreifacher Hinsicht rein ist, nur erteilt habe, um seine Hörer schrittweise zum völligen Fleischverzicht hinzuführen. Dem gleichen Ziel habe es gedient, wenn zunächst nur bestimmte Fleischarten verboten wurden. Er habe auch keineswegs Fleisch und Fisch als »feine Speisen« bezeichnet; feine Speisen seien vielmehr Zuckerrohr und Zuckerrohrprodukte, Reis, Weizen, Gerste, Hülsenfrüchte, Honig, Butter und Milch, womit eine lakto-vegetarische Diät formuliert ist. Fleisch und Fisch hingegen seien von nun an verboten, und zwar auch dann, wenn das Tier von selbst gestorben ist. Unter diesen Voraussetzungen ist es natürlich völlig ausgeschlossen, daß der Buddha selbst Fleisch gegessen haben könnte. Er lebt (als ein in Wirklichkeit überweltliches Wesen) ohnehin nicht von gewöhnlicher Nahrung, geschweige denn von Fleisch. Allenfalls hat er aus pädagogischen Gründen in bestimmten Situationen Fleischverzehr vorgetäuscht.

Im Mahāparinirvāṇasūtra wird auch die Frage aufgeworfen, was Mönche und Nonnen oder auch von den Gaben anderer lebende fromme Laienanhänger *(upāsaka)* und Laienanhängerinnen machen sollen, wenn man ihnen

– in Gegenden, wo ungeziemende *(*akalpika?)* Nahrung überwiegt – mit Fleisch vermischte Almosenspeise darreicht. Die Antwort lautet: Sie dürfen sie essen, nachdem sie [das Fleisch herausgenommen und die Fleischsoße?] mit Wasser [heraus?]gewaschen haben. Wenn in einem solchen Land Nahrung allzusehr mit Fleisch vermischt erscheint, so soll man auf sie verzichten. Wenn das [Eß-] Gefäß mit einem anderen [welches Fleisch enthält] in Berührung gekommen ist, aber keine Vermischung mit dem Fleisch selbst stattgefunden hat, liegt kein Verstoß [gegen die Regel] vor. [Die Verwendung von Eßgefäßen?,] die irgendwie durch Fleisch oder Fisch verunreinigt sind, führt zu einem Verstoß.

Diese Regelung erinnert zweifellos stark an brahmanische Reinheitsvorstellungen und Speisetabus. Auch die Einbeziehung des Fleisches von Tieren, die von selbst gestorben sind, läßt sich kaum aus der *ahiṃsā*-Ethik ableiten und paßt besser zu einer generellen Tabuierung von Fleisch als etwas Unreinem. Shimodas (1997, S. 411) Vermutung, die Einführung des uneingeschränkten Fleischverbotes im Mahāparinirvāṇasūtra sei in erste Linie als Reaktion auf den sozialen Druck des brahmanisch-hinduistischen Umfeldes zu verstehen, erscheint daher nicht unbegründet. Damit ist aber keineswegs ausgeschlossen, daß noch weitere Motive mitgespielt bzw. zu einer Integration der übernommenen Position in das eigene Wertesystem beigetragen haben. So lassen sich die obigen Speiseregeln, zumal wenn man den chinesischen Versionen folgt, die Wert darauf legen, daß nichts vom *Geschmack* des Fleisches zurückbleibt, auch als asketisch motiviert deuten, desgleichen die Ausdehnung des Fleischverbotes auf das Fleisch von Tieren, die von selbst gestorben sind. Dies wird auch durch die Einreihung der Annahme von Fleisch und Fisch unter die Zuwiderhandlungen gegen die einem buddhistischen Mönch traditionell auferlegten asketischen Regeln gestützt.

Hinzu kommt ferner, daß das Mahāparinirvāṇasūtra gleich zu Anfang des Abschnittes sein totales Verbot des Fleischverzehrs ausdrücklich mit dem Hinweis begründet, durch ihn werde das Große Wohlwollen *(*mahāmaitrī;* chinesisch: der Same des Großen Wohlwollens) abgeschnitten, also die Grundlage der (eigenen zukünftigen) Buddhaschaft zerstört. Dies ließe sich damit erklären, daß nach Auffassung dieses Textes Fleischverzehr irgendwie Aggressivität aufbaut oder ausstrahlt und so dem Wohlwollen *(maitrī)*, das ja begriffsgeschichtlich mit Bündnis, Freundschaft, aber auch Mutterliebe assoziiert ist, widerspricht (man ißt nicht das Fleisch seiner Verbündeten, Freunde oder Kinder!). Dies wird in einem weiteren Abschnitt des Textes deutlich, wo es heißt, der Geruch des Fleischessers wirke ähnlich wie der eines Knoblauchessers schon von weitem auf die Lebewesen und versetze sie in Todesfurcht, dergestalt, daß einige sogar vor Angst sterben. Der Fleischesser riecht geradezu nach Töten, weil die von ihm verzehrte Fleischnahrung nur durch einen Tötungsakt verfügbar geworden ist. Man vergleiche diese Argumentation mit dem bereits erwähnten Hinweis auf die Reaktion der Raubtiere auf Raubtierfleischverzehr.

Aus dem im vorigen behandelten Textmaterial dürfte deutlich geworden sein, daß es im Rahmen der buddhistischen Spiritualität nicht so sehr das Tötungsverbot (das bestenfalls zu einer starken Einschränkung des Fleischverzehrs führt) als vielmehr das Wohlwollen *(maitrī)* gewesen zu sein scheint, das als grundsätzlich mit Fleischverzehr schwer vereinbar empfunden wurde. Erwähnenswert ist aber auch die asketische Komponente, die das *Genießen* feiner Speisen, unter denen Fleisch einen

Spitzenplatz einnimmt, brandmarkt und zu diesem Zweck auch auf eine meditative Vergegenwärtigung seiner Ekelhaftigkeit zurückgreifen kann. All dies sind aber traditionelle Elemente der buddhistischen Spiritualität, die schon Jahrhunderte lang existiert hatten, ohne zu einem generellen Fleischverbot zu führen. Seyfort Ruegg (1980, S. 236, siehe Anm. 1) hat darauf aufmerksam gemacht, daß die Forderung nach einem generellen Fleischverzicht, also einer (lakto-)vegetarischen Lebensweise, zumindest in expliziter Form von solchen Mahāyāna-Lehrreden initiiert worden ist, die zugleich die Lehre vom *tathāgatagarbha* (»Buddha-Embryo«) vertreten. Dieser Lehre zufolge ist in *allen* Lebewesen die Buddhaschaft oder Buddha-Natur immer schon in verborgener oder keimhafter Form vorhanden. Dies trifft auch auf das Mahāparinirvāṇasūtra zu. Um so bemerkenswerter ist es, daß diese Lehre in dem bereits behandelten Abschnitt dieses Textes, in dem Fleischverzehr generell untersagt wird, überhaupt nicht erwähnt, geschweige denn zur Begründung des Fleischverbotes herangezogen wird.

Ebendies geschieht jedoch in einer anderen Lehrrede dieses Stranges, dem Aṅgulimālīyasūtra (chinesische Übers. zwischen 435 und 468). Auch dieser Text kennt zwar die asketische Begründung des Verzichtes auf Fleisch und Fisch als »feinen Speisen«; die eigentliche Argumentation ist jedoch eine ethische, die sich auf die Lehre vom *tathāgatagarbha* gründet (vgl. Seyfort Ruegg 1980, siehe Anm. 1).

Zuvor greift das Aṅgulimālīyasūtra jedoch auf das »Verwandtschaftsargument« zurück, das schon in der »Lehrrede vom Buddha als dem Arzt« zur Bekämpfung der Gier nach Fleisch eingesetzt worden war: Im Laufe des *saṃsāra*, der anfanglosen Kette immer neuer Existenzen, die jedes Lebewesen durchläuft, waren alle Lebewesen schon irgendwann einmal die eigene Mutter oder Schwester oder sonst ein naher Verwandter; das Lebewesen, das jetzt ein Hund ist, war in irgendeiner früheren Existenz mein Vater. Daraus folgert der Text, daß das eigene Fleisch und das der anderen ein einheitliches oder ein einziges Fleisch *(śa gcig pa)* sind. Fleisch essen, so könnte man sagen, bedeutet: sein *eigen* Fleisch essen. Deshalb essen die Buddhas kein Fleisch.

Die Verwandtschaft aller Lebewesen kann jedoch im Aṅgulimālīyasūtra auch unabhängig von der Wiedergeburtsvorstellung auf die *tathāgatagarbha*-Lehre gegründet werden, wie es an anderer Stelle explizit geschieht: »Weil in allen Lebewesen der *tathāgatagarbha* vorhanden ist, sind alle Lebewesen (chinesisch: alle Männer) Brüder im Dharma, alle Frauen Schwestern.« Im Kontext des Fleischverzehrs verwendet der Text das »Verwandtschaftsargument« jedoch in der traditionellen Weise und bezieht aus der *tathāgatagarbha*-Idee ein unmittelbar anschließendes, zusätzliches Argument: Weil der *tathāgatagarbha,* die Buddha-Natur in den Lebewesen, in ihnen allen *ein und dieselbe* Wesenheit *(dhātu)* ist, bedeutet Fleisch zu essen stets, daß man das Fleisch von Lebewesen ißt, deren Wesenskern mit dem der eigenen Person identisch ist. Also wiederum: Fleisch essen bedeutet, sein eigenes Fleisch zu essen. Deshalb essen die Buddhas kein Fleisch.

Wenn es in dem Text nur von den Buddhas heißt, sie äßen kein Fleisch, kann dies dennoch nicht als Verweis auf eine Sonderobservanz der Buddhas interpretiert werden, der normale Menschen nicht zu folgen hätten. Denn bei der Begründung des zweifellos für alle gültigen *Tötungs*verbots mit der Einheit des allen innewohnenden *tathāgatagarbha* findet sich im Text die gleiche Formulierung.

Interessant ist, daß das Aṅgulimālīyasūtra auch auf die Frage eingeht, ob nicht das gleiche wie für Fleisch auch für Honig, Muschelgehäuse, Schuhe (aus Leder) oder Seide gilt, das heißt, ob nicht auch diese »Fleisch« des eigenen Wesenskernes seien, so daß der Buddha eigentlich auch hiervon keinen Gebrauch machen dürfte. Die Frage wird zunächst mit dem Hinweis auf die Überweltlichkeit des Buddha abgewiesen, im weiteren aber festgestellt, daß solche Dinge angenommen werden dürfen, wenn sie nicht direkt vom »Hersteller« gespendet werden.

Von Bedeutung für die Frage nach der Entstehung des buddhistischen Vegetarismus ist die Bemerkung des Textes, auch die gewöhnlichen Menschen, also wohl Nichtbuddhisten, äßen *seit langem* kein Fleisch mehr, und wenn es bei ihnen mit der Buddhalehre übereinstimmende [Anweisungen] gibt, seien auch diese samt und sonders als Anweisungen des Buddha zu verstehen; doch der tiefere Grund für den Verzicht auf Fleischverzehr, daß nämlich Fleisch essen letztlich bedeutet, sich selbst zu essen, sei ihnen, selbst wenn sie die gleiche Formulierung brauchen, nicht klar. Dies darf als Hinweis darauf verstanden werden, daß sich die Buddhisten in diesem Punkt einem schon vorhandenen Trend angeschlossen haben und nun geradezu versuchen, ihn als authentisch buddhistisch zu reklamieren. Ob die Idee, allen Lebewesen wohne die Buddha-Natur inne, diese Übernahme motiviert oder zumindest, neben gesellschaftlichen Gründen, mit motiviert hat oder ob sie nur im nachhinein als charakteristisch buddhistisches Argument zu ihrer Untermauerung eingesetzt worden ist, sei dahingestellt.

Den Eindruck, daß die Ablehnung jeglichen Fleischverzehrs in dem hier diskutierten Strang der buddhistischen Tradition eine bereits eingetretene gesellschaftliche Entwicklung aufgreift, erweckt auch das Laṅkāvatārasūtra (älteste chinesische Übersetzung 443), dessen achtes

Kapitel[3] ein umfassendes Plädoyer gegen Fleischverzehr darstellt. Auch im Laṅkāvatārasūtra heißt es nämlich, sogar die (ansonsten irregeleiteten) Nichtbuddhisten würden den Fleischverzehr ablehnen und tatsächlich auch meiden; er schicke sich deshalb erst recht nicht für Anhänger des Buddhismus als einer ganz und gar vom Mitgefühl geprägten Lehre. Auch hier drängt sich der Eindruck auf, daß der Trend zum Vegetarismus nicht etwa von den Buddhisten ausgegangen ist, sondern sich vielmehr ein Strang des Mahāyāna-Buddhismus einer solchen Tendenz, die am ehesten von spätestens mit Beginn der Gupta-Zeit zunehmend normsetzenden brahmanischen Kreisen ausgegangen sein dürfte, angeschlossen hat. Hierfür sprechen auch Einzelheiten der Terminologie und Argumentation (s. unten) und nicht zuletzt auch hier die Tatsache, daß Bodhisattvas bzw. Yogins auch Knoblauch und Zwiebeln meiden sollen, deren Verzehr bei den höheren Hindu-Kasten verpönt war.

Im folgenden gebe ich einen systematischen Überblick über die Argumente, die das Laṅkāvatārasūtra gegen den Fleischverzehr vorbringt, wobei es zum Teil Argumentationen der zuvor behandelten Texte dieses Stranges, auf die es sich ausdrücklich bezieht, aufgreift:

1. Fleischverzehr ist aus *asketisch-spiritueller* Sicht negativ zu bewerten: Er ist der Meditation und der erfolgreichen Anwendung magischer Formeln *(mantra)* abträglich. Er führt zu Gier und behindert so die Erlösung. Fleischverzehr verträgt sich vor allem nicht mit dem Mitleid und mit dem Wohlwollen *(maitrī)* des Bodhisattva, der zu allen Lebewesen eine solche Zuneigung hegen soll, wie man sie zu seinem einzigen Söhnchen hat: Wohlwollen erzeugt eine Atmosphäre des Vertrauens, Fleischverzehr hingegen eine Aura der Aggressivität (wie sie von

Raubtieren oder Dämonen ausgeht), die den Lebewesen Angst einjagt. Wie zum Beispiel Hunde vor Angst bellen, wenn sie einem Hundefleisch essenden Outcast in die Quere kommen, so fürchten sich alle Tiere schon von weitem vor einem Fleischesser, wenn sie seinen Geruch riechen. Zugleich verliert der Fleischesser aber (wohl wegen des Mangels an Wohlwollen) den Schutz der Gottheiten, wird seinerseits in der Einsamkeit für die Dämonen angreifbar und bekommt Angstzustände.

2. Zu dieser fast schon materialisierten psychischen Ausstrahlung des Fleischverzehrs gesellen sich dem Laṅkāvatārasūtra zufolge handfeste *körperliche* Auswirkungen: schlechter Mundgeruch; Würmer, Hautausschlag und dergleichen; schlechte Verdauung; schlechter Schlaf, schlechte Träume.

3. Dies wiederum hängt eng zusammen mit der *Unreinheit* des Fleisches, die das Laṅkāvatārasūtra in einer Weise betont, die eher brahmanischen Reinheitsvorstellungen als dem spirituellen Reinheitsbegriff des alten Buddhismus entspricht: Fleisch riecht übel (verbranntes Fleisch riecht wie Menschenfleisch bei der Leichenverbrennung). Fleisch hat sich aus unreinen Substanzen (Sperma und Blut) entwickelt. Manchmal werden überdies die Käufer auch noch betrogen und ihnen Fleischsorten angedreht, die allenfalls von Outcasts gegessen werden: Hundefleisch, Eselfleisch, Pferdefleisch, Bullenfleisch (!) usw., ja sogar Menschenfleisch.

4. Am Beispiel der legendären Könige Siṃhasaudāsa und Kalmāṣapāda (hier offenbar unüblicherweise als verschiedene Personen aufgefaßt) und des als Falke auf die Jagd gehenden Götterkönigs Indra demonstriert das Laṅkā-

vatārasūtra, daß exzessive Gier nach Fleisch in Extremfällen bis zum Kannibalismus führen kann.

5. Aus den genannten Argumenten ergibt sich dann fast zwangsläufig die *soziale Abträglichkeit* des Fleischverzehrs: Er bewirkt einen schlechten Ruf, ist nicht die Praxis edler Personen. Zumal die Reputation des Ordens mußte Schaden nehmen, wenn die buddhistischen Mönche (im Gegensatz vor allem wohl zu brahmanischen Weltentsagern) Fleisch aßen, wie die Raubtiere.

6. Auch im Laṅkāvatārasūtra findet sich das *Verwandtschaftsargument:* Alle Wesen sind irgendwann einmal enge Verwandte des Bodhisattva gewesen; wie könnte er da ihr Fleisch essen? Für das hierin implizierte Sich-mit-allen-Identifizieren benutzt das Laṅkāvatārasūtra den aus brahmanischen Texten vertrauten Ausdruck *sarvabhūtātmabhūta,* der sich auch im Sinne der auch den Buddhisten seit alters geläufigen Goldenen Regel interpretieren läßt: Man bemüht sich, so zu werden, daß »einem alle Wesen [wie] das [eigene] Selbst sind«. Es fehlt aber im Laṅkāvatārasūtra in diesem Zusammenhang der Hinweis auf den *tathāgatagarbha* (die in allen Lebewesen verborgene oder angelegte Buddha-Natur) und die metaphysische Wesenseinheit aller Lebewesen, obwohl das Laṅkāvatārasūtra diese Lehre in anderen Kapiteln sehr wohl vertritt. Vielleicht wollten die Verfasser mit ihrem Plädoyer gegen den Fleischverzehr auch solche buddhistischen Gruppierungen, die diese spezielle Lehre ablehnten, überzeugen.

7. Von entscheidendem *ethischem* Gewicht aber ist ein Argument, das in den zuvor besprochenen mahāyānistischen Lehrreden nicht verwendet worden war, wohl aber in brahmanischen Quellen mehrfach belegt ist: der Hin-

weis auf die indirekte Mitschuld des Essers bzw. Käufers, weil er durch seinen Konsum bzw. seine Nachfrage das Angebot anheizt. In erster Linie, so der Text, werden Tiere wegen des Geldes getötet, das man durch den Verkauf des Fleisches verdient. Wenn niemand Fleisch äße (und es also auch nicht kaufte), würde man auch keine Tiere zu diesem Zweck töten.

8. Aus dieser Mitverantwortung des Konsumenten ergibt sich seine Mitschuld, auch im Sinne des Karma; infolgedessen hat Fleischverzehr ebenso wie Töten *schlechte Wiedergeburt* zur Folge, insbesondere als Outcast, Verrückter, Raubtier oder fleischfressender Dämon oder gar in einer der Höllen.

Im Anschluß an das Mahāparinirvāṇasūtra setzt sich auch das Laṅkāvatārasūtra mit der älteren buddhistischen Tradition auseinander und vertritt wie ersteres die Auffassung, daß die im Vinaya formulierten Regeln, die Fleischverzehr unter bestimmten Bedingungen erlauben, als vorläufige Bestimmungen, die schrittweise zu vollständigem Verzicht auf Fleischverzehr hinführen sollen, gedeutet werden müssen. Einwandfreies, dreifach reines Fleisch gebe es überhaupt nicht. Mit der Aufzählung unter den feinen Speisen habe der Buddha noch lange nicht Fleisch zu einer »einwandfreien« *(kalpya)* Speise erklärt; einwandfreie feine Speisen sind auch für das Laṅkāvatārasūtra ausschließlich lakto-vegetabiler Natur. Die Behauptung, der Buddha habe selbst Fleisch gegessen, wird als Verleumdung zurückgewiesen. Wie das Mahāparinirvāṇasūtra, so betont auch das Laṅkāvatārasūtra die Unabhängigkeit des Buddha von gewöhnlicher Nahrung. Der Buddha hegt gegenüber allen Lebewesen die gleiche Zuneigung, wie man sie zu seinem einzigen Söhnchen hat;

wie könnte er da erlauben, ihr Fleisch zu essen, geschweige denn selbst Fleisch essen?

Kurz erwähnt sei noch eine vegetaristische Überarbeitung des *Śaśajātaka.* In der Pāli-Fassung stürzt sich ein frommer Hase (*śaśa*: der Bodhisattva[4]), der zur Bewirtung eines Brahmanen nichts anderes zur Hand hat, selbst ins Feuer, um dem Gast als Mahlzeit zu dienen, bleibt aber unversehrt, und der Brahmane gibt sich als Gott Sakka zu erkennen, der den Bodhisattva nur auf die Probe stellen wollte. In der vegetaristischen Umarbeitung hingegen gelingt die Selbstaufopferung – hier sind es zwei Hasen (Mutter und Sohn), die ins Feuer springen –, aber als das Fleisch gar ist und eine Baumgottheit den Brahmanen – hier ein nach der Buddhaschaft strebender Schüler des damaligen Buddha – zum Essen auffordert, weigert sich dieser, das Fleisch zu verzehren. Als jemand, der das vom Buddha verkündete Wohlwollen *(maitrī)* praktiziert, würde er sich lieber, so erklärt er, Knochen und Mark zerbrechen und sein Gehirn aus dem Kopf herausziehen, als Fleisch zu essen und Lebewesen zu verzehren. Wer Fleisch esse, dessen Praxis des Wohlwollens könne nicht vollkommen sein; ein solcher werde [in der nächsten Existenz] einen kurzlebigen, von vielen Krankheiten geplagten Körper erhalten und im Daseinskreislauf versinken, anstatt Buddha zu werden. Daraufhin faßt er den festen Vorsatz, auch in seinen zukünftigen Existenzen niemals mehr Fleisch zu essen und nach Erlangung der Buddhaschaft den Fleischverzehr zu untersagen. Anschließend springt er zu den Hasen ins Feuer und teilt ihr Schicksal.

Die strikte Ablehnung des Fleischverzehrs in den im vorigen behandelten Lehrreden (und übrigens auch des Verzehrs von Knoblauch und Zwiebeln) ist in dem vermutlich in China entstandenen *Fan-wang-ching* in einen formellen, nach Art des kanonischen Vinaya konzipierten Kodex der Verhaltensregeln für Bodhisattvas aufgenommen worden. Von den Argumenten der indischen Texte finden sich im knapp gehaltenen Text des *Fan-wang-ching* nur Andeutungen, die vor allem auf dem Mahāparinirvāṇasūtra basieren dürften: Fleischverzehr zerstöre den Samen des großen Mitgefühls, und der Fleischesser werde von den Lebewesen gemieden. Außerdem heißt es noch, er ziehe sich unermeßliche Vergeltung (das heißt schlimme karmische Folgen) zu. An anderer Stelle verwendet der Text auch das Verwandtschaftsargument sowie ein Identitätsargument, dem zufolge man, wenn man andere Lebewesen tötet und verzehrt, seinen eigenen ehemaligen Körper tötet (und verzehrt), da alle Elemente (Erde, Wasser, Feuer und Wind), also auch die, welche den Körper des Opfers bilden, in früheren Existenzen schon einmal Bestandteile des eigenen Körpers waren. In den fernöstlichen Kommentaren zum *Fan-wang-ching* finden sich weitere Argumente, von denen die meisten mit denen des Laṅkāvatārasūtra übereinstimmen. Erwähnt sei hier lediglich ein dort zumindest nicht explizit formuliertes »humanistisches« Argument: Tiere fressen einander; Menschen, die Fleisch essen, unterscheiden sich nicht von Tieren.

Das *Fan-wang-ching* hat den ostasiatischen Buddhismus nachhaltig beeinflußt. Aber wenngleich im Prinzip nicht nur Mönche und Nonnen, sondern auch Laien Bodhisattvas sein können und sich in diesem Fall an die entsprechenden Regeln zu halten hatten, ist der Verzicht auf Fleischverzehr doch im wesentlichen zu einem charakteristischen Bestandteil der Ernährung der Mönche und Nonnen geworden. In Taiwan ist dies noch heute so. In Japan dagegen hat kurz nach der Meiji-Reform (1868) die japanische Regierung Zölibat und Fleischverbot für alle Priester aufgehoben. Allerdings sind schon aus dem frühmittelalterlichen Japan[5] Religiose bekannt, die, offenbar mit Frau, in der Einsamkeit lebten und sich von Fleischresten der Rinder- und Pferdeschlachthäuser ernährten. Wohlbekannt ist die Begründung eines »Laienpriestertums«, bei dem sich die Aufgabe des Zölibats mit einer weitgehenden Aufhebung des Verbotes, Fleisch zu essen, verband, durch Shinran (1173–1262). Auf ihn geht die »wahre Schule des Reinen Landes« (Jōdoshinshū) zurück, die das Heil nicht von einer formellen Einhaltung der Gebote, sondern allein von der mitleidvollen Hilfe Amida Buddhas erwartet und auf diese Weise auch Fischern und Jägern eine Chance einräumt. Andererseits bestand aber offenbar auch ein Bedürfnis, den Verzehr von Fleisch und Fisch und die damit verbundene Tötung des Tieres irgendwie mit buddhistischen Prinzipien zu rechtfertigen, indem etwa erklärt wird, das (an sich soteriologisch chancenlose) Tier könne, indem es durch den Verzehr in den Menschen eingeht und an seinem Karma teilhat, zusammen mit ihm die Buddhaschaft erlangen, so daß sich der Verzehr als ein Akt der Barmherzigkeit darstellen läßt.

Tantrischer Buddhismus

Nur streifen kann ich die komplexe Frage des Fleischverzehrs im sogenannten tantrischen Buddhismus oder »Diamantfahrzeug« (Vajrayāna), der in der zweiten Hälfte des ersten nachchristlichen Jahrtausends zunehmend hervortretenden ritualistisch-esoterischen Form des Buddhismus, mit einer starken magischen Komponente und, vor allem in späteren Richtungen, einer ausgeprägten Vorliebe für unkonventionelle, ja schockierende Praktiken.

Als Vorstufe zumindest eines Aspektes dieser Entwicklung kann das allmählich zunehmende Auftreten von Beschwörungs- und Schutzformeln *(mantra, dhāraṇī)* in manchen Texten des Mahāyāna, aber auch des konservativen Buddhismus gelten. Einer solchen waren wir bereits im Hastikakṣyasūtra begegnet, wo ihre Anwendung mit Verzicht auf Fleischverzehr verbunden war. Auch aus späterer Zeit lassen sich Beispiele dafür anführen, daß die Anwendung von Mantras bzw. die Durchführung von Ritualen Abstinenz von Fleischgenuß einschließt.

Umgekehrt können Formeln (ähnlich wie in vedischer Zeit) aber auch eingesetzt werden, um unerwünschte Wirkungen von Handlungen abzuwenden, und genau dies geschieht in der »Lehrrede, in der Mañjuśrī [dem Buddha] Fragen stellt« *(*Mañjuśrī-paripṛcchā-sūtra)* im Hinblick auf Fleischverzehr. Hier heißt es zunächst, der Laien-Bodhisattva solle kein Fleisch essen, wenn das Tier eigens für ihn getötet worden ist, er dürfe aber, wenn er wolle, Fleisch essen, sofern es, »[totem?] Holz gleich, schon von selbst abgestorben (?; wörtl.: verfault) ist«. Falls er [solches? oder anderes?] Fleisch essen wolle, solle er dreimal eine bestimmte Formel, in der unter anderen die Worte »ohne Selbst« *(anātman)* und »leblos« *(ajīvat)* oder »Leblosigkeit« *(ajīvatā)* anklingen, rezitieren; dann erst dürfe er das Fleisch essen. Das totale Fleischverbot im Laṅkāvatārasūtra usw. ist nach Auffassung der Mañjuśrīparipṛcchā nur für Personen gedacht, die aus Mangel an Mitgefühl gerne töten und verletzen. Wer keine solche Absicht hegt und großes Mitgefühl besitzt, begeht keine Verfehlung, wenn er Fleisch ist (vgl. das Jīvakasutta), zumal dann nicht, wenn dies der Bekehrung anderer Lebewesen dient. Shimoda (1997, S. 415 f., siehe Anm. 1) hat, zumal angesichts der Tatsache, daß unmittelbar anschließend auch der Verzehr von Knoblauch (außer in Arzneien) untersagt wird, gewiß recht mit der Annahme, die Mañjuśrīparipṛcchā sei auf dem Hintergrund der generellen Tabuierung des Fleischverzehrs zu verstehen und wolle durch den Einsatz des Mantra vor den Folgen des Tabubruchs schützen. Es bleibt aber offen, ob es dabei nur um die Vermeidung von ritueller bzw. sozialer Unreinheit geht oder nicht doch auch um die Bannung der Gefahr, der man sich mit dem Verzehr des Fleisches aufgrund des Zusammenhangs mit Töten oder doch Tod auszusetzen glaubt, wobei ein Nachwirken der alten Vorstellung von der Rache des verzehrten Tieres nicht auszuschließen ist. Die Betonung der Leblosigkeit in dem Mantra scheint mir jedenfalls in diese Richtung zu weisen.

Erschien in dem soeben behandelten Text Fleischverzehr zwar unter bestimmten Bedingungen zulässig, aber offenbar doch nicht ganz geheuer und gewissermaßen der »Dekontamination« durch eine Schutzformel bedürftig, so spielt er in zumindest einem Teil des eigentlichen Vajrayāna eine wichtige Rolle, gerade weil er in den normsetzenden Gesellschaftsschichten (und, wie wir sahen, auch in bestimmten mahāyāna-buddhistischen Kreisen) in Mißkredit geraten war. In diesem Strang des Vajrayāna wird gerade der bewußte und extreme Tabubruch, die Mißachtung der gängigen Unterscheidung zwischen »rein« und »unrein«, als Mittel zur Vollkommenheit *(siddhi)* angesehen, sowohl im Sinne der Erlangung »weltlicher Vollkommenheiten«, das heißt übernormaler Kräfte und Einflußmöglichkeiten (auch bedrohlicher), wie auch im Sinne der höchsten spirituellen Vollendung, der Buddhaschaft. Zu den in diesem Rahmen eingesetzten Mitteln gehört, neben Alkoholkonsum und sexueller Vereinigung, auch Fleischverzehr, insbesondere der Verzehr besonders stark tabuierter und abscheuerregender Fleischarten: Rind-, Elefanten-, Pferde-, Hunde- und Menschenfleisch bzw. eine Mischung daraus.[6]

Es sei dahingestellt, in welchem Umfang solche Rituale tatsächlich mit diesen Substanzen durchgeführt worden sind oder vielmehr, wie es zumindest später in Tibet üblich geworden ist, mit Substituten bzw. bloß visualisierten Ingredienzen. Ursprünglich haben wir es aber doch wohl mit einem Strang der indischen Religiosität zu tun, in dem solche Praktiken wirklich vollzogen wurden und der sich auch außerhalb des Buddhismus, etwa im Śivaismus, fassen läßt. Es liegen hier offenbar archaische Vorstellungen zugrunde wie etwa die, daß man durch die kultische Mahlgemeinschaft und Vereinigung mit übermenschlichen Wesen wie den (menschen)fleischfressenden Ḍākinīs (weiblichen Gottheiten) mit diesen verschmilzt und an ihren Kräften und ihrem geheimen Wissen partizipiert, oder die, daß man durch den Verzehr eines anderen (zumal eines außergewöhnlichen) Menschen dessen Kräfte in sich aufnehme oder für sich nutzbar machen könne. Die Integration solcher Praktiken (real oder virtuell) in die buddhistische Spiritualität war durch die Lehre von der Leerheit *(śūnyatā)* vorbereitet, die die letztliche Nichtigkeit aller begrifflichen Konstrukte, Gegensätze und Bewertungen beinhaltet, mit dem Ziel der *inneren* Loslösung von ihnen. Charakteristisch für den Tantrismus ist, daß er diese Nichtigkeit in rituellen Handlungen und die Befreiung von ihnen sinnfällig zu machen versucht und dabei die traditionellen Normen nicht nur gedanklich bzw. in mystischer Erfahrung transzendiert, sondern (zumindest im Rahmen des Rituals) auch praktisch durchbricht.[7]

Einbindung von Fleischverzehr (neben Alkoholgenuß und sexueller Vereinigung) in die Erlösungspraxis war auch außerhalb Indiens charakteristisch für bestimmte Richtungen des Vajrayāna, so etwa für die Aris in Burma oder die tantrische Tachikawa-Schule in Japan.

Buddhismus der Gegenwart

Im gegenwärtigen Buddhismus wird das Thema Vegetarismus/Fleischverzehr lebhaft diskutiert. Als ein bemerkenswertes Beispiel sei hier zunächst der malaysische Mönch Piyasīlo vorgestellt, der diesem Thema eine eigene Broschüre gewidmet hat (*The Nearer the Bone, the Sweeter the Meat? Buddhism and the Meatless Diet.* Petaling Jaya Malaysia 1989 [The Neo-Buddhist Series No. 7]). Piyasīlo vertritt darin einen Ovo-Lakto-Vegetarismus (S. 25; 44–48). Er hält es für ungerechtfertigt, allein auf den Wortlaut der kanonischen Texte zu bauen, da sie erst Jahrhunderte nach dem Tode des Buddha verfaßt wurden, und warnt insbesondere vor einer Überbewertung des Pāli-Kanons (S. 3–6). Der Buddhismus sei keine »Buchreligion«, sondern eine Religion der existentiellen Erfahrung (S. 2f.; 7f.). Bei der Interpretation der kanonischen Stellen sei es das Entscheidende, deren *Geist* zu erfassen (S. 8). Deshalb empfiehlt er, statt Textgläubigkeit, Ernst zu machen mit der Spiritualität des Mitleids und des Respekts vor dem Leben (S. 2; 26).

Angesichts dieser Einstellung spürt man bei Piyasīlo eine deutliche Sympathie gegenüber der Position der den Fleischverzehr ablehnenden Mahāyānasūtras. Im Sinne Seyfort Rueggs (siehe Piyasīlo, S. 51) vertritt er die Auffassung, der Vegetarismus der Mahāyāna-Buddhisten sei nicht auf hinduistischen Einfluß zurückzuführen, sondern im Anschluß an das Aṅgulimālīyasūtra in der *tathāgatagarbha*-Lehre begründet (S. 15 f.). Nachdrücklich betont er ferner den Kausalzusammenhang zwischen

Fleischkonsum und Fleischangebot (S. 13; 22 f.). Dieser gelte auch für die Mönche. Zwar sei ursprünglich die Zahl der Mönche ziemlich klein gewesen, und sie hätten überdies bloß Fleischreste erhalten; heute hingegen müsse eine erhebliche Zahl von Mönchen verköstigt werden, die durch ihren Fleischverzehr indirekt die Nachfrage und damit auch das Angebot erheblich anheizten (S. 23). Piyasīlo meint, die Mönche könnten, wenn sie nur wollten, den Laien leicht verständlich machen, daß sie kein Fleisch wünschten (S. 23). Überdies müsse der Mönch nicht alles aufessen, was er erhält (S. 23) (wobei man allerdings die Frage schwer unterdrücken kann, inwiefern durch das Wegwerfen einmal angenommenen Fleisches die Nachfrage beeinflußt wird).

Piyasīlo ist bemüht zu beweisen, daß die Auffassung, der Buddha habe selbst Fleisch gegessen, unbegründet sei. Nirgendwo im Pāli-Kanon werde ausdrücklich festgestellt, daß der Buddha Fleisch gegessen habe (S. 27). Bei der Geschichte von der Bewirtung durch den Heerführer Sīha handle es sich möglicherweise um eine spätere Interpolation, und sie beweise allemal nur, daß ein nennenswerter Teil der (eingeladenen?) Ordensmitglieder Fleisch verzehrt hat (S. 9 f.). Im Falle des *sūkara-maddava* des Mahāparinibbānasutta betont er die schon von den Pāli-Kommentatoren bezeugte Existenz alternativer Deutungen und zitiert das Argument von E. J. Thomas, dem zufolge, wenn Schweinefleisch gemeint wäre, man das übliche Wort *sūkara-maṃsa* erwarten würde (S. 11). Die Aṅguttaranikāya-Stelle, der zufolge der Buddha ein Schweinefleisch-Gericht angenommen hat, läßt Piyasīlo unerwähnt; vermutlich zweifelt er an ihrer Authentizität.

Piyasīlo versucht, eine vegetarische Ernährungsweise auch mit *nichtreligiösen* Argumenten zu stützen. Das hatte auch das Laṅkāvatārasūtra schon getan, nur daß sich

Piyasīlo verständlicherweise moderner Kategorien und Sichtweisen bedient, indem er etwa erklärt, der Mensch sei ursprünglich ein Pflanzenfresser gewesen (S. 19), oder darauf hinweist, daß bei Rückgriff auf ein tieferes Niveau der Nahrungskette mehr Energie verfügbar gemacht werden könne (S. 19 f.) oder daß Fleischverzehr mit Gesundheitsrisiken verbunden sei (S. 23 f.). Es versteht sich von selbst, daß dieser Art von Argumenten aus buddhistischer Sicht lediglich eine pädagogische Hilfsfunktion zukommen kann, so daß Piyasīlos Position letztlich nicht davon abhängt, inwieweit sie sachlich zutreffend sind.

In wesentlichen Punkten und manchen Details stimmt Piyasīlos Position mit der des amerikanischen Zen-Meisters Philip Kapleau, auf den er mehrfach ausdrücklich Bezug nimmt, überein. Auch Kapleau (*To Cherish All Life: A Buddhist View of Animal Slaughter and Meat Eating.* Rochester, New York 1981) stützt sein Plädoyer für eine vegetarische oder ovo-lakto-vegetarische Ernährung zusätzlich mit nichtreligiösen Überlegungen, indem er, zum Teil ausführlich, darlegt, daß der menschliche Organismus von Natur aus auf pflanzliche Nahrung angelegt sei (S. 55), daß der Proteinbedarf auch durch pflanzliche Nahrung voll gedeckt werden könne (S. 59–65), daß Fleischverzehr erhebliche Gesundheitsrisiken in sich berge (S. 67–73) und daß der exzessive Fleischkonsum der Industrieländer auf Kosten der Entwicklungsländer und der Umwelt gehe (S. 75–79).

Im Zentrum stehen aber auch bei ihm genuin buddhistische Argumente. Direkt gegen den Fleischverzehr verwendet wird das »Verwandtschaftsargument«, das ihn als eine Art Kannibalismus erscheinen läßt (S. 20). Eher indirekt eingesetzt wird das Argument der in allen Lebewesen, also auch in den Tieren, vorhandenen Buddha-Natur, die einerseits alles Leben heilige (S. 20), andererseits die Quelle des Mitleids sei (S. 19) und somit gewissermaßen objektiv und subjektiv das erste buddhistische Gebot, keine Lebewesen zu töten oder zu quälen, begründe (S. 19). Die Verpflichtung zu totalem Verzicht auf den Verzehr von Fleisch (einschließlich Fisch) ergibt sich für Kapleau aus dem unabweisbaren Zusammenhang von Fleischverzehr und Töten, von Nachfrage und Angebot (S. 19 f.; 30; 43; 45), die den Fleischesser und -käufer zum Mitschuldigen macht und zum Mitschuldigen nicht nur am Töten der Tiere, sondern auch an den ihnen vor und bei der Schlachtung und, vor allem (aber keineswegs nur) in der industrialisierten Fleischproduktion, oft auch schon während der Aufzucht und Haltung zugefügten unsäglichen Qualen. Gerade diese führt Kapleau dem Leser mit einer erschütternden Schilderung der Brutalitäten moderner Massentierhaltung, Tiertransporte und Schlachthäuser (S. 9–14), aber auch der Grausamkeiten des Walfangs (S. 46–51) eindringlich vor Augen. Mit dieser nachdrücklichen Betonung der mit der Fleischerzeugung (zumal der modernen) verbundenen Tierquälerei rückt Kapleau ein Argument ins Zentrum, das in den Textzeugnissen der buddhistischen Tradition vergleichsweise selten zur Sprache kommt.

Neben dieser ethischen Argumentation findet sich bei Kapleau aber auch eine spirituelle: Fleischverzehr verhindert das Erreichen der höheren Stufen der spirituellen Vervollkommnung, weil es die niederen Triebe anregt und innere Unruhe verursacht (S. 32). Den Grund hierfür sieht Kapleau darin, daß es Giftstoffe enthält, die sich durch die Angst und Panik, die das Tier bei der Schlachtung durchmacht, bilden (S. 32; 68). Diese Auffassung führt nun aber Kapleau zwingend zu der These, es habe niemals, weder vor noch während noch nach der Zeit des Buddha, einen echten spirituellen Meister gegeben, der Fleischverzehr verteidigt oder seine negative spirituelle Auswirkung bestritten hätte (S. 30). Damit ist aber für Kapleau undenkbar, daß der Buddha den Mönchen Fleischverzehr gestattet haben oder gar selbst Fleisch gegessen haben könnte, so wie er es auch undenkbar findet, daß der Buddha den generellen Kausalzusammenhang zwischen Fleischkonsum und Angebot übersehen oder ignoriert haben könnte (S. 30 f.; 33). Die letzte Mahlzeit des Buddha kann also nicht aus Schweinefleisch bestanden haben, sondern es müssen Pilze gewesen sein (S. 24 f.). Die Erlaubnis, Fleisch und Fisch anzunehmen, wenn es nach drei Gesichtspunkten rein sei (das heißt, der Mönch weder gesehen noch gehört noch den begründeten Verdacht hat, daß das Tier eigens für ihn getötet worden ist), und die Anweisung, wonach nur bestimmte Fleischarten vom Verzehr auszunehmen sind, können unmöglich dem Buddha zugeschrieben werden (S. 29–32) und müssen Verfälschungen seiner Lehre sein (S. 34), die fleischgierige Mönche und Schreiber nachträglich in den Text des Pāli-Kanons eingeschleust haben (S. 39–41). Die wahre Lehre des Buddha ist für Kapleau in Mahāyāna-Lehrreden wie dem Laṅkāvatārasūtra überliefert (S. 33 f.), zumindest aber ihr Geist, auf den allein es – Texte hin, Texte her – zumindest in der Zen-Tradition ankommt (S. 43).

Schlußbemerkung

Aus historisch-philologischer Sicht wird man, bei unvoreingenommener Betrachtung, wohl um ein Zugeständnis nicht umhinkommen: Alle Indizien sprechen dafür, daß im älteren Buddhismus (es handelt sich ja nicht nur um den Pāli-Kanon, sondern ebenso um die Parallelüberlieferungen anderer Schulen, soweit erhalten!) keine grundsätzlichen Bedenken gegen Fleischverzehr bestanden und daß die ältere Tradition, auch was den Buddha selbst angeht, hieran keinen Anstoß genommen zu haben scheint und jedenfalls keinerlei Hinweis auf eine konsequent vegetarische Ernährung des Buddha bewahrt hat. Gewiß, angesichts der im einzelnen ungeklärten Entstehungsgeschichte der kanonischen Texte kann nicht mit Sicherheit ausgeschlossen werden, daß die ursprüngliche Situation von heterogenen Elementen überlagert worden ist. Aber angesichts des eingangs skizzierten ideengeschichtlichen Hintergrundes erscheint es doch natürlich, daß zwischen Fleisch und pflanzlicher Nahrung zunächst kein so fundamentaler Unterschied gemacht wurde, wie er sich bei einer expliziten Ausgliederung der Pflanzen aus dem Bereich der fühlenden Wesen aufzwingt. Bezeichnend ist, daß eine konsequente Meidung von Fleisch und Fisch (wie bei Devadatta) zunächst nur asketisch, nicht ethisch motiviert war. Ich sehe aber nicht, warum eine Anerkennung dieser historischen Fakten bzw. Wahrscheinlichkeiten heutige Buddhisten daran hindern sollte, im Sinne etwa Piyasīlos und Kapleaus für eine auf Fleisch und Fisch verzichtende (ovo-lakto-)vegetarische Lebensweise einzutreten. Denn ähnlich wie dies seinerzeit schon bei den Verfassern der behandelten Mahāyāna-Texte der Fall war, kann man sich angesichts grundlegender Veränderungen der gesellschaftlichen Strukturen, der Tierhaltung und der ökologischen Situation, die eine Einsicht in den generellen Zusammenhang zwischen Nachfrage und Angebot unabweisbar aufdrängen, vom *Geist* der buddhistischen Ethik dazu durchaus motiviert, ja gezwungen fühlen.

Speise für die Toten – Speise aus den Toten – Ahnenopfer und Kannibalismus in China

Silvia Freiin Ebner von Eschenbach

Einleitung

In China werden die Toten für ein Leben nach dem Tod gespeist, denn nach dem Tod haben die Menschen dieselben Bedürfnisse wie zu ihren Lebzeiten. Den Angehörigen kommt daher die Aufgabe zu, die Toten mit Nahrung zu versorgen. Diese Totennahrung bringen die Angehörigen ihren Verstorbenen in Form eines Opfers dar. Die Seele eines Toten findet erst ihren Frieden, wenn sie die ihr zukommenden Opfer empfängt. Sie bedarf dringend dieser Opfer, um den Übergang in eine neue Daseinsform, das »Leben« nach dem Leben, vollziehen zu können. In dieser neuen Daseinsform kann die Totenseele dann dank der Opfer ihrer Angehörigen als Ahnenseele *(shen)* fortleben.

Zugleich soll das Totenopfer sicherstellen, daß die Toten nicht mehr zu den Lebenden zurückkehren. Unter den Lebenden herrscht ständig die Angst, Tote könnten sie als Wiedergänger *(gui)* heimsuchen. Diese Angst ist nicht unbegründet, denn es gibt Fälle, in denen Tote nicht den Riten gemäß ernährt werden können: Wenn Menschen fern der Heimat oder ohne männliche Nachkommen sterben, wenn sie gewaltsam ums Leben gekommen sind oder ihre Leiche nicht mehr vollständig vorhanden ist, können sie keine Opfer erhalten oder annehmen. Sie irren obdachlos, verwaist und hungrig umher, zum Beispiel als sogenannte Hungergeister *(egui)*. Stets auf der Suche nach Nahrung, stehlen sie anderen Seelen die Opferspeisen. Da sie keine Angehörigen haben, die für sie sorgen, sind sie für jedermann verfügbar und können daher im Falle, daß Fremde sie durch Speiseopfer in die Pflicht nehmen, in deren Auftrag Unheil stiften.[1]

Die Speisung der Ahnen und das Glück der Nachkommen: Die Exklusivität des Ahnenopfers

Während die Seelen der Toten von den Speiseopfern der Nachkommen abhängig sind, gilt auch umgekehrt, daß die Nachkommen auf die Seelen der Toten angewiesen sind. Bei den Toten, die Opfer von ihren Nachkommen erhalten, handelt es sich ausschließlich um die Ahnherren der Familie mit ihren Frauen in direkter Linie, das heißt um die Eltern, die Großeltern und so weiter. Den Toten dürfen stets nur die eigenen Nachkommen opfern. Personen, die nicht zur Familie gehören, sind davon ausgeschlossen. Das Glück der Menschen hängt davon ab, ob sie ihre eigenen Ahnen mit Opfern zufriedenstellen. Opfer fremder Personen bringen kein Glück. Das Wort für »Opferfleisch« *(zuo)* bedeutet daher auch »Glück«. Wenn sie ihren Ahnen opfern, hoffen die Angehörigen, daß sie ihnen Glück in Gestalt vieler Söhne und Enkel bescheren. Nur männliche Nachkommen können die Familie fortsetzen und so wiederum die Versorgung der Ahnen mit Opfern sicherstellen.[2]

Tote und Lebende einer Familie sind also stets aufeinander angewiesen. Diese wechselseitige Beziehung beruht darauf, daß zwischen den Ahnen und den Nachkommen dieselbe Lebensenergie *(qi)* zirkuliert. Die Vorstellung vom Zirkulieren der Lebensenergie ist zugleich grundlegend für das Verständnis der Totenspeisung. Die Lebensenergie als eine alles durchströmende unsichtbare Energie ist in den Opferspeisen enthalten und kann von den Toten aufgenommen werden, da Körper und Seele auch der Toten durch diese Energie miteinander verbunden sind. Wie schnell sich die Lebensenergie nach dem Tod verflüchtigt, hängt davon ab, wie sorgfältig die Angehörigen ihre Toten ernähren.

Wenn die Seele des Toten dem neuen Status einer Ahnenseele entgegenstrebt, braucht sie Nahrung. Ist durch die richtige Versorgung der Totenseele mit Nahrung der Übergang in die andere Welt der Ahnen dann geglückt, lebt sie dort eine Zeitlang als individuelle Ahnenseele weiter. Nach einigen Generationen verliert sie ihre Individualität und geht in die Gemeinschaft aller anderen Ahnen vor ihr ein. Wie lange sie als Individuum fortbestehen kann, hängt davon ab, wie gut sie weiterhin ernährt wird. Die Ernährung der Ahnen ist jedoch ein soziales Privileg. Die Ahnenopfer und damit die Dauer individueller Identität nach dem Tode hängt daher davon ab, ob der Tote einer Familie der Oberschicht oder einer einfachen Familie angehört. Er kann auf jeden Fall bis zur zweiten Generation als Ahne weiterexistieren, höchstens aber bis zur siebten. Die wohlgenährte Seele eines Fürsten verflüchtigt sich also nicht so schnell wie die eines Gemeinen, die nach dem Tod alsbald kraftlos verlischt. Ein sterbender Fürst soll daher schon einmal selbst rechtzeitig vor seinem Tode Vorsorge getroffen haben, indem er gehaltvolle Nahrung, wie Bratfische, die in Fett schwimmen, in sich hineinstopfte und sich mit belebenden Getränken, wie etwa mit Pfeffer gewürztem Wein, vollaufen ließ.[3]

In China herrscht bezüglich des Totenopfers die Vorstellung der sozialen Hierarchie in der anderen Welt der

Ahnenseelen, der sozialen Distanz des Opfernden zum Empfänger des Opfers und der sozialen Exklusivität der Opfernden im Hinblick auf die Empfänger des Opfers. Ahnen, die als Ahnenseelen ihren Platz in der sozialen Hierarchie der Vorfahren eingenommen haben, müssen wie Gottheiten verehrt werden. Der Übergang von einer vergöttlichten Ahnenseele zu einer Gottheit ist fließend, wie ja auch Ahnenseelen und Götter im Chinesischen mit demselben Ausdruck als *shen* bezeichnet werden. Persönlichkeiten, die sich um das Gemeinwesen verdient gemacht hatten, konnten posthum vom Staat zur offiziellen Anbetung ausgewählt werden und durch die Aufnahme in den »Opferkanon« *(sidian)* einen gottgleichen Status erhalten. Die Ahnen der Herrscherfamilie dagegen besaßen von vornherein diesen gottgleichen Status und die damit verbundene magische Kraft mit Verfügungsgewalt über Wetter und Fruchtbarkeit des Bodens, über Tiere und Menschen und über das Schicksal des gesamten Reiches. Entscheidend war, daß klar definiert wurde, wer dazu berechtigt war, sich der spirituellen Macht posthum vergöttlichter Menschen zu bedienen, indem er sie durch Opfer nährte: Der gemeine Mann durfte nur seine eigenen Ahnen und eine abgegrenzte Gruppe verdienter Persönlichkeiten verehren. Bei den Beamten war diese Gruppe etwas größer. Zu den höchsten Gottheiten hatten nur der Kaiser und der Hof Zugang. Unautorisierte Opfer, bei denen sich der Opfernde den Zugriff auf die Macht von Ahnen anderer oder hochgestellter Gottheiten zu sichern vermeinte, galten als ein Zeichen von Auflehnung gegen die Staatsgewalt und wurden daher als »unmoralische Opfer« *(yinsi)* bezeichnet.[4]

Die Bedingung der sozialen und seinsmäßigen Differenzierung der Totenspeisung kommt zum Ausdruck in der Wahl der Nahrungsmittel, ihrer Zubereitung, den

Kochgeräten, den Gefäßen, in denen serviert wird und dem Personal, das bedient.[5] Seit der Han-Zeit (206 v. Chr. – 220 n. Chr.) gibt es klare Vorschriften für die Speisen bei Traueranlässen und verfeinerte Sitten für den rituellen Gebrauch der Speisen. Art und Menge der Speisen, welche geopfert und verzehrt werden dürfen, hängen vom sozialen Status ab: Ein Gemeiner sollte sich vegetarisch ernähren und Fisch als Opfer darbringen. Einem Gelehrten *(shi)* war es erlaubt, Fisch zu essen und ein Tier als Opfer darzubringen. Ein hoher Beamter durfte Schwein essen und ein Schwein sowie ein Schaf opfern. Einem Minister war es gestattet, ein Schwein und ein Schaf aufzutischen und einen Ochsen als Opfer darzubringen. Ein Lehensfürst dagegen durfte einen Ochsen verzehren und ein Schwein, ein Schaf und einen Ochsen zusammen opfern. Der Kaiser gar konnte ein Schwein, ein Schaf und einen Ochsen beim Bankett servieren lassen und zusammen drei Schweine, Schafe und Ochsen als Opfer darbringen.[6]

Fasten und Opfern: Das Mahl der Toten und der Lebenden

Die in den Ritenhandbüchern der Han-Zeit niedergelegten Opfervorschriften behielten in den Familien der Oberschicht bis zum Ende der Qing-Dynastie (1644–1911) ihre Gültigkeit. Daß jedoch die rituelle Praxis sich teilweise von den Vorschriften der Handbücher unterschied und in ihrer Vielfalt über sie hinausging, konnte anhand archäologischer Funde nachgewiesen werden.[7] Feldstudien zum heutigen Brauchtum weisen in die gleiche Richtung. Sie belegen zum einen die Gültigkeit der Ritenhandbücher bis heute, bieten zum anderen neue Erklärungsansätze, die sich nicht explizit aus den Ritenhandbüchern erschließen.

Grundsätzlich wird unterschieden zwischen den Opferspeisen, die vor der Beerdigung, während der Beerdigung selbst und nach der Beerdigung serviert werden. Nach der Beerdigung wird dem Verstorbenen als Ahnenseele zu bestimmten Zeiten am Grab und zu bestimmten Zeiten in der Ahnenhalle geopfert. Es besteht auch ein Unterschied zwischen den Speisen, die der Ahnenseele in der Ahnenhalle, und denen, die ihr am Grab geopfert werden. In der Ahnenhalle stellen die Angehörigen für die Ahnenseele eine Tafel als »Seelensitz« *(shenwei)* auf, damit sie sich darauf niederläßt, um die Opfer entgegenzunehmen.

Die Nahrung, derer die Ahnenseele in der anderen Welt bedarf, ist diesseitiger Natur. Sie wird mit Feldfrüchten, Fleisch und Wild versorgt. Schon unter den frühesten historisch faßbaren Dynastien der Shang (16.–11. Jahrhundert v.Chr.) und der Zhou (1045–221 v.Chr.) herrschte die Vorstellung, daß die Seelen der Toten nach *echter* Nahrung verlangen. Die Bronzeinschriften aus der Zhou-Zeit belegen, daß die Tiere, die ein König nach dem Tod als Opfer empfing, dieselben waren wie die, die er bereits zu Lebzeiten zu verspeisen pflegte.[8]

Von frühester Zeit an wird dem Toten vor der Beerdigung roher Reis *(mi)* in den Mund gestopft. Der Reis soll seine Lebensenergie stärken *(buqi)* und ihn so für seinen Weg in die andere Welt wappnen. Zunächst reicht der Haupttrauernde dem Toten dreimal eine Schale mit einem alkoholischen Getränk und nimmt dann den Reis mit Stäbchen aus einer Schale auf, um sie dem Toten dreimal zum Mund zu führen. Am Tag der Beerdigung serviert er dem Toten dann nicht mehr vegetarische, sondern tierische Opferspeisen. Unter den als Opferspeisen dargereichten Fleischgerichten kommt dabei dem Schweinskopf zusammen mit dem Schwanz des Schweins besondere Bedeutung zu. Zum Abschluß der Opfer spendet der Haupttrauernde dem Verstorbenen abermals ein dreifaches Trankopfer in Form eines alkoholischen Getränkes.[9]

Solange der Tote noch nicht den Status einer Ahnenseele erlangt hat, sich also noch im Übergangsstadium befindet, versorgen ihn seine Nachkommen nicht nur mit Wegzehrung, sondern sie erlegen sich selbst Enthaltsamkeit von Nahrung auf. Sobald der Tote die Opferspeisen erhält, beginnt für die Angehörigen das Fasten. Denn je mehr die Angehörigen fasten, desto mehr kann der Verstorbene von den Opferspeisen aufnehmen. Die Trauernden müssen so lange fasten, wie der Tote noch nicht zur Ahnenseele geläutert ist. Im Haus darf daher für die Angehörigen drei Tage lang nicht gekocht werden. Die Trauernden nehmen nur karge Mahlzeiten zu sich, verzichten auf Fleisch, Alkohol und Schlemmereien.[10] Beispielsweise wurde während der Trauerzeremonien für die Kaiser der Ming- (1368–1644) und Qing-Dynastie (1644–1911) für 49 Tage ein Schlachtverbot verhängt. Während der 27tägigen »Großen Trauer« mußte gefastet werden. Der neue Kaiser als Leiter der Trauerzeremonien hatte sich von Fleisch und Alkohol zu enthalten. Drei Tage vor Aufbruch des Leichenzuges zum kaiserlichen Mausoleum wurde den Teilnehmern des Zuges geboten zu fasten, und es bestand das Verbot, Tiere zu schlachten. Auch der gesamte Hof aß weder Fleisch noch stark riechende Gemüse und trank keinen Alkohol.[11]

Während sich der Tote im Übergang zur Ahnenseele befindet, halten die Angehörigen nach der täglichen Speisung des noch unbeerdigten Verstorbenen ein Abschiedsmahl. Die Speise für den Toten wird zwar noch gekocht, aber nicht mehr mundgerecht geschnitten. Die Speisen, die die Angehörigen während der Beerdigung am Grab darbringen, sind dann überhaupt nicht mehr zubereitet. Sie bleiben roh und trocken und werden auch nicht mundgerecht geschnitten. Sie sind also für die Lebenden ungenießbar. In historischer Zeit bestand diese Opferspeise am Grab meist aus getrockneten Pilzen, gedörrtem Fisch und Fleisch sowie aus trockenen Nudeln und Bohnenquark. Heutzutage sind es Kekspackungen und Flaschen oder Dosen, die dann aber ungeöffnet bleiben. Die Qualität der am Grab dargebrachten Opferspeisen erreicht fast die Qualität der Speisen, die den Göttern geopfert werden. Die den Göttern geopferten Speisen sind noch weniger durch Zubereitung verändert und dem menschlichen Essen daher noch weniger ähnlich. Der Grad der Genießbarkeit der Speisen, das heißt ihrer Zubereitung durch Kochen und Schneiden, nimmt also ab, je unähnlicher die Adressaten des Opfers, also die Ahnenseelen oder die Götter, den Opfernden, das heißt den Lebenden, sind.[12]

Wie aus einem in der Han-Zeit zusammengestellten Ritenhandbuch hervorgeht, war es bereits unter der Zhou-Dynastie Sitte, den Toten zusammen mit den entsprechenden Speisen zu bestatten. Opferfleisch wurde körbeweise auf Karren verladen und neben dem Sarg in das Grabgewölbe eingebracht, gefolgt von Tonkrügen mit Reisschnaps und anderen Alkoholika. Die Menge bemaß sich nach der gesellschaftlichen Stellung des Verstorbenen.[13] Die Aussage der han-zeitlichen Ritenhandbücher wird durch archäologische Funde aus Gräbern bestätigt: In den Gräbern der Han-Zeit fand man zahlreiche Gefäße für Speisen und Getränke, die vermutlich für die Opfer bereitgestellt wurden. Im Jahre 1972 kamen bei der Ausgrabung eines han-zeitlichen Grabes 48 Bambuskisten und 51 Porzellangefäße, die weitgehend Nahrungsmittel enthielten, zutage. In den Nebenräumen der

Grabkammer entdeckte man, in Hanfsäcken verpackt, weitere Nahrungsmittel, verschiedene Getreide und Früchte, Fisch, Wild und Fleisch von Schwein, Rind, Hund, Schaf und Geflügel.[14] Seit der Han-Dynastie hat man in den Gräbern auf Wandgemälden und Steinreliefs auch dargestellt, wie zu Lebzeiten des Toten die Speisen in der Küche zubereitet und anschließend bei Banketten verzehrt wurden. So gut sollte es dem Toten auch in der anderen Welt gehen.

Nach der Beerdigung werden an zahlreichen Totengedenktagen verschiedene Opfermahle für die Ahnen abgehalten. Solche Gedenktage finden statt am jeweiligen Todestag, an den allgemeinen Totengedenktagen *(qingming)* Anfang April[15], am buddhistischen Allerseelenfest *yulanpen* Mitte Juni (seit der Tang-Dynastie, 618–907)[16] und am Fest der »Winterkleider« *(hanyi)* Mitte November[17] sowie am ersten und 15. Tag jedes Monats. Totengedenkfeiern sind zugleich Festtage des »Erdgottes« (Houtu/Tudigong)[18]. Seit der Tang-Dynastie fällt daher das buddhistische Allerseelenfest mit dem daoistischen Fest *zhongyuan* zusammen, bei dem der Erdgott als Richter über die Taten der Verstorbenen verehrt wird. Des weiteren opfert man den Toten zur Winter- und Sommersonnwende, am letzten Tag des Mondjahres und an Neujahr[19].[20] Die an diesen Tagen in der Ahnenhalle vor den Ahnentafeln geopferten Speisen sind hinsichtlich Beschaffenheit, Auswahl, Zubereitung und Darreichung der normalen menschlichen Kost verwandt. Im Vergleich zur normalen Kost enthalten sie nur etwas mehr Fleisch und andere Delikatessen. Allerdings entwickelte sich die normale Kost mit der Zeit weiter, so daß manche Opferspeisen auf Dauer einen Anachronismus darstellten. So baute man nur für das Opfer eine bestimmte Hirsesorte an, die schon längst vom normalen Speisezettel verschwunden war. Die Opferspeisen an den Totengedenktagen werden der Ahnenseele, nach Art des Essens der Lebenden gekocht, in Schüsseln und mit Stäbchen serviert.[21]

In China definiert sich die Familie als die Gemeinschaft, die zusammen das Mahl einnimmt. Man lädt nur Personen mit gleichem sozialen Status zu sich ein. Wenn der Verstorbene den Zustand einer Ahnenseele erlangt hat, dann lädt man ihn als Gast in die Familie ein. Das Ahnenopfer wird als gemeinsames Mahl der Lebenden mit den Toten abgehalten. Die Ahnenseelen nehmen nur Opferspeisen aus der Küche ihrer Nachkommen an, und die Angehörigen nehmen Rücksicht auf die persönlichen Vorlieben, die der jeweilige Verstorbene beim Essen zu seinen Lebzeiten hatte. Die Toten essen zuerst, die Angehörigen verzehren die »Reste« *(jun)*. Bei der Opferung läßt die Familie die Opferspeise eine geraume Zeit lang vor der Ahnentafel stehen. Danach wirft sie die Opferspeise nicht weg, sondern ißt sie, ohne sie noch einmal aufzuwärmen, selbst auf. Die Speisung der Ahnenseele in der Ahnenhalle weist also durchaus Ähnlichkeiten mit einem Gastmahl auf – bis auf die Tatsache, daß die Ahnenseele ihre Mahlzeit schon vorher separat einnimmt. Wenn die Ahnenseele von den Opferspeisen kostet, so nimmt sie die darin enthaltene Lebensenergie in sich auf *(chengqi)*. Das soll daran zu erkennen sein, daß die »Opferreste« einen schalen Geschmack haben. Sollten sich jedoch unvorhergesehenerweise andere Totengeister *(gui)*, wie etwa verwaiste Seelen *(guhun)* oder Hungergeister *(egui)*, über die Opferspeise hergemacht und sie der Ahnenseele geraubt haben, dann merkt man das daran, daß die »Opferreste« noch wesentlich schaler schmecken, als wenn die Ahnenseele davon gekostet hätte.[22]

Wie wir aus den Beschreibungen der Hauptstädte der Song-Dynastie (960–1279) über den wichtigsten Totengedenktag *Qingming* erfahren, ging man an diesem Tag zu den Gräbern und brachte dort Dattelbrot, Ingwerknollen, ein alkoholisches Getränk und Fleisch dar. Danach aß man im Wirtshaus die »Reste« selbst auf.[23] Über die täglichen Opfer des Gründungskaisers der Ming-Dynastie ist uns eine Liste der Speisen mit Anweisungen zu ihrer Plazierung auf dem Altar erhalten.[24] Den Bedarf des Ming-Hofes an Opfergaben beschaffte das Direktorat für Lebensmittelversorgung, wobei bestimmte Delikatessen von weit her angeliefert werden mußten. Aus Südchina verschiffte man sie mit einer Bootsflotte über den Großen Kanal. Leicht verderbliche Lebensmittel mußten während des Transports mit Eis kühl gehalten werden.[25]

Verweilt die Ahnenseele beim Leichnam im Grab, ist sie den Lebenden stärker entzogen, als wenn sie sich zeitweise in den Seelentafeln der Ahnenhalle niederläßt. Heutzutage besteht in der Bevölkerung eine gewisse Unsicherheit, welche Art von Speisen die Toten als beerdigte Leichname überhaupt zu sich nehmen können. Immerhin liegt das Grab unter der Erde und damit im Reich des Erdgottes. Dort ist die Lebensenergie der Toten lokalisiert. Die Ahnenhalle dagegen befindet sich noch im Einzugsbereich der Lebensenergie der Lebenden.[26]

Das Grab ist daher ein Ort, an dem sich auch andere Geister und nicht nur die Seelen der eigenen Ahnen herumtreiben. Ein Problem der Totenspeisung stellen die verwaisten Totengeister und insbesondere die Hungergeister dar, die keine Angehörigen haben und daher nicht zu Ahnenseelen werden. Sie können den Ahnenseelen die Nahrung wegnehmen. Bei den Opfern belästigen sie gleich Bettlern die Menschen so lange, bis auch sie etwas zu essen bekommen. Die Opfernden müssen daher versuchen, sie gesondert mit speziell für sie vorgesehenen

Speiseopfern zu beschwichtigen *(pudu)*. Dies geschieht vor allem am Allerseelentag *yulanpen*.[27]

Die Opferspeisen: Von den Menschen als Opferspeise zu den vegetarischen Totenspeisen

Über die Länge der chinesischen Geschichte hinweg läßt sich bei den Opferspeisen eine Entwicklung ablesen. Sie reicht vom Menschenopfer zum Tieropfer und schließlich zum vegetarischen Opfer. An die Stelle des Menschen als Opfergabe traten immer dann ersatzweise Figuren, wenn die konfuzianische Lehre als eine humanistische Ethik das Denken beherrschte. Die Daoisten lehnten Tieropfer ganz ab und stellten sie unter Strafe.[28] Daß das Tieropfer durch ein vegetarisches Opfer ersetzt wurde, ist sicher auch dem Einfluß des Buddhismus zuzuschreiben, der in den Tieren dem Menschen gleichwertige Lebewesen sah.[29]

Das Opfern von Menschen bedeutete zugleich das Verspeisen von Menschen. Unter den vielfältigen Formen des Kannibalismus, wie er sich in China entwickelt hat, findet sich auch Kannibalismus zu rituellen Zwecken im Sinne eines Opfers.[30] Geopfert wurden Kriegsgefangene, die man zu Wilden oder sogenannten Barbaren erklärt hatte. Barbaren galten als Nichtchinesen und besaßen den Rang von Tieren, das heißt jagdbarem Wild. Der Krieg und seine Fortsetzung in Friedenszeiten, die Jagd, waren die wichtigsten Aufgaben der herrschenden Familien im Staat. Krieg und Jagd dienten dazu, Beute zu machen für die Opfer an die Ahnen. Möglicherweise wurden manche Kriegszüge nur deswegen durchgeführt, weil man Menschen als Opfer für die Ahnen benötigte. Umgekehrt dankten die Ahnen die Opfer aus dem Fleisch von Menschen oder Tieren damit, daß sie das

Glück im Krieg und auf der Jagd garantierten. Da die Toten im Grab unter der Erde ein Dasein im Reich des Erdgottes führten, brachte man die Opfer für die Ahnen, die im Krieg gefangenen Menschen und die auf der Jagd erbeuteten Tiere am Altar des Erdgottes *(she)* dar.[31]

Das Opfern von Menschen war zentral für die Shang-Dynastie und auch noch, wenn auch in etwas geringerem Maße, für die Zhou-Dynastie. Wie aus den shang-zeitlichen Knocheninschriften hervorgeht, wurden unter der Shang-Dynastie Kriegsgefangene zu Tausenden getötet und geopfert. In den shang-zeitlichen Knocheninschriften ist vom »Enthaupten« *(fa)* der Menschenopfer die Rede. Auch sind in den Knocheninschriften zahlreiche Weissagungen verzeichnet, die die Opferung von Barbaren, das heißt von Angehörigen anderer Reiche oder Stämme, zum Gegenstand haben. In der Zhou-Zeit soll das Töten und Opfern von Kriegsgefangenen dann zurückgegangen sein.[32]

Dem Opfer an die Ahnen konnte auch eine Strafaktion zugrunde liegen. Offensichtlich galt die Todesstrafe als Opfer an den Erdgott, den Herrn über das Totenreich. Der zu bestrafende Feind wurde am Erdaltar *(she)* erschlagen.[33] Als Zeichen des Triumphs bereitete man ihn sodann als Opferspeise zu. Als zum Beispiel Zhou, der letzte Herrscher der Shang-Dynastie, sich durch Vorwürfe zweier Herren in seiner Ehre getroffen fühlte, ließ er den einen zu Hackfleisch in Pökelsoße verarbeiten, den anderen kochen und ihn, gewürzt und in Scheiben geschnitten, servieren. Diese Speise opferte er unter Beachtung der Riten im Tempel seiner Ahnen.[34]

Beim Verzehr eines Menschen eignet man sich dessen Lebensenergie an. Besondere Lebensenergie, auch Heilkraft im medizinischen Sinne, wurde dem Herzen und der Leber zugeschrieben. Für die gesamte chinesische

Geschichte gibt es Beispiele dieser Art des rituellen Kannibalismus.[35] So ließ im Jahre 756 der Rebellenführer An Lushan einen Widersacher zur Strafe bei lebendigem Leibe zerstückeln und aß von seinem Fleisch.[36] Ein Autor der Song-Dynastie berichtet, daß es in der Provinz Hunan üblich ist, Menschen zu opfern. Manchmal würde man im Dorf Geld sammeln, um sich einen Menschen zu kaufen, und manchmal würde man einen Durchreisenden kidnappen.[37] Als jüngstes Beispiel ist eine Dokumentation des namhaften chinesischen Schriftstellers Zheng Yi zu nennen, der zahlreiche Fälle von Kannibalismus während der Kulturrevolution (1966–69) in der südchinesischen Provinz Guangxi aufgedeckt hat. Dort hatten unter Mitarbeit der lokalen Parteikader Schüler und Studenten den Klassenfeind, ihre eigenen Lehrer und Professoren, erschlagen, als Speise zubereitet und bei einem gemeinschaftlichen Mahl aufgegessen. Herz und Leber hatten sie zuvor in noch rohem Zustand verzehrt.[38]

Kannibalismus gab es in historischer Zeit auch, wenn jemand eines natürlichen Todes in der Familie gestorben war. Hier diente der Kannibalismus zugleich dazu, die Knochen des Toten von der Verunreinigung durch das sich zersetzende Fleisch des Leichnams zu befreien. Der Leichnam wurde auf diese Weise rituell gereinigt. Dies geschah dadurch, daß der Nachfolger des Verstorbenen in der Familienhierarchie vom Fleisch des Verstorbenen aß oder eine davon bereitete Brühe trank. Damit reinigte er nicht nur den Toten von seinem Fleisch, sondern er verleibte sich gleichzeitig dessen Lebensenergie ein. Dieser innerhalb der Familie praktizierte Kannibalismus galt als eine Pflicht der Pietät gegenüber dem Verstorbenen.[39]

Umgekehrt konnten sich auch die Lebenden ein Stück Fleisch aus dem eigenen Körper, vorzugsweise aus dem Oberschenkel, dem Oberarm oder der Leber, herausschneiden, um einen alternden oder kranken Elternteil zu speisen, damit er wieder zu Kräften gelangte. Obwohl es nach konfuzianischer Auffassung geboten ist, den Körper, den man von den Eltern erhalten hat, vollständig zu bewahren, wird dies als eine Form der Pietät der Kinder, insbesondere der Töchter und jungen Schwiegertöchter, gegenüber Mutter, Vater oder Schwiegermutter in zahlreichen konfuzianischen apokryphen Geschichten und historischen Quellen geschildert.[40]

Tieropfer *(shengli)* sind allein für die Götter und die Ahnenseelen bestimmt. In historischer Zeit wurde Wildbret – gleich den zu Barbaren deklarierten Kriegsgefangenen – am Erdaltar geopfert. Die Staatsopfer, einschließlich der Opfer, die auf der untersten Verwaltungsebene von Lokalbeamten für die betreffenden Gottheiten zu vollziehen waren, wurden seit der Shang-Zeit bis zum Ende der Qing-Dynastie im Jahre 1911 mit Tieren beschickt. In der Tang- und in der Song-Zeit nahm die Zahl der Lokalgottheiten mit offiziellem Status sogar noch zu.[41] Noch unter der Ming-Dynastie wurde das geschlachtete Tier im Ganzen in einem Bronze- oder Eisenkessel gekocht, so wie es die Vorschriften aus dem Altertum vorsahen.[42]

Heutzutage bringt man dem Erdgott Tieropfer dar, um ihm für die Erlaubnis zu danken, das Grab in seinem Reich unter der Erde anzulegen. Das Tieropfer besteht aus den drei Fleischsorten Fisch, Huhn und Schwein, im wesentlichen aus Kopf und Schwanz des Schweins. »Fleisch« *(rou)* schlechthin ist in China in erster Linie Schweinefleisch. Der Schweinskopf, der zusammen mit dem Schweineschwanz vor dem Sarg dargebracht wird, sollte roh sein. Bereits im neolithischen China beerdigte man mit den Toten auch Schweinsköpfe, wie aus Grabfunden in Chengzi (Provinz Shandong) hervorgeht. Auch in den Gräbern der Shang-Dynastie wurden Schweinsköpfe gefunden. Das Schriftzeichen für »Grab« oder »Grabhügel« *(zhong)* ist piktographisch als das »Begrabensein von Schweinen« zu deuten.[43]

Im Buddhismus gilt das Gebot des »Nichttötens von Leben« (Sanskrit: *ahimsâ*). Daher nehmen die Gottheiten des Buddhismus neben Blumen und Räucherwerk nur Früchte an.[44] Beim buddhistischen Allerseelenfest *yulanpen* werden rein pflanzliche Speisen zubereitet. Damit bewirten die Gläubigen die buddhistischen Mönche, auf daß diese ihrerseits für die Ahnenseelen, aber auch für die verwaisten Seelen und die Hungergeister beten und vegetarische Opferspeisen darbringen. Das buddhistische Allerseelenfest ist zugleich ein Fastenfest, bei dem man sich des Fleischgenusses enthält *(zhai)*.

Die für den Staatskult notwendigen Blutopfer wurden, wenn auch nur für kurze Zeit, unter einigen buddhistischen Herrschern, wie zum Beispiel Kaiser Wu der Liang-Dynastie (reg. 502–549), ausgesetzt.[45] Auch die buddhistisch beeinflußten Neokonfuzianer der Song-Zeit (960–1279) lehnten Fleisch *(xiao)* als Opferspeise ab. Sie beschränkten sich auf Trankopfer *(lou)* aus einem alkoholischen Getränk und vegetarische Speisen *(zhuan)*.[46]

Vor der Beisetzung der 1908 verstorbenen Kaiserinwitwe Cixi der Qing-Dynastie fanden besondere Trauerfeierlichkeiten statt. Es waren dies im Rahmen der allgemeinen Staatstrauer zunächst verschiedene Einzelopfer in festgelegter Reihenfolge[47]. Mit dem Aufbruch des Leichenzuges folgte eine Serie weiterer Opfer[48], die nach der Beisetzung im kaiserlichen Mausoleum mit einem »Ruhe- oder Weiheopfer«[49] ihren Abschluß fand. Zu diesen verschiedenen Opfern wurden in unterschiedlichen Mengen und in unterschiedlichen Zusammenstellungen Kuchen, ein alkoholisches Getränk, Schafe und fertige Gerichte geopfert. Es war also tierische, aber auch vegetarische Kost dabei. Die Opfer, die bis zur Beisetzung der Kaiserinwitwe dreimal täglich vor ihrem Sarkophag vollzogen wurden, bestanden jeweils aus drei Schalen mit einem alkoholischen Getränk, morgens und abends aus Suppe, Reis und fertigen Speisen, mittags aus Früchten.[50]

Auch heute werden von der Sarglegung bis zur Beisetzung vegetarische Speiseopfer zwei- oder dreimal am Tag zu den Mahlzeiten dargebracht. Die Seele eines noch unbeerdigten Toten erhält eine überwiegend vegetarische Opferspeise *(caifan)*, bestehend aus Reis *(fan)* mit mindestens fünferlei Gemüse- oder Fleischbeilagen *(cai)*. Erst im Übergang zur Ahnenseele reicht man der Totenseele anstelle der vegetarischen Opfer *(caifan)* auch Tieropfer – welche ja allein den Göttern und Ahnenseelen vorbehalten sind –, an Stelle von Reis also Schweinefleisch, insbesondere Schweinskopf zusammen mit dem Schwanz.[51]

Die Verspeisung von Toten: Symbolischer Kannibalismus und Fruchtbarkeit

Bis heute trägt die Opferspeise, sei sie tierisch oder vegetarisch, die magische Symbolik des Menschenopfers. Wie bei einem Leichenschmaus wird die Opferspeise mit dem Körper des Toten identifiziert und als solche verzehrt. Insofern haftet ihr noch der Beigeschmack des ursprünglichen Kannibalismus an. Dies hängt damit zusammen, daß durch die Opferspeise die Identität zwischen dem Toten und seinem Nachfolger in der Familienhierarchie hergestellt werden soll. Die Opferspeisen verweisen nicht nur auf den Körper des Toten, sondern darüber hinaus auf dessen Fruchtbarkeit für weitere Nachkommen.[52]

Die von dem sich zersetzenden und daher unreinen Fleisch des Leichnams befreiten Knochen werden als etwas Beständiges angesehen, etwas, das sich nicht zersetzt. Die Knochen stellen sich daher als eine Substanz dar, durch die die Lebensenergie und damit das Leben in der Familie weitergegeben wird. Wie aus einer modernen Fallstudie hervorgeht, werden sie daher mit dem männlichen Samen gleichgesetzt. Ebenso gilt der Reis, da er auf den Feldern der Vorfahren angepflanzt wird und die Ernährungsgrundlage der Familie bildet, als etwas Beständiges. Wird der Reis unter die Erde gebracht, wächst daraus die neue Ernte. Daher vollzieht sich der Übergang des Toten in die neue Daseinsform einer Ahnenseele über eine Opferung von Reis. Der Reis soll die Lebenskraft der Ahnenseele stärken. Die Lebenskraft der Ahnenseele ist in ihren Knochen gespeichert. Davon zehrt die Ahnenseele letztlich. Der Reis steht stellvertretend für den männlichen Samen, aus dem die Nachkommen der Familie gezeugt werden. Wenn die Nachkommen Opferreste aus Reis aufessen, praktizieren sie symbolisch eine Form des Kannibalismus: Die Knochensubstanz, verzehrt in Gestalt von Reis, wird als männlicher Samen zum Garant für Nachkommenschaft.[53]

Blut und Fleisch gelten einerseits als unrein, andererseits aber auch als etwas, was das Leben ausmacht und Lebensenergie enthält. Sie sind das, was die Frauen beim Gebären hervorbringen. Da Blut und Fleisch aber auch dafür verantwortlich sind, daß der Leichnam verfault, werden bei den Totenzeremonien wiederum die Frauen damit in Verbindung gebracht. Die Frauen waschen den Leichnam mit einem Handtuch unter seiner Kleidung, bereiten die Speiseopfer zu und bringen sie zum Teil auch selbst dar.[54] So waren es am Hof der Ming-Dynastie die kaiserlichen Nebenfrauen, die die täglichen Opfergaben für die kaiserlichen Ahnen auf Anweisung der Kaiserin persönlich darbrachten.[55]

Die Knochen als das Beständige, das nicht verfault, gelten als rein und daher männlich. Das weibliche und daher unreine Blut soll die Knochen wiederbeleben. Wie die Knochen einerseits und das Fleisch und Blut andererseits zusammengehören, so bringen der Reis, symbolisch für den männlichen Samen, und das Schweinefleisch, symbolisch für das weibliche Blut, neues Leben hervor. Diese heutige Vorstellung ist für die Verhältnisse in historischer Zeit jedoch nur schwer nachweisbar.

Jedenfalls läßt sich feststellen, daß schon in neolithischer Zeit die Knochen mit Zinnober rot gefärbt wurden oder das Sarginnere mit Zinnober ausgestreut wurde. Dieser Brauch setzte sich unter der Shang-Dynastie und unter der Zhou-Dynastie fort. Später band man die Knochen mit einer roten Schnur zusammen oder wickelte sie in rotes Papier ein. Ein europäischer Bericht aus dem 19. Jahrhundert erwähnt, daß bei Zweitbestattungen die exhumierten Knochen, nachdem man sie gewaschen hatte, mit Zinnoberrot markiert wurden.[56] Wenn die Tafel, auf der sich die Ahnenseele als ihrem Sitzplatz während der Opfer niederlassen soll, erstmals für sie zugänglich gemacht, das heißt belebt werden soll, so geschieht dies mit roter Farbe. Während der Trauerzeremonien für die Ming- und Qing-Kaiser war der Gebrauch der Farbe Rot untersagt. Für das Amtssiegel beispielsweise mußte statt der sonst üblichen roten Farbe blaue verwendet werden. Es kann keinen Zweifel geben, daß die rote Farbe für Blut steht.[57]

Auch in den Hochzeitsbräuchen und anderen Bräuchen besteht eine Verbindung der Frau mit dem Blut und Fleisch. Hier ist es das Schweinefleisch und insbesondere der Schweinskopf zusammen mit dem Schwanz, die zum Symbol für das Weibliche geworden sind. Ein Schweinskopf wird zusammen mit dem Schwanz als Brautgeschenk übersandt. Bei einem Todesfall in der Familie wird der Schweinskopf zusammen mit dem Schwanz zu einer Opfergabe für die Ahnenseele, die vor allem die ausgeheirateten Töchter der Familie darbringen, um damit die Lebensenergie des Toten zu stärken.[58] Von frühester Zeit an war den Hinterbliebenen während der Trauerzeit daher auch das Heiraten und Zeugen von Nachkommenschaft verboten.[59] So galt während der Trauerzeremonien für die Kaiser der Ming- und Qing-Dynastie 49 Tage lang ein Heiratsverbot. Während der 27tägigen »Großen Trauer« war sexuelle Abstinenz angesagt.[60] Im heutigen Volksglauben heißt es, man solle beim Tod eines Vorfahren kein Schweinefleisch essen, denn das sei so, als würde man das Fleisch des Verstorbenen essen. Indem man dem Verstorbenen jedoch Schweinefleisch als Opferspeise darbringt, ersetzt man damit das Fleisch, das er selbst durch Zersetzung allmählich verliert.[61]

Anläßlich des 100. Geburtstages von Mao Zedong im Jahre 1993 veranstalteten Restaurants in Peking und Umgebung Buffets. In einem Restaurant der Haute Cuisine war die schriftliche Einladung an 200 Personen versehen mit dem Wunsch »Lang lebe der Vorsitzende Mao!«. Der Volksmund nannte dies in dem Bewußtsein, daß es sich hier um symbolischen Kannibalismus handelt, »Mao aufessen« *(chi Mao)*.[62]

Zusammenfassung

Zusammenfassend läßt sich festhalten, daß in Umkehrung der Speisung der Toten, auch Tote zur Speise werden konnten. Am Anfang der Speisung von Toten stand vermutlich das Menschenopfer an den Erdgott. Dieses findet heute nurmehr in symbolischer Form statt. Dabei verweisen tierische und vegetarische Opferspeisen symbolisch auf den Körper des Toten und gewährleisten in ihrer männlichen und weiblichen Form Fruchtbarkeit für die Nachkommen.

Der Körper des Toten wiederum wird mit eben diesen Speisen genährt, denn mit der körperlichen Nahrung wird gerade auch die Seele des Toten am Leben erhalten. In beiden, dem Körper und der Seele des Toten, ist Lebensenergie enthalten, und diese soll durch die Lebensenergie aus der Opferspeise weiter genährt werden.

Ein wohlgenährter Toter gewährleistet, daß die Lebensenergie auch an die Nachkommen weitergegeben wird. Aus der Lebensenergie des Toten entsteht Fruchtbarkeit in der Familie. Dies kann nur geschehen, wenn die richtigen Speisen den Toten ernähren und die Nachkommen selbst dafür fasten und eine Zeitlang auf Nahrung und sexuelle Kontakte verzichten. Die Opferspeise dient also nicht nur den Toten sondern auch den Lebenden.

Das Tao des Essens
Religiöse und philosophische Aspekte der asiatischen Küche

Kim Lan Thai

Eine Kluft zwischen Geist und Bauch?

In seinem Buch »Die genießerische Vernunft« erörtert Michel Ofray die Kunst des Genießens auf amüsante und unterhaltsame Weise – was nach meiner Meinung viel angemessener ist, als sehr ernst über die genießerische Vernunft zu philosophieren. An Immanuel Kant kritisiert Ofray, daß Kant »aus dem Geschmack einen subjektiven Sinn« macht »und ihn zusammen mit dem Geruchsinn an die letzte Stelle« setzt. »Nirgendwo läßt Kant die Möglichkeit zu, aus der Gastronomie eine Wissenschaft zu machen, denn sie wird auf den relativen, subjektiven und willkürlichen Bereich der Empfindungen beschränkt, während eine Wissenschaft doch nur auf den apriorischen Grundlagen der Erkenntnis entstehen kann.« So habe sich Kant lediglich der Kritik der reinen Vernunft, der praktischen Vernunft und der Urteilskraft gewidmet, aber eben leider nicht der genießerischen Vernunft.

Ofray versucht in seinem Buch, die Kluft zwischen Theorie und Praxis, zwischen »Geist und Bauch«, zu überwinden, und zwar durch eine Begründung der Eßkultur, die analog zum kantischen kritischen Modell ebenfalls als eine transzendentale Erörterung bezeichnet werden kann. »Essen bedeutet, einen Körper zu befriedigen, der uns wissen läßt, wie sehr ihn der Energieverlust quält, der mit dem elementarsten Leben gleichbedeutend ist. Ausgehend von dieser naturgegebenen Notwendigkeit haben die Menschen eine kulturelle Möglichkeit entwickelt: die Kunst der Ernährung.«[1] Die Kunst der Ernährung, die nach Ofray in der Gastronomie kulminiert, wird in der westlichen Tradition oft der religiösen Betrachtung entgegengesetzt: »Die Gastronomie« ist eine Wissenschaft, »die das Vergnügen ermöglicht, während die Religion eine Ideologie ist, die ein asketisches Ideal verbreitet«.[2]

Solche Gedanken, die uns heutzutage kaum noch befremden, erinnern an Feuerbachs vehemente Auseinandersetzung mit der christlichen Religion, der er Entfremdung vorwarf und die er auf ihre irdische Basis zurückzubringen versuchte. Mit dem für den Geist seiner Zeit schockierenden Satz »Der Mensch ist, was er ißt« wurde Feuerbach als vulgärer Materialist angesehen und seine Philosophie als oberflächlich verurteilt.

Diese leidvolle Erfahrung einer Kluft zwischen Geist und Bauch in Philosophie und Religion und die Trennung zwischen Geist und Leib in der Wissenschaft sind in Asien meist unbekannt und unverständlich. Nach asiatischer Auffassung gibt es seit Beginn der Menschheit ein *Tao des Essens,* das dem menschlichen Wesen zugrunde liegt. Für Asiaten besteht das Göttliche nicht nur im Geist; der Gott der Küche ist für sie unter den vielen Göttern ebenso selbstverständlich wie der Gott der Schöpfung. In zahlreichen Tempeln lacht neben den Asketenstatuen der Buddha der Zukunft mit seinem dicken Bauch – ein Zeichen der Wohlernährung –, den jeder Asiate mit Liebe und Freude verehrt, und zwar mit dem stillen Zugeständnis, daß jeder danach strebt, das Glück in seiner Ganzheit – sowohl durch den Bauch als auch im Geist – zu erlangen.

Das Tao des Essens

Bereits im *I Ging*, dem chinesischen »Buch der Wandlungen«, wird das Tao des Essens als eine Grundlage des menschlichen Daseins, als Ursprung des Guten und als Weg zur Vollkommenheit ausgelegt. Nach Auffassung der Weisen, wie sie in diesem Buch enthalten ist, beginnt mit dem Tao des Essens die menschliche Zivilisation: »In der Urzeit gab es keine sittlichen und gesellschaftlichen Ordnungen. Die Menschen kannten nur ihre Mutter, nicht ihren Vater. Hungrig suchten sie nach Nahrung, gesättigt warfen sie die Reste weg. Sie fraßen ihre Nahrung mit Haut und Haaren und tranken das Blut und hüllten sich in Felle und Schilf. Da kam Fu Hi und blickte empor und betrachtete die Bilder am Himmel, blickte nieder und betrachtete die Vorgänge auf Erden. Er vereinigte Mann und Frau, ordnete die fünf Wandelzustände und setzte die Gesetze des Menschentums fest. Er zeichnete die acht Zeichen, um die Welt zu beherrschen.«[3]

Unter den ersten Zeichen erscheint das Zeichen *Hsü* (Ernährung) an fünfter Stelle:

1. *Ch'ien* (Himmel),
2. *Kun* (Erde),
3. *Chun* (das Keimen),
4. *Meng* (das Verhüllende),
5. *Hsü* (Ernährung).

Dies könnte man folgendermaßen deuten: Zwischen dem Himmel (1.), das heißt der schöpferischen Kraft, und der Erde (2.), das heißt der Empfangenden, entstehen alle natürlichen Erscheinungen und füllen als Lebewesen den Raum. Zu Beginn sind sie noch im Keimen (3.), das heißt, sie sind jung und verborgen (4.), daher benötigen sie Erziehung und Ernährung, das heißt *Hsü,* die erste Bedingung (5.). *Hsü* hat in diesem Zusammenhang auch die Bedeutung von »etwas in Form bringen«. Nach der Ordnung der Hexagramme im *I Ging* folgt somit *Hsü* auf *Meng,* weil *Meng* das bezeichnet, was noch jung ist und ernährt werden muß. Um es aber ernähren zu können, ist es notwendig, Speisen und Getränke zu besorgen. Und daher lautet die Deutung von *Hsü:* »*Hsü* ist das Tao des Essens.«

Als »erste Bedingung« und als »Tao« aber ist *Hsü* bereits im ersten Zeichen *Ch'ien* (Himmel) vorhanden, wie später König Wen in seiner Auslegung der acht Trigramme von Fu Hi zu zeigen versuchte. Der heilige Gründer der chinesischen Kultur und Zivilisation charakterisiert das Zeichen *Ch'ien* (Himmel) durch folgende vier Eigenschaften:

1. *Nguyên:* erhaben, Ursprung, Liebe
2. *Hanh:* gelingend, Ritus
3. *Loi:* fördernd, Gerechtigkeit
4 *Trinh:* intelligent, beharrlich, Verstand.

Für unseren Zusammenhang ist es interessant, diese vier Eigenschaft etymologisch zu betrachten, denn so wird deutlich, daß es hierbei auch um das Tao des Essens geht:

1. Bei der ersten Eigenschaft des Himmels, *Nguyên,* heißt es, sie bedeute in erster Linie das »Gutsein«. Das Zeichen »Gut« umfaßt etymologisch gesehen drei Zeichenfaktoren, nämlich »Ziege«, »Gras« und »Mund«, was auf das Essen hinweist.

2. *Hanh* wird charakterisiert als »sich gruppieren zum Essen«. Das Schriftzeichen symbolisiert das Aufeinanderstapeln vieler kleiner Kuchen.

3. *Loi* wird als »gerechte Verteilung« definiert, wobei das Schriftzeichen als Wurzel ein Messer enthält, das die Teilung verursacht.

4. *Trinh* wird erklärt als »beharrliche Durchführung«. Das Schriftzeichen symbolisiert einen Topf auf dem Feuer, das heißt, das Garwerden eines Gerichtes steht für die Durchführung von Anfang bis Ende.

Die vier Eigenschaften des Himmels weisen also – neben anderen Bedeutungen – darauf hin, daß das Tao des Essens grundlegend ist für den menschlichen Lebenswandel. Daher heißt es im *I Ging* denn auch: »Das Volk betrachtet den Himmel als das Tao der Ernährung.«

Aus diesem Grund weist auch Konfuzius, dem Geist der alten Weisen folgend, in seinem Gesprächsbuch »Lun Yü« auf die grundlegende Bedeutung des Essens hin: »Zwei (wichtigste) Dinge liegen dem Volk unmittelbar: es sind Essen und Beerdigung.« Sein Nachfolger Menzius bezeichnet die Politik eines Herrschers dann als gelungen, wenn der König als Sohn des Himmels in seinem Reich den Wohlstand in allen Häusern fördert, das heißt, wenn die Menschen genug Feuer und Wasser im Haus haben, wenn die alten Menschen mit Seide bekleidet sind, um im Winter nicht zu frieren, und genug Fleisch essen können, um die Kraft zu erhalten. So faßt Menzius die Bedeutung des Essens in dem Satz zusammen: »Wenn du Nahrung hast, wird alles wachsen, ohne Nahrung verkümmert alles.«

In einem anderen Kontext versuchte Feuerbach die Bedeutung von Essen und Trinken mit derjenigen der Religion gleichzusetzen: »Das Leben ist Gott, Lebensgenuß Gottesgenuß, wahre Lebensfreude wahre Religion. Aber zum Lebensgenuß gehört auch der Genuß von

Speise und Trank. Soll daher das Leben heilig sein, so muß auch Essen und Trinken heilig sein. Ist diese Konfession Irreligion?«[4]

Das Tao des Essens in einem vietnamesischen Gericht mit Klebreis

Daß das Leben ein Zeichen des Himmels und der Erde ist, daß das Essen dieses Leben wachsen läßt, daß dem Essen Vollkommenheit und Schönheit innewohnen, daß die Aufgabe des Königs, als Sohn des Himmels, darin besteht, das Volk mit guter Nahrung zu versorgen – all diese Gedanken des *I Ging* und der konfuzianischen Tradition finden sich wieder in der Überlieferung zu einem bekannten und oft verwendeten vietnamesischen Rezept mit Klebreis *Banh chung*.

»Tausend Jahre vor Christus, zur Gründungszeit des Volkes Viet, herrschte der König Hung Vuong. Da er schon betagt war, suchte er unter seinen vielen Söhnen nach einem für das Land geeigneten Nachfolger. Nach den Prüfungen in der Literaturkenntnis und Verteidigungskunst, in denen die Begabung der Prinzen das Herz des Königs mit Freude erfüllte, rief er eines Tages alle Kinder zu sich und sagte: ›Wer von euch das beste Essen oder die beste Spezialität zubereiten kann, dem wird der Thron geschenkt.‹ Die Prinzen machten sich daraufhin eifrig auf den Weg, um die kostbarsten, seltensten, besten Zutaten für ein schönes Gericht zu erforschen. Sie schickten ihre Diener im ganzen Land umher, in tiefe Wälder und zum fernen Meer, um die erlesensten Fleischsorten, Gemüse und Kräuter zu bekommen. Allein der 18. Prinz, Lang Lieu, ein sehr frommer und kluger junger Mann, dessen Mutter sehr arm war, konnte sich solche Reisen nicht leisten. So blieb er voller Kummer und Traurigkeit zu Hause. Es blieb ihm nur das Gebet zu den Ahnen und zum Himmel übrig, sie möchten ihm beim Nachdenken über ein Rezept helfen. Kurz vor dem Wettbewerbsende erschien ihm im Traum ein alter Greis, ein Heiliger, und sagte: ›Ich weiß, daß du ein frommer Sohn bist, ich möchte mit dir ein Gericht zubereiten, das deiner Frömmigkeit und dem Geist deines Volkes und nicht dem Reichtum entspricht. Du mußt wissen, daß unter dem Himmel und auf der Erde nichts kostbarer ist als der Reis, der in allen Feldern des Landes wächst. Man braucht ihn nicht in den tiefen Wäldern zu suchen. Also hole den erlesensten Reis, nämlich den Klebreis, und die grünen Bohnen, die in deinem Garten und in den Gärten deiner Bauern wachsen und gedeihen und leicht zu ernten sind, dann besorge bitte etwas Schweinefleisch aus der Hausviehzucht auf den Farmen, dann die fünf Gewürze aus dem Garten. Mache daraus einen viereckigen Kuchen als Symbol der Erde und einen runden Kuchen als Symbol des Himmels. Auf dem Bananenblatt breite eine Schicht Reis aus, gib dann die Bohnen und das Fleisch darauf und dann wieder eine Schicht Reis. Alle Zutaten werden viereckig oder rund gut verpackt in vielen Bananenblättern und eine Nacht lang gekocht. Dann wirst du sehen, was für ein Wunder das wirkt.‹

Lang Lieu folgte dem Rat des Heiligen. Am Tag der Prüfung wunderte sich der König über den reinen, feinen Geschmack des Kuchens von Lang Lieu, nachdem er die raren Spezialitäten anderer Prinzen wie Schinken aus Pfaufleisch, gekochte Bärenpfote mit Schlangenwein, gebratene Sperlingzunge mit Honig oder Haifischflößchen mit Hummersauce usw. gekostet hatte. Der König übergab Lang Lieu den Thron als Belohnung für die Erfindung des Gerichts, das die Quintessenz der Natur unter dem Himmel und auf der Erde in sich vereint.«

Dieses Gericht ist das am weitesten verbreitete in Vietnam. Immer zum Neujahrsfest wird dieser Kuchen zubereitet und am ersten Tag des Jahres als erste Opfergabe den Ahnen dargereicht. In Indonesien, Thailand, Japan und China gibt es ähnliche Gerichte mit Klebreis. Denn der Klebreis gilt in Asien als die erlesenste Reissorte und daher als sehr geeignet für spirituelle Angelegenheiten, für festliche Tage und für den Kult.

Das Tao des Essens in der vietnamesischen Umgangssprache

Die Auffassung des *I Ging*, daß Essen die Grundlage der menschlichen Existenz ausmacht und als der Beginn von Zivilisation und Kultur zu betrachten ist, spiegelt sich auf erstaunliche Weise in der vietnamesischen Umgangssprache wider. In keiner anderen Sprache wird wohl das Wort »essen«, das heißt *an*, so oft gebraucht und in so vielen verschiedenen Bedeutungszusammenhängen verwendet. Mit je einem anderen Attribut verknüpft, drückt das Wort *an* ganz verschiedene Verhaltensweisen eines Menschen in der Gesellschaft aus sowie verschiedene Merkmale seines Wesens, seiner Abstammung oder seines Bildungsniveaus. Einige Beispiele seien genannt:

In seiner Grundbedeutung heißt *an* – wie gesagt – »essen«, etwa in *an com:* »Reis essen«. Es kann jedoch auch »gewinnen« oder »sich etwas aneignen« bedeuten.

- *an ngu* (»essen und schlafen«) ist eine Bezeichnung für das Eheleben;
- *an o* (»essen und wohnen«) bezeichnet das Benehmen eines Menschen gegenüber seinen Mitmenschen;
- *an nam* (»essen und liegen«) bezeichnet das Sexualleben;

- *an choi* (»essen und spielen«) bezeichnet das Vergnügen bzw. die Freizeitgestaltung;
- *an noi* (»essen und sprechen«) bezeichnet die Redeweise eines Menschen bzw. sein Bildungsniveau;
- *an lam* (»essen und arbeiten«) bezieht sich auf das Verhalten eines Menschen, seine Leistung oder seine Handlungsweise;
- *an thua* (»essen und verlieren«) bedeutet »wetteifern« oder »Konkurrenz«;
- *an y* (»essen und denken«) heißt »zueinander passen«, »ein Herz und eine Seele sein« oder »Harmonie«;
- *an mac* (»essen und sich bekleiden«) bezieht sich auf das äußere Erscheinungsbild bzw. auf das Aussehen eines Menschen.

Dieser Sprachgebrauch zeigt, wie das Essen alle Handlungen eines Menschen im Alltag begleitet. Wie schon erwähnt, ist nach dem *I Ging* und den darauf fußenden Traditionen das »Essen« nicht nur eine himmlische Notwendigkeit für den einzelnen von Geburt an; es ist vielmehr zugleich die Aufgabe des Herrschers, dafür zu sorgen, daß, sein Volk satt wird. König Wen sagte in diesem Sinne, daß, wenn das Volk hungert, der Herrscher selbst am Hunger leiden soll und daß, wenn das Volk stirbt, der Herrscher selbst im Sterben liegen soll.

Grundlegende Regeln

Da das Essen als himmlisch bestimmt gilt, gehört es auch in der Astrologie zum Schicksal jedes einzelnen Daseins. Viele Asiaten glauben, das »Essen und Trinken« eines Menschen werde vom Himmel bestimmt. Wenn jemand in seinem Horoskop unter den Sternen »Himmelsfreude« (auf vietnamesisch *Thien Hy*), »Segenschatz« *(Loc*

Ton) und »Pfirsichblüte« *(Dao Hoa)* steht und sich diese Sterne im Haus seines »Lebensschicksals« *(Cung Menh)* befinden, dann wird er mit Sicherheit immer etwas Gutes zu essen bekommen – sogar im Gefängnis. Denn er soll Glück mit Essen und Trinken haben.

Gerade aus der schicksalhaften Bestimmung heraus werden die Regeln zum Essen und Trinken nach asiatischer Auffassung der Gesetzmäßigkeit des Kosmos und den Regeln der Gesellschaft unterworfen. Dies zeigt sich wiederum im *I Ging.* Das 27. Hexagramm des *I Ging* lautet[5]:

Yi (die Ernährung). ䷚
Sein Zeichen:

> »ist das Bild eines geöffneten Mundes: oben und unten die festen Lippen und dazwischen die Öffnung des Mundes. Vom Bild des Mundes, durch den man Speisen aufnimmt, um sich zu ernähren, geht der Gedanke auf die Ernährung selbst über. In den drei unteren Linien ist die eigene Ernährung, und zwar die leibliche, in den drei oberen Linien ist die Ernährung und Pflege der anderen, und zwar die geistige, höhere, zur Darstellung gebracht.«

König Wen urteilt über dieses Zeichen:

> »Die Mundwinkel. Beharrlichkeit bringt Heil.
> Sieh auf die Ernährung und womit einer selbst sucht seinen Mund zu füllen.«

Hierzu gibt er folgende Erläuterung:

> »Bei der Zuwendung von Pflege und Ernährung ist es wichtig, daß für die rechten Leute gesorgt wird und man für seine eigene Ernährung in der rechten Weise sorgt. Wenn man jemand kennenlernen will, so braucht man nur darauf zu sehen, wem jemand seine Pflege angedeihen läßt und welche Seiten seines eigenen Wesens er pflegt und nährt. Die Natur

nährt alle Wesen. Der große Mann nährt und pflegt die Tüchtigen, um durch sie für alle Menschen zu sorgen.«

Das entsprechende Bild wird folgendermaßen gedeutet:

»Unten am Berg ist der Donner: das Bild der Ernährung.
So hat der Edle acht auf seine Worte
und ist mäßig im Essen und Trinken.«

Zur Erklärung folgt der Kommentar:

»›Gott tritt hervor im Zeichen der Erregung.‹ Wenn im Frühling die Lebenskräfte sich wieder regen, dann entstehen alle Dinge aufs neue. ›Er vollendet im Zeichen des Stillehaltens.‹ So werden im Vorfrühling, wenn die Samen zur Erde fallen, alle Dinge fertig. Das gibt das Bild der Ernährung durch Bewegung und Stille. Der Edle nimmt das zum Vorbild für die Ernährung und Pflege seines Charakters. Die Worte sind von innen nach außen gehende Bewegung. Essen und Trinken ist die von außen nach innen gehende Bewegung. Beide Arten von Bewegung sind durch Stille zu mäßigen. So bewirkt die Stille, daß die vom Mund ausgehenden Worte das Maß nicht überschreiten und die zum Mund eingehende Nahrung das Maß nicht überschreitet. Dadurch wird der Charakter gepflegt.«

Dementsprechend schöpft asiatische Eßkultur aus dem Gedanken der Mäßigkeit als dem Gesetz der Erhaltung in der Natur. Daraus entstehen die Grundprinzipien von Yin und Yang sowie der Harmonie der fünf bewegenden Elemente (auch als Wandlungszustände betrachtet): Metall, Holz, Wasser, Feuer, Erde. Die traditionelle asiatische Küche entfaltet sich aus diesen Prinzipien. Bevor dies weiter erläutert wird, soll zuvor noch kurz vom »Küchengott« die Rede sein, da sich hier nochmals die wichtige Bedeutung des Essens in der asiatischen Kultur zeigt.

Verehrung des Küchengottes

Dieser Kult gehört einem uralten Brauch des asiatischen Volkes an. Es ist zugleich der Kult des Feuers. Man könnte sagen, daß der Küchengott in Asien eine ähnliche Rolle spielt wie Prometheus im griechischen Mythos, mit einem Unterschied, nämlich daß er nicht das Feuer vom Himmel gestohlen hat, um es den Menschen auf Erden zu bringen, sondern das Feuer des Himmels (durch Donner und Blitz) auf der Erde in jedem Haus hütet. Nach der Legende fliegt der Küchengott am 23. Tag des 12. Monats des Jahres nach dem Mondkalender zum Himmel zurück, um dem Himmel alles zu berichten, was im vergangenen Jahr Gutes und Schlechtes auf Erden geschehen ist. Denn als Gott der Küche ist er sozusagen der am besten informierte Berichterstatter des Himmels: ein Zeuge des »konkreten« menschlichen Lebens auf der Erde.

An diesem Tag findet eine Abschiedszeremonie zum Kult des Küchengottes statt, die mit Gaben von Opfern und von »Reisegepäck« für den Gott veranstaltet wird: Räucherstäbchen, gekochter Klebreis, klare Reissuppe, Obst und Blumen, ein lebendiger oder gebratener Karpfen, ein Mandarinhut und ein Paar Stiefel aus Papier. Nach asiatischem Glauben ist der Karpfen ein heiliger Fisch; er vermag zu fliegen und den Küchengott zum Himmel zu transportieren. Der Karpfen wird nach dem Ritual entweder lebendig befreit oder zum Essen fritiert!

Wie dieser Brauch zeigt, ist die Küche im wörtlichen Sinn der Herd traditioneller Kultur. Hier kommt es zu einer Art Vereinigung von Ernährung, Befriedigung der natürlichen Bedürfnisse und dem spirituellen Leben bzw. dem religiösen Glauben. Die asiatische Küche zeigt am deutlichsten den Zusammenhang von Natur und Kultur auf, die lebendige Anwendung des Tao des Essens aus dem *I Ging.* Sie stellt selber einen Weg zur Verwirklichung des Guten eines jeden einzelnen in der Natur dar.

Alimenta medicamenta sunt[6]

In Asien ist der Glaube weit verbreitet, durch die Aufnahme der richtigen Nahrung könnten Krankheiten geheilt und verhindert werden, so daß Medikamente überflüssig werden. Vietnamesen betrachten es z. B. als sehr wichtig, die Gesundheit durch entsprechendes Essen zu bewahren. Einige Arzneimittel werden daher als Ragout oder Suppe verabreicht.

Die asiatische Küche enthält zahlreiche Anweisungen zur Heilung der Krankheiten oder zur Vorbeugung einer Erkrankung der fünf inneren Organe oder des Nervensystems. Nach chinesischer Auffassung wurde dies von dem legendären König Sheng Nung gefördert, dem sogenannten göttlichen Landsmann, der von 2757 bis 2697 v. Chr. China regiert haben soll. Er habe damit begonnen, Versuche mit allen Pflanzen zu machen, sie nach Geschmack, Farbe und Qualität zu analysieren, zu kategorisieren und so ihren Nutzen herauszufinden. Dieses Wissen wurde von Generation zu Generation durch weitere Erfahrungen bereichert. Der chinesische Arzt und Kräuterkundige Sun Su Mo (581–681 n. Chr.), auch genannt »König der Heilmittel« und »Gott der Medizin«, der selber ein Alter von 101 Jahren erreichte, schrieb in seinem Buch »Tausend Unzen Gold Rezept«, daß eine Krankheit, wenn sie entdeckt ist, zunächst durch entsprechende Nahrung behandelt werden soll. Erst wenn man damit keinen Erfolg habe, sollten Medikamente angewendet werden.[7]

Besonders in den Ländern China, Japan, Vietnam und Korea werden die Nahrungsmittel ausgewählt und zubereitet nach dem Urprinzip des Gleichgewichtes zwischen Yin und Yang und dem Prinzip der Harmonie der fünf Wandlungselemente *(Wu Hing).* Danach sind die Qualität, die Harmonie und der Geschmack als wichtigste Kriterien zu beachten. Die Quantität und die Bestandteile sind dagegen zweitrangig.

Die Ernährungsmethode von Oshawa richtet sich z.B. nach dem Yin-Yang-Prinzip, um durch ausgewählte Nahrung Krankheiten der Zeit zu heilen. Mit der makrobiotischen Küche sollen Menschen zurück zur Natur gebracht werden, damit der Körper entgiftet und der Ausgleich von Energien wiederhergestellt werden kann. Basierend auf dem philosophischen Prinzip von Gleichgewicht und Harmonie hebt diese Küche besonders den Aspekt hervor, daß eine ganzheitliche Ernährung der direkte Weg zu einer guten Gesundheit ist.

Einer ähnlichen Auffassung folgt auch die vietnamesische Küche, die sich bei der Auswahl der Nahrungsmittel danach richtet, ob etwas für den einzelnen »pro«, das heißt bekömmlich oder »kontra«, das heißt nicht bekömmlich ist. Doch im Unterschied zur makrobiotischen Küche, die manchem zu asketisch erscheint, enthält die vietnamesische Küche eine lebensfrohe Kunst der Zubereitung, bei der das Prinzip des Gleichgewichts von Yin und Yang sowie das Prinzip der fünf Wandlungselemente in schöpferischer Weise zur Anwendung kommen.

Einige Beispiele können dies verdeutlichen: Zu einer Sauersuppe (Yin-Eigenschaft) wird meistens ein saftig geschmortes Fischgericht (Yang-Eigenschaft) zubereitet. Die Aubergine (Yin-Eigenschaft) wird am besten gegrillt, weil das Feuer (Yang-Eigenschaft) die überwiegende Yin-Eigenschaft der Aubergine abmildert. Serviert wird sie mit in Schmalz angebratenen Schalotten und Fischsauce (Yang-Eigenschaft). Aal (Yin-Eigenschaft) soll mit Kräutern oder einem Gewürz mit Yang-Eigenschaft (z.B. der Gelbwurzel) fritiert werden. Sauersuppe (Yin-Eigenschaft) wird mit Peperoni (Yang-Eigenschaft) und Kräutern (Yang-Eigenschaft) gewürzt. Bei Flüssigkeiten mit Yin-Eigenschaft, wie z.B. der Kokosmilch, wird die Yin-Wirkung meistens mit Salz (Yang-Eigenschaft) reduziert. Auch Wassermelonen oder Orangen werden – sehr zum Erstaunen der Europäer – in Asien häufig mit Salz genossen, um die Yin-Wirkung dieser Früchte zu mildern.

Um die Eigenschaften der Nahrungsmittel feststellen zu können, mußten die asiatischen Köche und Köchinnen wahre Alchimisten sein! Denn neben der Schmackhaftigkeit ist eben vor allem das Gleichgewichtsprinzip, die Harmonie der Energien, von entscheidender Bedeutung. Der Unterschied zwischen Arzneimitteln und Speisen besteht allein darin, daß bei Speisen die Übereinstimmung der kosmologischen Prinzipien mit der Schmackhaftigkeit hinzukommt. Gesund und gut schmeckend – diese beiden Kriterien entscheiden über die Qualität einer Küche. Die Raffinesse liegt in der Zusammenstellung der verschiedenen Gewürze, so daß diese den Geschmack des Gerichts hervorbringen können. Die Grundsätze dieser »bildenden« Kochkunst sind dabei weder rein zufällig noch rein subjektiv. Sie richten sich vielmehr nach der kreativen Anwendung des Prinzips der Harmonie der fünf Wandlungselemente. Diese Harmonie ist nicht statisch, sondern wandelbar. Es bedarf daher der Achtsamkeit und Kreativität des einzelnen, die fünf Elemente so zu verbinden, daß ein Gericht gesund ist und gut schmeckt.

Die volkstümliche vietnamesische Küche ist nicht nur für die Berücksichtigung des Prinzips von Yin und Yang ein gutes Beispiel, sondern auch des Prinzips der Harmonie der fünf Wandlungselemente *(Wu Hing)*. Diese

Elemente (Metall, Holz, Wasser, Feuer, Erde) entsprechen den fünf Geschmäckern des Essens:

- scharf (Metall)
- sauer (Holz)
- salzig (Wasser)
- bitter (Feuer)
- süß (Erde).

In der Kunst der Saucenmischung, deren Raffinesse den besonderen Charakter und die Qualität einer Küche ausmacht, achten Koch oder Köchin mit Verstand und Gefühl besonders auf die harmonische Proportion dieser fünf Elemente. Beispielsweise entscheidet bei der berühmten vietnamesischen Fischsauce, die fast jedes Reisgericht begleitet, die gelungene Mischung von *Wu Hing* über die Qualität einer Mahlzeit. Ein vietnamesisches Sprichwort weist auf diese Bedeutung hin: »Wenn die Fischsauce nicht gut gemischt ist, dann wird das Talent der Köchin völlig entwertet.« Eine wahrhafte Freude bereitet die Sauce dann, wenn sich in ihr der scharfe Geschmack (Metall) von Peperoni, der saure Geschmack (Holz) von Zitrone oder Essig, der bittere Geschmack (Feuer) von Zitronenschale, der süße Geschmack (Erde) von Zucker und der salzige Geschmack (Wasser) von Fischsauce wie die Noten eines Liedes gleichzeitig harmonisch miteinander verbinden und voneinander abheben. Die international beliebte chinesische Süßsauersauce stellt ein weiteres bekanntes Beispiel für die Zubereitung einer Sauce nach dem Prinzip der fünf Wandlungselemente dar.

Auf sehr einfache Weise finden sich die kosmologischen und medizinischen Grundsätze bei einem Salatteller der Hue-Küche wieder. Dies zu erleben ist wundervoll für die Augen und erfrischend für den Geist. Sehr schön kreisförmig geordnet, enthält der Salatteller meistens fünf Sorten von Gemüse: einige Scheiben einer Karambolafrucht, einer Gurke, einer unreifen Grünbanane, einer halbreifen Feige und einer Ananas; in der Mitte des Tellers drei bis fünf Sorten Kräuter für zwei oder drei Gerichte einer Mahlzeit. Gemüse und Kräuter dienen dazu, neben der Gaumenfreude eine gute Verdauung zu fördern. Beispielsweise soll die Grünbanane bei einem Gericht mit eingelegtem Fisch oder Krabben gegen die Gefahr des Durchfalls wirken. Außerdem reduziert sie durch ihren etwas herben Geschmack das Fett des Fleischgerichts, regt den Appetit an und wirkt dem Völlegefühl entgegen.

Zur Vorbeugung und Heilung bestimmter Krankheiten lehrt die vietnamesische Küche beispielsweise folgende Maßnahmen:

- Eingelegte Fische dürfen Menschen mit Asthma nicht verabreicht werden.
- Gerichte mit Bambus sollen nicht für an Rheuma leidende Menschen gekocht werden.
- Speisen mit bestimmten Kräutern und Körnern wirken heilend, besonders Mangustinenfrüchte (Mangostane); Bananen mit Kernen oder Sauerkräutern sind gut gegen Nierensteinbildungen.
- Gerichte mit Bittermelonen können den Zucker bei Diabetikern reduzieren.
- Gelbwurzel ist gut gegen Tuberkulose und Ingwer gegen Schleimbildung bei Lungenerkrankungen.

Essen bedeutet Gemeinschaft mit den Mitmenschen

Natürlich gehört zur Kochkunst vor allem die Arbeit des Kochs oder der Köchin. Ein zeitgenössischer vietnamesischer Dichter aus meiner Heimatstadt bezeichnet jedes Kochbuch als ein langes Epos über die Arbeit, die Geduld und die Liebe der Menschen in Familie und Gesellschaft. Es ist ein vollkommenes Werk des gemeinschaftlichen Lebens. Die asiatische Küche ist in der Tat eine Küche für die Gemeinschaft, auch im weiteren Sinn, das heißt für den Himmels- und Ahnenkult. Fast die Hälfte der Rezepte der asiatischen Küche sind für rituelle Zwecke gedacht. Gerichte mit erlesenen Reissorten werden für den Ahnenkult und für festliche Anlässe gekocht, vor allem mit Klebreis, der als Juwel der Erde gilt und – wie bereits erwähnt – daher besonders als reine, heilige Opfergabe geeignet ist.

Für den Ahnenkult gibt es in der vietnamesischen Hue-Küche einen Kuchen mit dem Namen »Kuchen des siebenfachen Feuers« *(Banh bay hua).* Die Bezeichnung ergibt sich aus dem Verfahren der Zubereitung. Die Köchin muß den Klebreis siebenmal über das Feuer führen, das heißt vom Trockenprozeß bis zum Rösten und Dämpfen wird der Kuchen sieben Tage lang vorbereitet. Die Arbeit daran ist mühsam, die Anforderung an die Geduld sehr groß, die Liebe still und die Verehrung der Ahnen tief, aber die Kunst ist deshalb besonders großartig, weil sie eben auf eine bestimmte Weise das Tao des Menschseins berührt.

Wie bereits angesprochen wurde, wird die Bedeutung der Gemeinschaft in der zweiten Eigenschaft des *Ch'ien,* des »Himmels«, nämlich der Eigenschaft des *Hanh* (»gelingend«, »Ritus« bzw. »sich zum Essen gruppieren«)

hervorgehoben. *Hanh* deutet auf die Gemeinschaftlichkeit, auf die Gesellschaftlichkeit als Wesensbestimmung des Menschen hin: Man gesellt sich zum Essen, und gerade aus der Gemeinschaft heraus entstehen bunte Gerichte, bunte Kuchen, zahlreiche Variationen von Suppen usw.

Durch die Herausforderung der Gemeinschaft entsteht die Tischsitte. Im Unterschied zur westlichen Tischsitte werden bei einer asiatischen Mahlzeit alle Gerichte gleichzeitig dargereicht. Jeder hat zwar eine eigene Schüssel und ein Paar Stäbchen, aber alle Teilnehmer tunken die Häppchen in die gemeinsame Saucenschüssel, die der Herr oder die Herrin des Hauses als letztes Stück in die Mitte der Tafel plaziert, auf der die Gerichte kunstvoll angerichtet sind. Ein gutes Essen umfaßt viele Faktoren: von der Qualität der Nahrungsmittel über die Kunst der Zubereitung bis hin zur Art des Anrichtens. Die Gerichte stellen immer eine harmonische Synthese von Farben, Düften und Geschmäckern dar, denn in Asien sind in den Gerichten meistens bestimmte Farben mit bestimmten Düften verbunden.

Ein vietnamesischer Dichter zählt folgende vier Bedingungen für ein gutes Essen auf: Erstens sollen die Speisen schmackhaft und duftend sein. Aber es wird einem nicht gut schmecken, wenn der Sitzplatz nicht passend ist, und zum Essen unangenehm. Ist der Platz alsdann in Ordnung, das Geschirr aber nicht schön, wird es einem auch nicht schmecken. Doch auch wenn alle drei Bedingungen erfüllt, die Teilnehmer aber unangenehm sind, wird es einem nicht schmecken.

Spirituelle Hintergründe der vegetarischen asiatischen Küche

Als letztes möchte ich noch kurz die vegetarische Küche ansprechen, die in Asien, besonders in den buddhistischen Ländern, sehr verbreitet ist. In gewisser Weise besitzt jeder Asiate aufgrund seiner Herkunft aus einer Agrarkultur eine gewisse angeborene Neigung zum Vegetarismus. Doch wurde die vegetarische Küche bewußt vor allem durch den Einfluß des chinesischen Mahâyânabuddhismus kultiviert.

Der freiwillige Verzicht auf das Fleischessen wird besonders im 8. Kapitel des *Lankâvatârasûtra* hervorgehoben.[8] Buddhisten können jene Tage im Monat, an denen sie nur vegetarisch essen, freiwillig bestimmen. Doch meistens fallen diese auf die sogenannten Buddha-Tage, das sind der 1., der 8., der 14., der 15., der 29. und der 30. Tag nach dem Mondkalender. Man kann für die Dauer von 2, 4, 6, 8 oder 15 Tagen oder auch den ganzen Monat »fasten«, wobei »fasten« bedeutet, vegetarisch zu essen und auf berauschende Mittel bzw. Getränke zu verzichten, nicht aber ein freiwilliges Hungern wie in der christlichen Tradition. Das Fasten bzw. vegetarische Essen fördert die Schulung von Körper und Geist, insofern hierdurch die Gebote des Nichttötens und des Verzichts auf berauschende Mittel zur Befreiung von Begierden praktiziert werden.

Beim buddhistischen Essen in der Pagode geht es jedoch keineswegs nur um die Einhaltung von Geboten oder Verboten, sondern auch um die Entfaltung von Liebe und Mitgefühl zu allen Lebewesen. Während der drei Monate der Sommerschulung wird in jeder Pagode an jedem Tag kurz vor der Mahlzeit ein kleines Ritual durchgeführt: Während die Mönche am Tisch vor der Eßschale Sutren rezitieren – besonders das Metta-Sutra über die Güte zu allen Wesen sowie die dreifache Zuflucht zu Buddha, Dharma (der Lehre) und Samgha (der Gemeinde) –, steht ein Mönch im Garten mit einer über den Kopf hochgehobenen Eßschale, was als symbolische Opfergabe an die hungernden Geister gedacht ist. Mit lauter Stimme rezitiert er jene Sprüche, die die bösen Geister zu Mitleid und Mitgefühl mit anderen Lebewesen führen sollen.

Eine vegetarische Mahlzeit muß nicht zwangsläufig karg sein. Sie kann von einem einfachen buddhistischen Menü mit ungeschältem Reis, gedünstetem Gemüse aus dem Garten, mit etwas Sesamsalz und Sojasauce, wie z.B. im Oshawakonzept, bis hin zu einer kulinarischen Tafel für die Laien reichen. Denn nicht das Ideal eines asketischen, sondern das eines geistig und körperlich gesunden Lebens – sowohl für den einzelnen als auch für die anderen Lebewesen, die ja geschont werden sollen – liegt als Leitgedanke der vegetarischen Küche zugrunde.

Ich möchte meinen Beitrag mit einem vietnamesischen Märchen beenden, das vom Ursprung bzw. von den Motiven dieser Küche handelt:

In der alten Zeit lebte ein fleißiger Metzger in einem kleinen Dorf, der das Schweinefleisch am Markt verkaufte. Jeden Tag stand er zu der dritten Wache auf, wenn er den Klang des Gongs der Dorfpagode hörte, den die Mönche regelmäßig beim Frühgebet schlugen. Der Metzger stand deswegen so früh auf, weil er die Schweine schlachten mußte, um das Fleisch frisch und rechtzeitig zum Vormittagsmarkt zu bringen. Damals gab es noch keine Uhr. Daher richtete der Metzger seine Arbeitsstunden ausschließlich nach dem Gongschlag der Pagode. Sein Geschäft lief sehr gut, weil er auf diese Weise immer frisches Fleisch aus eigener Schweinezucht anbieten konnte.

Eines Abends bereitete er wie immer alle Werkzeuge für das Schlachten auf seinem Tisch vor, sah nach dem Schlachtvieh, legte sich ins Bett und fiel nach einem langen Arbeitstag sofort in tiefen Schlaf. In dieser Nacht aber geschah in der Pagode etwas Seltsames. Am Abend ging auch der alte Abt wie immer früh ins Bett, um die Novizen rechtzeitig wecken zu können. In dieser Nacht aber hatte er einen Traum. Im Traum sah er eine schwangere Frau, die weinend zu ihm lief und sich ihm zu Füßen warf. Unter Tränen flehte sie den Abt wieder und wieder an, sie und ihre Kinder zu retten, denn sie sei kurz vor der Entbindung ihrer Kinder, müsse aber bald sterben. Der Abt war bestürzt und gerührt von ihrem Kummer und Leid. Aber er wußte nicht den Grund, warum sie sterben müsse. So fragte er sie, wie er denn ihr und ihren Kindern helfen könne. »Ganz einfach«, sagte die Frau, »bitte lasse den Gong nicht bei der dritten Wache, sondern erst bei der fünften schlagen. Dann kannst du mich und meine

Kinder retten.« Nachdem der Abt es ihr versprochen hatte, machte die Frau ihren Dankkotau und zog sich zurück.

Der Abt wachte auf und wunderte sich sehr über diesen Traum. Es war bereits die dritte Wache. Der Abendstern hing schon schräg am Himmel, doch der Abt weckte diesmal die Novizen nicht, rezitierte allein und leise die Sutren vor Buddha, kochte sich Tee und wartete auf den hellen Tag. An diesem Morgen wunderten sich in allen Häusern des Dorfes die Menschen darüber, daß der Gong erst am Tag erklang. Man fragte sich, ob der betagte Abt vielleicht verschlafen hatte oder ob er wohl krank würde. Besonders aber ärgerte sich der Metzger. Denn als er vom Gongschlag aufgeweckt wurde, schaute er raus und sah die Sonne bereits über dem Haustor emporsteigen. Nun konnte er sein Vieh nicht mehr schlachten, da es für den Markt zu spät werden würde. So lief er zu dem Abt und wollte sich über die Faulheit der Novizen beschweren. Der alte Mönch, der im Begriff war, ins Dorf zu gehen, entschuldigte sich bei dem Mann und erzählte ihm von seinem Traum. Dann begaben sich beide ins Dorf. Als der Metzger an seiner Haustür ankam, hörte er lauter fröhliches Grunzen im Stall. Metzger und Mönch eilten daraufhin zum Hintergarten und sahen im Stall das Schweineweib glücklich seine neugeborenen fünf Ferkel stillen. Es war jenes Schwein, das der Metzger hatte schlachten wollen, was er aber wegen der Verspätung des Gongschlags nicht mehr ausführen konnte. Seitdem schlachtete der Metzger nicht mehr und wurde Mönch.

Aufmerken und Teetrinken
Der Zen-Geist im Tee-Weg

Franziska Ehmcke

Der Tee-Weg als Kunst

Der Tee-Weg ist eine altehrwürdige Kunst, die vor fast 500 Jahren entstand. Sie ist jedoch bis heute erfrischend jung geblieben und hat noch immer zahlreiche Anhänger, und das nicht nur in Japan. Die ursprüngliche Bezeichnung für diese einmalige Kunstgattung lautete einfach »heißes Wasser zum Tee« *(chanoyu);* erst viel später sprach man von »Tee-Weg« (*sadô,* heute meist *chadô*). Im Westen wird diese Kunstform oft als »Teezeremonie« bezeichnet. Dieser Ausdruck ist jedoch unglücklich gewählt. Die Tee-Kunst ist weder ein religiöses Ritual oder gesellschaftliches Zeremoniell, noch ist sie auf den bloßen Aspekt der Aktion beschränkt. Außerdem gab es in den chinesischen Chan-Klöstern und später in den japanischen Zen-Klöstern eine buddhistische Teezeremonie *(sarei),* die zu bestimmten Anlässen veranstaltet wurde. Dieser im wahren Sinne als Teezeremonie zu bezeichnende religiöse Akt mit seinen festen Regeln der Tee-Zubereitung und des Tee-Trinkens stellt eines der Elemente dar, die zur Ausformung des Tee-Wegs beitrugen.[1] Im 15. und 16. Jahrhundert nahmen die sogenannten Kunst-Wege *(geidô)* Gestalt an, zu denen auch der Tee-Weg gehört. Diese waren künstlerische und spirituelle Übungswege zugleich. Daher soll im folgenden vor allem der Begriff »Tee-Weg« oder alternativ »Tee-Kunst« verwendet werden.

Vereinfacht gesagt geht es darum, einen Raum der Jahreszeit und dem Anlaß entsprechend herzurichten, Gäste einzuladen, sie zu bewirten, Wasser zu kochen, Tee zuzubereiten und ihn gemeinsam mit den Gästen zu trinken. Da viele von uns ebenfalls gern eine Tasse Tee trinken, klingt das vertraut, aber wir würden es wohl kaum als Kunst bezeichnen. Für uns gehört das Teetrinken in den Bereich der Lebenskultur wie der Genuß guten Essens oder erlesener Weine. Natürlich gibt es in Japan auch das einfache Zubereiten einer Kanne Tee. Darüber hinaus haben die Japaner aber diese auf den ersten Blick so lapidar anmutenden Verrichtungen zu einer höchst verfeinerten Kunstform entwickelt, die in einer intensiven Ausbildung erlernt werden muß.

Zen-Buddhismus und Tee-Weg

Das Gedankengut des Zen-Buddhismus ist von zentraler Bedeutung für die Entstehung und Ausformung des Tee-Wegs gewesen, auch wenn keineswegs nur der Zen daran beteiligt war. Auf die anderen Elemente wie die Einheit von Kunst und Religion im esoterischen Shingon-Buddhismus, daoistische Vorstellungen, shintoistische Anschauungen und neokonfuzianische Ethik kann im Rahmen dieser kurzen Betrachtung jedoch nicht näher eingegangen werden.[2] Die enge Beziehung zwischen Tee und Zen soll auf zweifache Weise verdeutlicht werden: aus historischen Quellen einerseits und durch die Betrachtung der Tee-Kunst andererseits.

In seiner Schrift »Aufzeichnungen von Yamanoue no Sôji« *(Yamanoue no Sôji no ki)* hielt als erster der Tee-Meister Yamanoue no Sôji[3] (1544–90) die spirituelle

Identität von Tee und Zen fest: »Der Tee *(chanoyu)* ging aus der Zen-Lehre hervor und ist daher ganz und gar eine mönchische Übung«; oder: »Tee-Stil und -Form sind Zen«.[4] In diesen und anderen Passagen bezieht sich Sôji auf die Gesinnung seines Lehrers Sen no Rikyû (1521–91), dessen Lehrgespräche zum Tee-Weg erst Ende des 17. Jahrhunderts kompiliert und unter dem Titel »Aufzeichnungen des Südens« *(Nanpôroku)*[5] bekannt wurden. Rikyû, ein Zen-Adept, lehrte folgendes:

»Die Tee-Kunst im Stil des kleinen Tee-Raumes ist vor allem eine Schulung und Verwirklichung des Weges im Geiste des Buddhismus. Sich an der großartigen Konstruktion eines Hauses und an dem Geschmack erlesener Speisen zu erfreuen ist eine sehr weltliche Angelegenheit. Uns genügt ein Haus, durch dessen Dach es nicht regnet, und ein Mahl, bei dem man nicht verhungert. Das entspricht der Lehre Buddhas und dem wahren Geist der Tee-Kunst.«[6]

Rikyûs Enkel Sen no Sôtan (1578–1658) wird traditionellerweise ein Werk mit dem Titel »Tee und Zen sind ein und derselbe Geschmack« *(Chazen dôichimi)* zugeschrieben; »ein Geschmack« im Sinne der ideellen Gleichsetzung beider. Seither ist der Ausdruck »der Geschmack von Tee und Zen ist eins« *(chazen ichimi)* geläufig.[7]

Ein weiterer Verfechter der engen Verbindung von Tee und Zen war der Zen-Mönch Jakuan Sôtaku. In seiner um 1800 verfaßten Schrift »Zen-Tee-Aufzeichnungen« *(Zencharoku)*[8] stellt er Betrachtungen über die Zenlehre als geistige Grundlage des Tee-Wegs oder die Tee-Zusammenkunft als religiöse Übung an.

Auch in diesem Jahrhundert wird die Beziehung von Tee und Zen betont. Takahashi Sôan (Yoshio, 1861–1937) beispielsweise schrieb 1932 in seinem Aufsatz »Mein Tee« *(Ora ga chanoyu)*, daß alles im Tee vom Zengeist herrühre. Wenn jemand meine, daß Tee- und Zengesinnung nicht identisch seien, so gleiche das der Behauptung, daß eine in Essig eingelegte Gurke nicht nach Essig schmecke.[9]

Dennoch muß an dieser Stelle betont werden, daß der Tee-Weg und die eigentliche Zenpraxis nicht ein und dasselbe sind. Die Tee-Kunst ist spirituell-anschaulich, ist Schulungsweg und Gesamtkunstwerk zugleich.

Im folgenden sollen nun einzelne Aspekte, die dem Zen-Geist verwandt sind, etwas genauer betrachtet werden.

Wachsamkeit

Eine zentrale Rolle spielt die Schulung der Geistesgegenwart oder Wachsamkeit. Es werden daher verschiedene Tee-Zusammenkünfte (*chaji* oder *chakai*) veranstaltet, die sich dem jeweiligen Anlaß entsprechend unterscheiden: Es gibt Tee-Zusammenkünfte zu sieben Tageszeiten wie den »Morgen-Tee« oder den »Abendgesprächs-Tee«; sechs auf Jahreszeiten bezogene Tee-Zusammenkünfte, beispielsweise den »Schneeschau-Tee«; Tee-Zusammenkünfte für bestimmte Jahresfeste wie den »Abschieds-Tee« zu Neujahr und außerdem Tee-Zusammenkünfte zu sonstigen Anlässen, etwa der Besuch eines Ehrengastes oder ein besonderes Fest.

Die Grundform einer Tee-Zusammenkunft ist die der Mittagsstunde *(shôgo no chakai)*, aus der sich alle anderen ableiten. Sie besteht aus drei Teilen: erster Teil, Pause *(nakadachi)* und letzter Teil. Im ersten Teil wird den Gästen ein Tee-Mahl serviert, denn der im dritten Teil gereichte starke Tee könnte bei nüchternem Magen zu Unwohlsein führen. Eine Schreibweise des japanischen Ausdrucks für Tee-Mahl, *kaiseki ryôri*, bedeutet »Magen-Wärmstein-Speisen«, ein dem Zen entlehnter Ausdruck. Die Zen-

Mönche legten sich in der kalten Jahreszeit einen erwärmten Stein auf den Magen *(kaiseki)*, um bei ihren Meditationen Hunger und Kälte zu besiegen, da sie ab Mittag nichts mehr zu sich nehmen durften. Die Wahl dieses Zen-Wortes deutet auch auf die Schlichtheit der Speisen hin. Die Grundlage der Bewirtung im Sinne des *wabi*-Ideals, auf das gleich noch einzugehen ist, waren für Rikyû die einfachen Speisen der Zen-Klöster. Seither ist es Brauch, alltägliche Zutaten und nicht besondere Leckerbissen zu servieren.

Zur Schulung der Wachsamkeit gegenüber der Jahreszeit gehört es, daß nur Speisen der Saison erwünscht sind, also keine Sommerfrüchte im Winter oder ähnlicher Luxus. Es gilt die Ausgewogenheit zwischen flüssiger Nahrung (Suppe) und fester Nahrung (Reis, Fisch und Gemüse) zu beachten – Fleisch ist aufgrund des zenbuddhistischen Ansatzes verpönt. Auch die Harmonie zwischen »Früchten des Meeres« und »Früchten aus Wald und Feld« will bedacht sein.

Hinzu kommt die Auswahl des Geschirrs. Ursprünglich benutzte man nach dem Vorbild der Zen-Klöster nur Lackgeschirr wegen des einfach-schlichten Lackschwarzes, das überdies einen unnachahmlichen ästhetischen Reiz besitzt. Seit dem 17. Jahrhundert kamen auch Keramik- und Porzellanwaren in Mode, die mehr dem Geschmack der Feudalfürsten entsprachen. Heute besteht das Geschirr wieder mehrheitlich aus Lackwaren, allerdings meist kombiniert mit Keramik, wodurch eine gegenseitige Steigerung der jeweiligen Schönheit der Materialien bewirkt wird.

Nach der Pause, in der sich die Gäste – im Garten, falls vorhanden – entspannen und auf den folgenden Hauptteil der Tee-Zusammenkunft innerlich vorbereiten, wird im letzten Teil zweimal Tee serviert. Zunächst reicht der

Gastgeber Süßigkeiten und bereitet den »Starken Tee« *(koicha)* zu. Die Bewegungen des Tee-Meisters sind ruhig und harmonisch, es geht feierlich und meist auch schweigend zu. Während des Zubereitens und Trinkens des Starken Tees konzentrieren sich alle Teilnehmer. Erst gegen Ende des Umtrunks beginnt ein Gespräch. Nach dem Auswechseln der Tee-Schale und Tee-Dose und dem Reichen anderer Süßigkeiten beginnt die zweite Tee-Runde mit dem »Leichten Tee« *(usucha)*. Beim Leichten Tee ist die Stimmung nicht so feierlich-konzentriert, es wird gesprochen und darf auch geraucht werden. Auch der Gastgeber beteiligt sich am Gespräch, obwohl er komplizierte Regeln befolgen und Bewegungsabläufe beherrschen muß.

Eine vollständige Tee-Zusammenkunft dauert mindestens vier Stunden. Es gibt jedoch viele, auch kürzere Varianten, beispielsweise ohne Tee-Mahl oder ohne Leichten Tee.

Wabi-Ästhetik

Von besonderer Bedeutung ist bis heute die Tee-Ästhetik, die stark vom Zen beeinflußt wurde und mit dem nur schwer übersetzbaren Begriff *wabi* bezeichnet wird. *Wabi* bedeutete ursprünglich Mangel, Verlust oder Verlorensein. Diese negative Konnotation wurde »umgewandelt« in ein positives ethisch-ästhetisches Ideal, das die Schönheit des Einfachen, Unscheinbaren und Vergänglichen mit der höchsten spirituell-existentiellen Wirklichkeit des Menschen gleichsetzt. Seinen konkreten Ausdruck fand *wabi* im »Tee im Stil der Einsiedlerhütte«, wie ihn die Tee-Meister Takeno Jôô (1502–55) und Rikyû vollendeten. Für *wabi* gelten spezifische Merkmale, die auch für den Zen charakteristisch sind, zum Beispiel:

1. Das Nichtverhaftetsein an materiellen Dingen ermöglicht unbegrenzte Freiheit. In einem Gedicht beantwortete Rikyû die Frage, ob kostbares Tee-Gerät notwendig sei, so:

»Ist es vorhanden: gut;
gibt es keins: dann nicht;
handeln wir gerade so,
wie es ist,
dann ist es die wahre Tee-Kunst.«

2. Egoistische Wünsche sollen zugunsten selbstloser Vorstellungen aufgegeben werden. Vom »Tee-Menschen« *(chajin)*, so die Bezeichnung für die Anhänger der Tee-Kunst, wird gefordert, daß er unablässig an sich arbeiten müsse, um Egoismus, Verhaftungen und Begierden »abzukühlen, auszutrocknen und auszuzehren«, wie der Tee-Meister Murata Jukô (1422–1502) es formulierte.

3. Das Bewahren des inneren Geistesadels in aller äußeren Armut. Von dem *wabi*-Tee-Meister Awataguchi Zenpô heißt es, daß er nur einen einzigen Teekessel besaß, in dem er sowohl seine Mahlzeiten als auch das Teewasser kochte. Dennoch lobte ihn sein Lehrer Jukô: Man habe an ihm, einem Mann von reinem Gemüt, seine Freude.[10]

4. Die Abkehr vom Prächtig-Raffinierten und die Hinwendung zum Einfach-Schlichten. Die gesamte Tee-Kunst im Geiste des *wabi*-Ideals folgt dieser Forderung.

5. Alle vom Zen beeinflußten Künste lehnen das Vollkommene und Symmetrische ab und wenden sich dem Unvollkommenen und Asymmetrischen zu. In der Tee-Kunst sind zum Beispiel die Shigaraki- und Bizen-Kera-

miken mit ihren rauhen Oberflächenstrukturen und unregelmäßigen Formen oder die von Hand geformten Raku-Teeschalen zu nennen.

6. Anstelle des Künstlichen schätzt man das Natürliche. Der Tee-Garten wird zwar kunstvoll angelegt, muß aber den Eindruck erwecken, als ob alles von Natur aus gerade so sei, wie es ist. Die »Tee-Blumen« *(chabana)*, das Arrangement im Tee-Raum, sollen so wirken, als ob die Pflanzen draußen in der Natur wüchsen. Die Tee-Kunst versagt sich auch zivilisatorischer Künstlichkeit: ein Frischwassergefäß aus Plastik, künstliche Blumen oder eine Fotografie in der Schmucknische sind undenkbar.

7. Schweigen gilt mehr als Geschwätzigkeit. Auf die Ruhe beim Zubereiten und Trinken des »Starken Tees« wurde bereits hingewiesen. Auf das Gespräch im Tee-Raum wird noch einzugehen sein.

Der reduzierten, minimalistischen Schönheit der *wabi*-Ästhetik haben sich die Japaner auch anhand zweier Gedichte zu nähern versucht. Rikyû hat beide Gedichte kommentiert.[11] Für ihn veranschaulichen sie die zwei Aspekte der *wabi*-Gesinnung.

Das erste lautet:

»Wie weit man auch blickt
weder Blüten noch leuchtend verfärbtes Ahornlaub –
am Ufer
nur eine riedgedeckte Hütte
in der herbstlichen Abenddämmerung.«

Dieses Gedicht stammt von Fujiwara Teika (1162–1241) und wurde von Jôô zur Darstellung des *wabi*-Ideals herangezogen.

In Teikas Gedicht manifestiert sich der Aspekt des Zurücknehmens, Hineinziehens. »Blüten und leuchtend verfärbtes Ahornlaub« werden von den *wabi*-Tee-Meistern als die kostbare Ausstattung der Tee-Zusammenkünfte im Stil vorangegangener Epochen interpretiert. Nur wer die Fülle kennen- und liebenlernt, sie dann aber bewußt reduziert und transzendiert, wird der Erfahrung der Buddha-Natur in allem Vergänglichen teilhaftig und kann die Schönheit der ärmlichen »riedgedeckten Hütte in der herbstlichen Abenddämmerung« wirklich schätzen. Dieser Ort wird von Rikyû in seinem Kommentar mit dem Zen-Ausdruck *muichimotsu no kyôgai,* etwa »der Bereich, in dem es kein einziges Ding gibt« oder »der Zustand ohne Besitz«, bezeichnet.

Das zweite Gedicht, von Fujiwara Ietaka (1185–1237) verfaßt, führte Rikyû gern an:

»Denen, die nur Kirschblüten
sehnsüchtig erwarten,
wie gern würd' ich ihnen zeigen
mitten im Schnee das sprossende Grün
im Bergdorf zur Frühlingszeit!«

In Ietakas Gedicht sind die »Blüten und leuchtend verfärbten Ahornblätter« unter Schnee begraben. Alle äußere Erscheinung, sinnlich wahrnehmbare Pracht ist verschwunden. Doch nun entfaltet sich der zweite Aspekt des *wabi*-Ideals. Der Prozeß des völligen Zurücknehmens schlägt um in den Prozeß der schöpferischen Entfaltung: Aus dieser Sphäre des äußerlichen Nichtseins, eben seinem inneren »Bergdorf zur Frühlingszeit«, läßt der *wabi*-Mensch spontan und ohne jeden Kraftaufwand »sprossendes Grün« hervorgehen. Die Verwandlung des äußeren Reichtums in inneren Reichtum, der sich wiederum sinnlich nach außen manifestiert, ist zu existentieller Erfahrung und konkretem Ausdruck des *wabi*-Lebensgefühls geworden.

Alltägliche Handlungen

Vom Anspruch des Tee-Wegs her ist das menschliche Leben in seiner Gesamtheit Gegenstand künstlerischer Gestaltung, so wie ein Zen-Adept nicht nur die Meditationsstunden als religiöse Übung versteht, sondern auch alle anderen Handlungen in seine Bewußtseinsschulung einbezieht. Der große Zen-Meister Dôgen (1200–53) lehrte, daß die alltäglichen Verrichtungen kein Hindernis darstellen, sondern zur Erleuchtung führen: »Es gibt keinen Buddhismus außerhalb des tagtäglichen Lebens.« In diesem Sinne wird in der Tee-Kunst das Leben selbst zum Kunstwerk. Zen-gemäß kann man auch sagen: Der Alltag ist ein universaler Übungsort. Ein Tee-Mensch ist immer ein Tee-Mensch, nicht nur während der begrenzten Zeit einer Tee-Zusammenkunft. Er wird fast jede Alltagshandlung als Möglichkeit auffassen, sich zu schulen.

Zunächst einmal muß er gut saubermachen können. Nicht nur, daß der Tee-Raum und die Empfangs- oder Umkleideräume der Gäste blitzsauber sein sollten; das könnte eventuell auch eine Putzhilfe erledigen. Aber während der Tee-Zusammenkunft muß er selbst staubwischen und Tee-Schalen spülen, und das will in diesem Falle geübt sein. Es gibt zumindest in Japan eine Gruppe von Menschen, die das Reinigen von Utensilien als künstlerische Handlung betrachten. Die Art nämlich, wie der Gastgeber ein seidenes Tuch aus seinem Gewand zieht, es kunstvoll in Falten legt und damit die Tee-Dose oder den Tee-Löffel symbolisch von Staub befreit, ist nur nach jahrelangem Üben zu beherrschen. Auch die Tee-Schale wird vor den Gästen noch einmal in einer genau einstudierten Prozedur gesäubert.

Da ein Tee-Mensch heute Gastgeber und morgen selbst Gast sein kann, muß er auch alle Handlungen des Gastes beherrschen. In Japan zieht jeder, bevor er ein Haus oder eine Wohnung betritt, seine Schuhe aus. Das geschieht einerseits, um keinen Schmutz in das Haus hineinzutragen, denn das ganze Leben spielte sich ursprünglich auf dem Boden ab. Andererseits würde man den Bodenbelag, der im traditionellen Haus aus Binsenmatten *(tatami)* besteht, durch hartes Schuhwerk beschädigen. Heutzutage benutzen viele Japaner auch Tische und Stühle oder Sitzecken, dennoch zieht man weiterhin stets am Eingang die Schuhe aus. Der Tee-Mensch lernt nun, wie er die profane Handlung des Abstellens der Schuhe vor dem Eingang zum Teehaus zu vollziehen hat.

Das Gehen im Tee-Raum muß ebenfalls geübt werden. Es ist eher ein Schreiten in verschiedenen Variationen, vor allem für den Gastgeber, der die Tee-Utensilien herbeiträgt. Auch die Art, wie man sich im Sitzen voreinander verbeugt, indem man dabei die Fingerspitzen auf den Boden setzt, ist nicht angeboren.

Bevor die Tee-Gäste kommen, wird – falls vorhanden – der Garten sorgfältigt gereinigt. Im traditionellen Garten gibt es keinen Weg, sondern Trittsteine, die von Sand, Laub oder Bewuchs befreit werden, damit die Gäste angenehm gehen können. Der Tee-Garten ist häufig mit Bäumen bepflanzt, unter denen sich eine Moosdecke erstreckt. Gartenpfad und Moos sowie Sträucher und Büsche werden gesäubert und teilweise mit Wasser besprengt, so daß es aussieht, als ob sie gerade vom frischen Morgentau benetzt seien. Wie schwierig das Ideal der Reinlichkeit zu verwirklichen ist, illustriert folgende Anekdote des großen Tee-Meisters Rikyû. Rikyû beobachtete seinen Sohn Shôan, wie dieser den herbstlichen Gartenpfad fegte und besprengte. »Das reicht noch nicht«, sagte er, als sein Sohn fertig war. Nach einer Stunde unermüdlichen Arbeitens wandte sich Shôan wieder an Rikyû und sagte: »Ich habe die Steine mehrmals gewaschen, die Steinlaterne und die Bäume besprengt, auch das Moos leuchtet in frischem Grün. Kein einziges Laubblatt liegt mehr auf dem Boden.« Da schalt ihn der Vater erst recht, trat in den Garten hinaus, schüttelte einen Baum und verteilte so einige goldene und rotleuchtende Blätter über den Garten, der nun wie ein kostbares Stück Brokat aussah.[12] Radikale Sauberkeit allein ist gerade nicht gefragt, sie muß im Einklang mit Schönheit und natürlicher Harmonie stehen. Erst ein Garten, dem man die sorgfältige Pflege nicht ansieht, sondern der so wirkt, als ob die Natur ihn gerade so gestaltet habe, ist für Japaner akzeptabel, übrigens nicht nur in der Tee-Kunst.

Auch das Zurechtmachen der Räume erfordert sehr viel Kenntnis und Übung. Neben einem Ikebana-Arrangement muß dem Anlaß der Tee-Zusammenkunft entsprechend ein Bild für die Schmucknische ausgewählt werden. Es bedarf daher gründlicher Ausbildung in Malerei- und Kalligraphiegeschichte, damit man sich nicht blamiert und im Herbst eine Frühlingslandschaft oder am Abend einen typischen Morgenspruch aufhängt.

In Japan werden Bilder traditionellerweise nicht gerahmt, sondern als Rollbilder aufgezogen. Nach Beendigung der Tee-Gesellschaft rollt man es wieder zusammen und verstaut es. Ein Tee-Mensch muß deshalb unbedingt die richtige Behandlung der Bilder erlernen: wie man die kunstvoll verschnürten Holzbehälter öffnet, wie man vorsichtig das Bild entrollt und wieder sorgfältig verstaut. Dasselbe gilt auch fur Räucherwerksbehälter und andere Utensilien, die nach dem Gebrauch wieder geschickt verpackt werden. Da ein Teil des Raumausschmückens vor den Augen der Gäste vollzogen wird, müssen alle diese profanen Handgriffe sitzen.

Überhaupt spielt die Art der Bewegung und Gestik eine entscheidende Rolle. Die Tee-Geräte wie die Tee-Schale, die Tee-Dose, der Tee-Besen zum Schlagen des Pulvertees oder die Schöpfkelle für das heiße Wasser werden hereingetragen, nachdem die Gäste bereits Platz genommen haben. Dann beginnt die Teezubereitung. Die vielen einzelnen Handgriffe sind in der Reihenfolge genau festgelegt, für die Art des Zubereitens und des Servierens ebenso wie für die des Trinkens. So darf man beispielsweise den Tee nicht irgendwie austrinken. Es ist genau vorgeschrieben, wie die Teeschale zunächst mehrmals leicht gedreht wird, bevor man in mehreren kleinen Schlucken trinken darf. Dennoch sieht alles ganz natürlich aus. Das ist das Geheimnis dieser Kunst. Keine Bewegung wird zufällig einfach auf irgendeine Weise ausgeführt, sondern alles ist künstlerisch inszeniert. Bei einem Anfänger mag das noch gestelzt aussehen, bei einem Meister wirken das Schreiten, das Verbeugen, das Zubereiten des Tees, das Servieren, das Trinken so, als ob es überhaupt nicht anders sein könnte, so natürlich wird es vollzogen.

Ein Tee-Mensch ist auf diese Weise bestrebt, das jeder Handlung innewohnende Wahr-Schöne spontan zur Erscheinung zu bringen. Es mag den Anschein erwecken, als ob die Kreativität des Tee-Menschen durch die zahllosen, bis ins kleinste Detail ausgearbeiteten Regeln völlig erstickt würde. Dazu muß man allerdings um das ostasiatische Verständnis von kreativer Spontaneität wissen: Erst wer alle Regeln einer Kunst durch jahrelanges Üben so beherrscht, daß er souverän über sie verfügt, hat ein »Gefäß« gebildet, das die Aufnahme schöpferischer »Inhalte« überhaupt ermöglicht. Nur das, was perfekt gelernt und beherrscht wurde, kann sich zu einer spontanen, kreativen Entfaltung steigern, die dann durchaus auch Regeln wieder sprengen darf. Daher wirken die Bewegungen der wahren Tee-Meister niemals gleich.

Zum schöpferischen Ausüben einer jeden Kunst bedarf es der geistigen Sammlung. Wer unaufmerksam, unkonzentriert ist, wird keine Kreativität freisetzen können. Von der Tee-Kunst kann man nun im besonderen lernen, seine ungeteilte Aufmerksamkeit dem aktuellen Moment zuzuwenden – wieder eine Grundforderung auch des Zen. Der Tee-Mensch überlegt nicht, was richtig oder falsch sein könnte, auch geht es ihm weder um Kunstfertigkeit noch um Selbstdarstellung – nur die reine Seinserfahrung im Tun und Miterleben zählt. Die Tee-Zusammenkunft ist einmalig und unwiederholbar. Denn das wach aus dem unmittelbaren Augenblick heraus vollzogene Geschehen kann so nie wiederholt werden. Jeder Tag, jede Stunde ist anders, auch wenn im Prinzip immer dieselben Handlungen bei der Teezubereitung vollzogen werden. Ist es nicht auch in unserem Alltag so: das Aufstehen, das Frühstücken, der Weg zur Arbeit – vieles an einem Tag ist eigentlich gleich, aber in Wirklichkeit niemals identisch. Genau dieses Prinzip der Einmaligkeit einer jeden alltäglichen Handlung führt die Tee-Kunst so anschaulich vor Augen.

Gemeinschaftskunstwerk Tee

Bei einer Tee-Zusammenkunft gibt es keine »Darsteller« und kein »Publikum«. Alle Teilnehmer gestalten gemeinsam das »Gemeinschaftskunstwerk Tee«. Jôô hatte dazu den Ausdruck »das Bauen einer Zusammenkunft« *(ichiza konryû)* verwandt. Auf den Tee-Meister Ii Naosuke

(1815–60) geht der bis heute geläufige Begriff »ein einmaliges, unwiederholbares Zusammentreffen« *(ichigo ichi'e)* zurück.

Für jedes »einmalige, unwiederholbare Zusammentreffen« ist neben den äußeren Regeln auch eine geistige Disziplin erforderlich. Der Schulungsaspekt dieser Kunst kann durch die sogenannten vier Grundpfeiler des Tee-Wegs veranschaulicht werden. Das erste Ziel ist die Harmonie des Menschen mit seiner Umgebung. Indem er besonnen alles aufmerksam wahrnimmt, schenkt der Tee-Mensch allen Mitmenschen, Lebewesen und Dingen die ihnen gebührende Achtung. Als zweites Ziel ist die Ehrfurcht oder Ehrerbietung zu nennen. Sie gilt allen anderen Menschen und beruht auf einer bescheidenen Haltung. Als die Tee-Kunst durch Rikyû in der zweiten Hälfte des 16. Jahrhunderts zu ihrem Höhepunkt geführt wurde, gab es unüberbrückbare Standesunterschiede. Rikyû hatte jedoch den Mut, alle Teilnehmer an einer Tee-Zusammenkunft für die Zeit ihres Beisammenseins als gleichberechtigte Partner anzusehen. Während des gemeinsamen Vollzugs des »Kunstwerks Tee« spielten Rang und gesellschaftliche Stellung keine Rolle. Die Schwertadligen mußten am Eingang ihre Status- und Machtsymbole, die Schwerter, ablegen. Zusätzlich war der Eingang zum Tee-Raum so niedrig gehalten, daß man nur gebückt eintreten konnte. Auf diese Weise traten alle als einfache, gleichgestellte Menschen in die Sphäre des Tee-Raumes ein. Diese Haltung der Nichtüberheblichkeit oder Demut muß heute – trotz geänderter gesellschaftlicher Bedingungen – immer noch geübt werden. Das dritte Ziel ist die Reinheit, die sowohl die äußere als auch die innere, geistige Reinheit umfaßt. Viertes und letztes Ziel ist die Stille im Sinne der Stille im Tee-Raum und im Inneren des Herzens. Man könnte auch von äußerem und innerem Frieden sprechen.

Vor diesem Hintergrund ist es verständlich, wenn sich das Gespräch vor allem auf die Tee-Kunst selbst bezieht. Bestimmte, äußerst beliebte Themen wie Politik, Weltanschauungsfragen, Klagen über persönliche und zwischenmenschliche Probleme, Geld- oder Gehaltsfragen, Übertreibungen und Lobhudeleien sind daher im Tee-Raum absolut verpönt. Der Tee-Meister Jôô forderte: »Die Tee-Kunst besteht darin, feinfühlig miteinander umzugehen.« Man spricht über die Tee-Schalen und anderen Tee-Utensilien, die Gartenanlage, das Bild oder die Kalligraphie in der Schmucknische, das Blumen-Arrangement. Diese Themen bieten Stoff genug für die Stunden des Beisammenseins. Die Gesprächsgegenstände sind festgelegt, aber niemand will dabei sein Wissen demonstrieren, recht haben oder dominieren. Es zählt allein die harmonische Stimmung, die Freude, miteinander zusammenzusein, gemeinsam Tee zu trinken und die vom Gastgeber für diesen Anlaß ausgewählten Dinge zu betrachten. So bietet das Gespräch die Möglichkeit, den Alltag abzustreifen und ganz in die Sphäre der Kunst einzutauchen.

Auch uns täte vielleicht manchmal so ein Ort gut, an dem man ohne Furcht voreinander einfach miteinander plaudern kann. Gerade Gesprächsthemen, die auf den ersten Blick nicht weltbewegend erscheinen, können eine wunderbare Atmosphäre der Harmonie erzeugen. Darin sind die Japaner übrigens nicht nur während einer Tee-Zusammenkunft Meister. Aber auch die Engländer sprechen möglicherweise aus ähnlichen Überlegungen bekanntermaßen so gern und ausgiebig über das Wetter.

So kann man mit Recht sagen: Die Tee-Menschen haben entdeckt, daß der Alltag eine Fülle von Handlungen birgt, die es wert sind, ausgeführt zu werden. Die Tee-Kunst selbst vollzieht sie in höchst artifizieller Weise, auch wenn sie ganz natürlich wirkt. Zum Übungsort kann jedoch jeder Platz in unserer Umgebung werden, und als Übungszeit ist jede Minute kostbar. Das macht diese alte Kunst so jung und anregend, auch wenn man sie selbst nicht praktiziert: Es gibt nichts im Leben, das zu gering wäre, um nicht kunstvoll ausgeübt zu werden. Man muß nur die »Kunstwürdigkeit« auch und gerade des Alltags zu entdecken wissen.

Anhang

Anmerkungen und Literaturhinweise

Perry Schmidt-Leukel: Heiligkeit des Lebens – Über den Zusammenhang von Essen und Religion

1 Vgl. W. James: *The Varieties of Religious Experience* (1902). New York 1990, Postscript.
2 »Die Religionen und das Essen« – eine Vortragsreihe, die von der Gesellschaft für Europäisch-Asiatische Kulturbeziehungen e.V. in Zusammenarbeit mit der Münchener Volkshochschule im Winter 1997/8 in München durchgeführt wurde.
3 *Le cru et le cuit*, 1964.
4 Friedrich Schleiermacher: *Der christliche Glaube.* 2. Aufl. 1830, § 4 f.
5 *Milindapañha. Die Fragen des Königs Milinda.* Herausgegeben und teilweise neu übersetzt von Nyanaponika. Interlaken 1985, S. 289.
6 Vgl. J. Hick: *Religion. Die menschlichen Antworten auf die Frage nach Leben und Tod.* München 1996.
7 Vgl. R. Otto: *Das Heilige.* 1917.
8 Vgl. M. Eliade: *Die Sehnsucht nach dem Ursprung.* 1973.

Anacletus Nnamdi Odoemene: Die Bedeutung des Essens in der afrikanischen traditionellen Religion

1 Vgl. F.-X. Kyewalyanga: *Traditional Religion, Custom, and Christianity in East Africa.* Hohenschäftlarn 1976, S. 98 f.; M. Wilson: *Religion and the Transformation of Society.* Cambridge 1971, S. 33.
2 Vgl. auch S.A. Thorpe: *African Traditional Religions, An Introduction.* Pretoria 1991, S. 111.
3 Vgl. R. u. G. Riepe: *Gott war bei allen Menschen: Afrikanische Religionen.* Aachen 1993, S. 45.
4 Vgl. I. Olomola: IPADE. An Extinct Aspect of Traditional Burial Rite among Yoruba Hunters. Marburg 1990, S. 25.
5 Vgl. D. Chidester: *Religions of South Africa.* London 1992, S. 9 f.
6 Vgl. T. Sundermeier: *Aus einer Quelle schöpfen wir.* Gütersloh 1992, S. 43.

Matthias Klinghardt: »Nehmt und eßt, das ist mein Leib« – Mahl und Mahldeutung im frühen Christentum

1 Klassisch bei J. Jeremias: Die Abendmahlsworte Jesu. Göttingen ^{4}1967 (passim).

2 Der Wiederholungsbefehl fehlt z. B. in den Einsetzungsberichten des Mk- und des Mt-Evangeliums, obwohl sie – wie Hippolyt von Rom (am Ende des 2. Jahrhunderts) – einen Bezug zum Tod Jesu implizieren. Keine Rolle spielt der Tod Jesu dagegen in den Mahltexten der Apostelgeschichte, in den Mahlgebeten der Didache, bei Justin (1Apol 65 ff.) oder in den Mahlgebeten aus der Sammlung des Bischofs Serapion von Thmuis usw.

3 Für viele andere: B. Kollmann: *Ursprung und Gestalten der frühchristlichen Mahlfeier* (GTA 43). Göttingen 1990 (mit Lit.).

4 Mähler Jesu mit Jüngern: Mk 2,13 ff. par.; Joh 13 f. usw.; mit Pharisäern: Lk 7,36 ff.; 11,37 ff.; 14,1 ff. usw.; mit Zöllnern und Sündern: Mk 2,13 ff.; Lk 15,2; 19,1 ff. usw.

5 Vgl. dazu F. Poland: *Geschichte des griechischen Vereinswesens.* Leipzig 1909 (= Ndr. 1967); E. Ziebarth: *Das griechische Vereinswesen.* Stuttgart 1896 (= Ndr. Wiesbaden 1969); F. M. Ausbüttel: *Untersuchungen zu den Vereinen im Westen des Römischen Reiches* (FAS 11). Kallmünz 1982.

6 Die aristotelischen Philosophen in Alexandria beispielsweise trafen sich im »Mouseion« (also in einem Musenheiligtum) zu einem Gemeinschaftsmahl (Strabo, *Geogr.* XVII 1,8). Zu den Philosophenzirkeln insgesamt vgl. B. Sauter: *Museum und Bildung.* Hohengehren 1994, S. 58 ff. Außerdem *IG* XII/3, 330, Z. 61 ff. oder Poseidonios, fr. 10 *FGrHist* 87 usw.

7 Zu den sog. *collegia funeraticia* vgl. Ausbüttel, a. a. O..; W. Liebenam: *Zur Geschichte und Organisation des römischen Vereinswesens.* Leipzig 1890 (= Ndr. Aalen 1974), S. 39 ff.

8 J. Vondeling: *Eranos.* Utrecht 1961; M. San Nicolò: *Ägyptisches Vereinswesen zur Zeit der Ptolemäer und der Römer* II (MBPF 2/2). München ^{2}1972.

9 Besonders aufschlußreich ist eine attische Gründungsurkunde, nach der sich mehrere »Freunde« als Verein konstituieren (*IG* II^{2} 1369).Unter den weiteren epigraphischen Belegen vgl. etwa: *InscrSmyrna* 720; *InscrLykien* 69; *IG* VII 3224 usw.

10 Die klassische Untersuchung nach allgemeinen religionsphänomenologischen (und nicht historischen) Kriterien ist F. Bammel: *Das heilige Essen im Glauben der Völker.* Gütersloh 1950.

11 Allerdings gehört es sich, daß Frauen (und Kinder) nicht mit den Männern auf der Kline liegen, sondern auf Stühlen oder Sesseln (gr. *hypopodion,* lat. *subsellium*) dabeisitzen. Sofern griechische Vasenbilder Frauen mit Männern auf Klinen zeigen, handelt es sich immer um Hetären.

12 Vgl. dazu K.M.D. Dunbabin:»Triclinium and Stibadium«. In: W. J. Slater (Hrsg.): *Dining in a Classical Context.* Ann Arbor 1991, S. 121–148; J. Rossiter: »Convivium and Villa in Late Antiquity«. *ebd.* S. 199–214; B. Bergquist: »Sympotic Space: A Functional Aspect of Greek Dining-Rooms«. In: O. Murray (ebd.): *Sympotica.* Oxford 1990, S. 37–65.

13 Aus Chr. Börker: *Festbankett und griechische Architektur* (Xenia 4). Konstanz 1983, S. 20 (Abb. 2).

14 Plutarch, *Quaestiones Convivales* V 6 (679E) im Rahmen der Diskussion zum Thema Platzbedarf beim Symposion.

15 Chr. Börker, a.a.O.., S. 29 (Abb. 13).

16 Plutarch, *Quaest. Conv.* V 5 (679A/B).

17 Zu diesen Hauskirchen vgl. H.-J. Klauck: *Hausgemeinde und Hauskirche im frühen Christentum* (SBS 103). Stuttgart 1981.

18 Vgl. die Beschlüsse über Anmietung bzw. Bau von Vereinsräumen, z.B. *SIG*[3] 987 (Chios, 4. Jahrhundert v.Chr.; hier mit dem Beschluß, die Gerätschaften des Vereins aus den Privathäusern in das neue Gebäude zu überführen); *SB* V 8267,25 ff.; *CIL* III 1174; VIII 2551 ff.; XIV 45. 424; IX 5177 usw.

19 Act 19,9; der Terminus, der häufig etwas ungenau mit »Lehrhalle« übersetzt wird, heißt *scholē.* Aber auch im Lateinischen ist *schola* kein Vorlesungsgebäude, sondern ein Vereinsraum, der mit Triklinien ausgestattet ist.

20 Das Gelage heißt gr. *kōmos* (oder *symposion*), lat. *comissatio* (oder *convivium*); dabei werden die Bezeichnungen *symposion* bzw. *convivium* auch als *pars pro toto* für die gesamte Mahlveranstaltung verwendet.

21 Was bei Vereinssyssitien verzehrt wurde, läßt sich nur noch bruchstückhaft rekonstruieren, vgl. dazu M. Klinghardt: *Gemeinschaftsmahl und Mahlgemeinschaft* (TANZ 13). Tübingen 1996, S. 55 ff.; besser informiert sind wir über die normale Kost in durchschnittlichen (auch ärmlicheren) Haushaltungen in Griechenland und in Rom (*ebd.* S. 50 ff.).

22 Aulus Gellius, *Noctes Atticae* XIII 11,6; Macrobius, *sat.* II 8,3; III 18,1 usw. Allerdings gab es gelegentlich vor Beginn des Mahls einen »Vortrunk« (gr. *propoma,* lat. *promulsis*), der die Funktion

eines Aperitifs hatte und deswegen besonders anregend sein sollte, vgl. etwa Phylarch, fr. 51 *FGrHist* 81; Cicero, *Ad Fam.* IX 16,8; 20,1. Dieser Aperitif war im Idealfall kein Wein (Wein auf nüchternen Magen ist ungesund!), sondern mit Honig versetzter Süßmost (Cicero, *Orat.* II 282; Plinius, *Nat. hist.* XXII 114; Plutarch, *Quaest. Conv.* 655E/656B).

23 An regelrechtem Eßbesteck kannte man nur Messer und kleine Löffel für bestimmte hochwertige Delikatessen wie Muscheln: In der Regel handelt es sich um Luxusgegenstände. Normalerweise wurden die Speisen daher bereits in der Küche zerlegt und portioniert aufgetragen.

24 Zur Flötenbegleitung des Päan vgl. etwa Plutarch, *Quaest. Conv.* VII 8 (713A): »Die Flöte läßt sich nicht vom Tisch verdrängen, selbst wenn man es wollte; sie ist für die Spenden so notwendig wie die Kränze; und sie erklingt zum Päan an die Gottheit.« Vgl. auch *Sept. sap. conv.* 5 (150D); Platon, *Symp.* 176E; Properz IV 6,8 usw. Wegen dieser Bedeutung der Flöte ist es verständlich, daß sich unter den Beamten zahlreicher Vereine auch professionelle Flötenspieler finden, z. B. *IG* IX/1², 247. 248. 250; *IG* V/1, 209; *IG* XIV 617 (hier heißt er *spondaulēs,* also etwa: »Libationsflötist«); *CIG* 1798. 3068 usw.

25 Die wichtigsten Zeugnisse sind bei Klinghardt, a.a.O. S. 392ff., zusammengetragen.

26 Platon, *Lacon.* fr. 71 *PCG* VII 462f. (bei Athenaeus, *Deipn.* XV 665B-D).

27 Athenaeus, *Deipn.* X 426c; vgl. auch Aristophanes, Plut. 1133.

28 Rotfiguriger *Dinos* aus Apulien, Mitte des 4. Jahrhunderts v. Chr. (Brit. Mus., *Inv.* F 303). Die Abbildung ist entnommen aus: A. D. Trendall, A. Cambitoglu: *The Red-Figured Vases of Apulia I.* Oxford 1978, Taf. 107/2.

29 Cicero, *In Pison.* 27,67. S. auch Horaz, *Sat.* I 4,86. Bei »normalen« Triklinien mit je drei Klinen vor allem bei Privateinladungen ergab das also neun Teilnehmer (Plautus, *Stich.* 487; Aulus Gellius, *Noct. Att.* XIII 11,2 usw.).

30 Cicero, *Cato mai.* XIII 45f. Vgl. *ebd.* 46: »Es ist daher ganz richtig, daß die Alten die Trinkgelage ein Zusammen*leben (convivium)* nannten, weil es eine gemeinsame Lebensgestaltung war. Sie trafen damit die Sache besser als die Griechen, die das gleiche Geschehen als Zusammen*trinken (compotatio = symposion)* ... bezeichneten.«

31 Den Zusammenhang zwischen politischem und sympotischem Frieden thematisiert wiederholt Theognis (757–764; 773–782); vgl. dazu D.B. Levine: »Symposium and the Polis«. In: T.J. Figueira, G. Nagy (Hrsg.): *Theognis of Megara: Poetry and the Polis.* Baltimore – London 1985, S. 176–196.

32 Lukian, *deor. dial.* 13 (15). Der Streit um den besseren Platz (»dieser Giftmischer soll über mir liegen?!«) ist ganz typisch für die vorausgesetzte Symposiensituation, vgl. etwa Plutarch, *sept. sap. conv.* 3 (148F–149B); Dio Chrysost., *Or.* XXX 29 etc.

33 Anakreon, fr. 96 DIEHL = 1 WEST. Daß beim Symposion nicht vom Krieg gesprochen werden soll, sagt auch Xenophanes (fr. 1 Diels/Kranz: *Die Fragmente der Vorsokratiker*): Man soll nicht von mythischen Schlachten reden oder von »tobendem Bürgerzwist; dann darin liegt kein Nutzen. Aber der Götter allzeit fürsorglich zu gedenken ist gut.«

34 Did 14,1f. Das Opfer, von dem hier die Rede ist, ist das Dankopfer des gemeinsamen Gebets (das ist ganz weit verbreiteter Sprachgebrauch), nicht aber eine rituelle Opferhandlung.

35 Jud 12; Ignatius von Antiochien, *Smyrn* 8,2: »Es ist nicht erlaubt, ohne den Bischof zu taufen oder ein Liebesmahl zu halten« (wörtlich »eine Liebe veranstalten« – *agapēn poiein*) usw.

36 Plutarch, *Quaest. Conv.* I 2 (616F).

37 Gleichheit *(isotēs)* bzw. Gleichverteilung *(isonomia)* ist der Höchstwert, an dem Platons staatstheoretische Entwürfe orientiert sind. Da aber eine absolut-distributive Isonomie (»allen dasselbe«) anarchisch ist (*Pol.* VIII 558c), wird an ihre Stelle eine relativ-proportionale Isonomie gesetzt (»jedem das, was ihm seiner Tugend nach zusteht«: *Nom.* 765E–758A) – schon Platon konnte also das Gleichheitsideal nicht mehr ungebrochen durchhalten; vgl. dazu J. Derbolav: *Von den Bedingungen gerechter Herrschaft. Studien zu Platon und Aristoteles.* Stuttgart 1979, S. 18–61.

38 Vgl. dazu das Material bei Klinghardt, a.a.O. S. 78ff.; S. 139ff.

39 Vgl. dazu Chr. Burchard: »Gemeinde in der strohernen Epistel. Mutmaßungen über Jakobus«. In: D. Lührmann, G. Strecker (Hrsg.): *Kirche* (FS G. Bornkamm). Tübingen 1980, S. 315–328.

40 Da diese Rekonstruktion des Ausgangsproblems und der paulinischen Lösung nicht unbestritten ist, verweise ich auf die ausführliche Begründung in *Gemeinschaftsmahl,* S. 275–332, wie Anm. 21. Eine enge Analogie zu Problem und Lösung berichtet Xenophon von einem Mahl des Sokrates (*Mem.* III 14).

41 Lukian, *Saturn.* 17; vgl. auch, was Strabo über die nabatäischen Königsmähler schreibt: Der König sei so volksnah *(demotikos)*, daß er sich nicht bedienen läßt, sondern sich selbst und manchmal sogar seine Gäste bedient (*Geogr.* XVI 4,26).

42 Empedokles, fr. 147 (Diels/Kranz I^{13}, 370). Nach einem Komödienfragment des Aristophon (fr. 12 *PCG* V 9 f., bei Diogenes Laert. VIII 38) erwarten die Pythagoreer, mit Pluto (also: in der Unterwelt) zu speisen usw.

43 (Ps)Platon, *Axioch.* 371D (X 610 Hülser).

44 Z. B. *(äth)Hen* 62,14; *(slav)Hen* 42,3; *(syr)ApcBar* 29,3 ff. usw. Rabbinische Belege bei H. L. Strack, P. Billerbeck: *Kommentar zum Neuen Testament aus Talmud und Midrasch* IV/2. München [3]1961, S. 1154 ff.

45 Natürlich lag die Analogie von Wein und Blut nahe (gleiche Farbe, gleiche Konsistenz). Sie ist später dann auch wirklich thematisiert und ausgeführt worden, z. B. bei Clemens von Alexandrien (*Quis dives* 23,4: »Ich bin dein Ernährer, da ich mich selbst als Brot der Unsterblichkeit gebe ... und *mich täglich als Trunk der Unsterblichkeit darbiete«;* s. auch *Paed.* I 6,42,3 f.) oder bei Origenes (*Hom. in Num.* 16,9 zu 23,24: »*Wir trinken das Blut Christi* nicht nur beim sakramentalen Ritus ...«). Die Annahme einer sakramentalen Präsenz setzt die alexandrinische Logoschristologie voraus – für Paulus ist eine entsprechende Vorstellung nicht erkennbar.

46 Für viele vgl. J. Hainz: *Koinonia. Kirche als Gemeinschaft bei Paulus* (BU 16). Regensburg 1982.

47 Ausführliche Begründung in *Gemeinschaftsmahl*, S. 306 ff., wie Anm. 21.

Pinchas und Ruth Lapide: Koscher essen – ein Stück jüdischer Identität

1 Dieser Beitrag erschien erstmals unter dem Titel: »Ist das Koscher-Essen konstitutiv für das Judentum?«. In: B. Schoppelreich, S. Wiedenhofer (Hrsg.): *Zur Logik religiöser Traditionen.* Frankfurt a. M.: IKO – Verlag für interkulturelle Kommunikation 1998, S. 333–339. Überschrift und Zwischenüberschriften stammen vom Herausgeber.

2 Im folgenden ist die Rede vom Koscher-Verständnis des normativen Judentums. Teile der jüdischen Reform-Bewegung stellen das Ethos der Propheten Israels über das Zeremonialgesetz und

die Ritualbestimmungen. Vgl. auch die entsprechenden Artikel in: J. Klatzkin und I. Elbogen: *Encyclopedia Judaica. Das Judentum in Geschichte und Gegenwart,* Bd. 1–10. Berlin 1928–1934.

3 Nach dem Urteil des großen jüdischen Gelehrten Maimonides (Moses ben Maimon, 1135–1204).

Peter Heine: Nahrung und Nahrungstabus im Islam

1 Vgl. dazu: Peter Heine: »Das Verbreitungsgebiet der islamischen Religion«. In: Werner Ende u. Udo Steinbach: *Der Islam in der Gegenwart.* 4. Aufl. München 1996, S. 129–150.

2 Im Koran Sure 2, 168 heißt es z. B.: »O ihr Menschen, eßt von dem, was es auf Erden gibt, so es erlaubt und köstlich ist.«

3 So heißt es in Sure 2, 35: »Und wir sprachen: O Adam, bewohne du und deine Gattin das Paradies. Eßt reichlich von ihm zu eurem Wohl.«

4 Siehe dazu: J. Jomier und J. Corbon: »Le Ramadan au Caire en 1956«. In: *Mélange. Institut dominicain d'études orientales du Caire 3* (1956) S. 1–74; Marjo Buitelaar: *Fasting and Feasting in Morocco. Women's Participation in Ramadan.* Oxford 1993; Soraya Altorki: *Women in Saudi Arabia. Ideology and Behaviour among the Elite.* New York 1986, S. 41–46.

5 J. Gaudefroy-Demombynes: *Le pélerinage à la Meqce.* Paris 1923.

6 Zum Geburtstagsfest des Propheten Muhammad siehe N. J. G.: *Kaptein: Muhammad's Birthday Festival. Early History in the Central Muslim Lands and Development in the Muslim West until the 10/16th Century.* Leiden 1993.

7 Siehe dazu: P. Heine: *Weinstudien. Untersuchungen zu Anbau, Produktion und Konsum des Weins im arabisch-islamischen Mittelalter.* Wiesbaden 1992.

8 M. Douglas: *Purity and Danger.* London 1966.

9 M. Harris: *Good to Eat. Riddles of Food and Culture.* New York 1985.

10 P. Heine: *Halbmond über deutschen Dächern. Muslimisches Leben in unserem Land.* München 1997.

Renate Syed: Das heilige Essen – Das Heilige essen – Religiöse Aspekte des Speiseverhaltens im Hinduismus

1 Unter Hinduismus verstehen wir im folgenden in Anlehnung an die kritische Auseinandersetzung mit diesem Begriff in der Indologie »eine soziokulturelle Einheit oder Zivilisation, die eine Vielzahl verschiedener Religionen umfaßt«. Heinrich von Stietencron: »Hinduism: On the proper Use of a Deceptive Term«. In: *Hinduism Reconsidered.* Hrsg. v. Günther D. Sontheimer und Hermann Kulke. Manohar 1989, S. 11–27, S. 11. »Hinduismus« ist eine Fremd-, keine Eigenbezeichnung und umfaßt eine Vielzahl auf dem indischen Subkontinent durch die Jahrtausende entstandener Religionen wie Śivaismus und Viṣṇuismus. Letztendlich muß festgestellt werden, daß es kein allen Hindus gemeinsames Kriterium gibt (siehe von Stietencron, S. 15), keine Theologie und keinen Ritus, der alle Hindus verbindet. Die Majorität der heutigen Hindus erkennt jedoch die Autorität der vedischen Schriften und die Lehren vom *dharma* (Recht, Pflicht), *karman* (Tatvergeltung) und von der Wiedergeburt an und glaubt an die Heiligkeit und Unantastbarkeit der Kuh. Die überwiegende Mehrheit der »Hindus« erkennt auch heute noch das Kastensystem und die mit diesem verbundenen Heirats- und Speisegebote an. In Ermangelung eines besseren Begriffes bleiben wir im vorliegenden Artikel aus praktischen Erwägungen bei den Bezeichnungen Hindu und Hinduismus, ohne diese in Anführungszeichen zu setzen, zumal neuzeitliche konservative Bewegungen in Indien nun von »Hindutva«, »Hindutum« sprechen.

2 Alle Übersetzungen stammen, soweit nicht anders vermerkt, von der Verfasserin.

3 Siehe hierzu Hermann Oldenberg: *Die Religion des Veda.* Berlin 1894, S. 302 ff. In vedischer Zeit wurden selbstverständlich nur diejenigen Tiere geopfert, die auch den Menschen als eßbar erlaubt waren wie Rind, Ziege und Schaf, nicht hingegen unreine Tiere wie der Hund oder in späterer Zeit das Schwein. Die Opfertiere waren Haustiere, niemals wilde Tiere.

4 Herta Krick: *Das Ritual der Feuergründung (Agnyādheya).* Herausgegeben von Gerhard Oberhammer. Wien 1982, S. 508.

5 Manuel Moreno: »Pañcamirtam«. In: *The Eternal Food. Gastronomic Ideas and Experiences of Hindus and Buddhists.* Hrsg. v. R.S.Khare. New York 1992, S. 147–178, S. 152.

6 Zum Alter der Upaniṣaden siehe Moritz Winternitz: *Geschichte der indischen Litteratur.* Erster Band. Leipzig 1909. Nach Winternitz gehören Bṛhadāraṇyaka, Chāndogya, Taittirīya und Aitareya zu den ältesten Upaniṣaden, die Muṇḍakopaniṣad stammt hingegen aus jüngerer Zeit, S. 205ff.

7 Ich verwende bewußt im ersten Fall den Plural »Menschen«, im zweiten den Singular »Mensch«, da es in der Opferkultur der frühvedischen Zeit um die Gemeinschaft geht, während die Upaniṣaden-Philosophie das Individuum in den Mittelpunkt ihres Denkens stellt.

8 Erich Frauwallner: *Geschichte der indischen Philosophie.* I. Band. Salzburg 1953, S. 54.

9 Klaus-Werner Müller: *Das brahmanische Totenritual nach der Antyeṣṭipaddhati des Nārāyaṇabhaṭa.* Wiesbaden 1992, S. 80.

10 Lynn Bennett: *Dangerous Wives and Sacred Sisters. Social and Symbolic Roles of High-Caste Women in Nepal.* New York 1983, S. 132. Bennett berichtet, man betrachtete die Vorfahren als im *pitṛloka,* der »Väterwelt«, befindlich, wo sie hungerten, wenn man sie nicht verspeiste, S. 94.

11 Kane datiert die Dharmasūtras des Āpastamba, Gautama, Baudhāyana und Vasiṣ ha sowie die Gṛhyasūtras des Pāraskara und des Baudhāyana in die Zeit 600–300 v. Chr., die Manusmṛti entstand ihm zufolge zwischen 200 v. Chr. und 200 n. Chr. Pandurang Vaman Kane: *History of the Dharmaśāstra (Ancient and Mediaeval Religious and Civil Law),* Band II, Teil I. Poona 1941, S. xi.

12 Mit »Kaste« ist im folgenden die *jāti* und nicht der *varṇa* gemeint. Die vier *varṇa*-s, Kastengruppen, sind bekanntermaßen die Brāhmaṇas, Kṣatriyas, Vaiśyas und Śūdras. Michaels schreibt zu den *varṇa*-s: »Mit *varṇa* ist keine empirische Einheit gemeint, sondern eine theoretische, die auf der klassischen hinduistischen Gesellschaftstheorie beruht. Das *varṇa*-Schema ist keine Kasten-, sondern eher eine Ständeordnung. Es grenzt der Theorie nach die Zweimalgeborenen, nämlich die Brahmanen (Priester, Geistesadel), Kṣatriyas (Ritter, Krieger) und Vaiśyas (Händler, Bauern) von den Śūdras (Diener, Handwerker) und den Unberührbaren beziehungsweise Kastenlosen ab.« Axel Michaels: *Ritual und Gesellschaft in Indien. Ein Essay.* Frankfurt am Main 1986, S. 42. Jeder der vier *varṇa*-s ist unterteilt in eine Vielzahl von hierarchisch geordneten Kasten, *jāti,* überregionalen Gruppen, denen der einzelne durch Geburt angehört,

die sich durch »Kommensalität« und Endogamie auszeichnen und eine bestimmte religiöse Ausrichtung aufweisen. Jede *jāti* hat zahlreiche Unterkasten, die aus exogamen Clans, *gotra*, bestehen. Jedes *gotra* setzt sich wiederum aus Verwandtschaftslinien, *vaṃśa* oder *khandān*, zusammen.

13 Das Leben der männlichen Angehörigen der oberen drei *varṇa*-s, der »Zweimalgeborenen«, zu denen die Brahmanen, die Kṣatriyas und die Vaiśyas gehörten, war idealtypisch in vier Lebensstadien *(āśrama)* eingeteilt: Schüler *(brahmacārin)*, Familienvater *(gṛhastha)*, Waldeinsiedler *(vānaprastha)*, Wanderasket *(saṃnyāsin)*.

14 Sogar der Schatten eines Unberührbaren war verunreinigend. Abbé Dubois, ein Franzose, der von 1792 bis 1823 in Indien lebte, schreibt: »Er [der Brahmane, R.S.], dies ist zu bedenken, betrachtet sich als befleckt und daher verpflichtet, ein Reinigungsbad zu nehmen, sobald auch nur der Schatten eines Pariah [Unberührbaren, R.S.] auf ihn fällt.« Abbé J.A. Dubois: *Hindu Manners, Customs and Ceremonies.* Aus dem Französischen (Manuskript) übersetzt und mit Anmerkungen, Korrekturen und einer Biographie versehen von Henry K. Beauchamp. 3. Aufl., Oxford 1906, S. 305.

15 Stevenson unterscheidet zwischen der als harmloser angesehenen äußeren Verunreinigung (»external pollution«), die durch Waschungen mit normalem Wasser beseitigt werden kann, und der schwerer wiegenden inneren Verunreinigung (»internal pollution«), die vornehmlich durch unreine Speisen und Geschlechtsverkehr mit einer unreinen Person verursacht wird und kompliziertere Reinigungszeremonien erforderlich macht. H.N.C. Stevenson: »Caste«. In: *Encyclopaedia Britannica 1964.* Band 5, S. 27. Auf den Unterschied zwischen innerer und äußerer Verunreinigung und die entsprechenden Reinigungsriten hatte schon Dubois hingewiesen, S. 178f.

16 Nach der Manusmṛti 5.19 verliert ein Zweimalgeborener, der Pilze, in Dörfern gehaltene Schweine und Hähne, Knoblauch, Zwiebeln und Lauch verzehrt, seinen Kastenstatus.

17 Was rein und unrein ist, kann nur kulturspezifisch interpretiert werden. So ist für die Inder das Wasser des Ganges auch heute noch rein und sie haben keine Scheu, sich darin zu baden, es zu trinken und die nötigen Riten in ihm zu vollziehen. Die Asche der Toten wird hineingestreut und die Leichen heiliger Männer und Kleinkinder werden darin versenkt, doch es gilt als

sugandh, wohlriechend, weil rein. Aus europäischer Sicht ist das Gangeswasser stark durch Abwässer und chemischen wie organischen Schmutz verseucht und Träger zahlreicher Krankheiten. Europäer finden es auch unhygienisch und ekelerregend, wenn Inder sich lautstark schneuzen und den Schleim ohne Taschentuch direkt von der Nase auf die Straße befördern, für die Inder ist dies eine die Gesundheit fördernde Reinigungszeremonie, sie finden wiederum das Herumtragen eines mit dem Ergebnis des Schneuzens verunreinigten Taschentuchs in der Tasche ekelerregend. Vereinfacht gesagt ist dem Inder in diesem wie in anderen Fällen die Reinheit und Reinigung seines Körpers wichtiger als die öffentliche Hygiene.

18 Louis Dumont: *Homo Hierarchicus. The Caste System and Its Implications.* Komplette überarbeitete englischsprachige Ausgabe. Chicago 1980 (französische Originalausgabe Paris 1966), S. 141.

19 Edward B. Harper (Hrsg.): *Religion in South Asia.* Seattle 1964. Darin: Edward B. Harper: »Ritual Pollution as an Integrator of Caste and Religion«, S. 151–196, S. 194.

20 Ich beziehe mich hierbei weitgehend auf die Darstellung Kanes in seinem grundlegenden und umfassenden Werk über die Dharmaśāstras. Pandurang Vaman Kane: *History of the Dharmaśā stra (Ancient and Mediaeval Religious and Civil Law),* Band II, Teil II. Poona 1941, S. 771 ff.

21 Die rechte Hand ist rein und Handlungen wie dem Essen vorbehalten, die Linke gilt als unrein und wird für die Körperreinigung gebraucht. Traditionell ißt man mit untergeschlagenen Beinen auf dem Boden sitzend, Eßtische gab es im indischen Altertum nicht. Eßwerkzeuge werden von den Traditionalisten bis auf den heutigen Tag nicht benutzt, sie gelten als unappetitlich.

22 Die Vorschrift, daß ein Mann nicht in Gegenwart seiner Frau essen darf, wird im Śatapathabrāhmaṇa von der Tatsache abgeleitet, daß den Göttinnen bei Opferungen getrennt von den Göttern Speisen dargereicht werden. (Tatsächlich beruht die Trennung von Göttern und Göttinnen wiederum auf der gesellschaftlichen Separation von Männern und Frauen in den meisten Lebensbereichen, vornehmlich der Religion.)

23 Mary Douglas: *Reinheit und Gefährdung.* Eine Studie zur Vorstellung von Verunreinigung und Tabu. Berlin 1985 (Purity and danger, 1966). »Es ist ausgeschlossen, daß wir Rituale interpre-

tieren können, in denen Exkremente, Muttermilch, Speichel und ähnliches eine Rolle spielen, wenn wir den Körper nicht als ein Symbol für die Gesellschaft begreifen oder übersehen, daß die Kräfte und Gefahren, die es in der Sozialstruktur geben soll, im kleinen auch durch den Körper ausgedrückt werden können« (Douglas S. 152).

Den Indern war der Vergleich der Gesellschaft mit einem menschlichen Körper nicht fremd, und bereits in vedischer Zeit stellen sie die Ordnung der *varṇa*-s als einen menschlichen (männlichen) Körper dar. Nach Lied 10.90 des Ṛgveda, dem sogenannten Puruṣasūkta, ist der *puruṣa,* »Mensch« oder »Mann«, ein die ganze Welt umspannendes Wesen, das die Götter in einem Opfer darbringen. Als sie ihn zerlegen, wird sein Mund zum Brahmanen, seine Arme zum Rājanya (Krieger), seine Schenkel zum Vaiśya und seine Füße zum Śūdra (Vers 12). Die Manusmṛti führt diesen Gedanken in 1.31 und 87 fort und vermerkt in 10.45, daß diejenigen, die nicht zu diesen vier Gruppen gehören, als außerhalb der Gesellschaft stehende Barbaren anzusehen sind; sie sind somit in unseren Worten keine (Mit-)Glieder des Gesellschaftskörpers. Der Körperordnung entspricht die arbeitsteilige, Lehr-, Wehr- und Nährstand aufweisende Gesellschaftsordnung, in der die Brahmanen den Kopf und den Geist, die Krieger die Arme und die physische Kraft, die Vaiśyas die Schenkel und die durch Handwerk, Handel, Ackerbau und Viehzucht garantierte Kraft repräsentieren; die Śūdras, die als Füße die unterste Schicht bilden, haben den oberen drei *varṇa*-s zu dienen, sie zu tragen.

24 M.N. Srinivas (Hrsg.): *Caste in Modern India and Other Essays.* Bombay 1962. Darin: M.N. Srinivas: »Varna and Caste«. S. 63–69.

25 Kancha Ilaiah: *Why I Am Not a Hindu – A Sudra Critique of Hindutva Philosophy, Culture and Political Economy.* Calcutta 1996, S. 39. Ilaiah beklagt auch den Versuch der Brahmanen, einen eigenen, von Tiefkastigen freien Lebensraum zu behalten: »›Hochkastige‹ Hausbesitzer und ihre Gattinnen errichten Schilder, auf denen zu lesen ist: ›Haus nur an Vegetarier zu vermieten‹. ›Vegetarier‹ ist ein Synonym für ›Brahmane‹, und diese Bezeichnung wird verwandt, um alle Dalitbahujans [›Tiefkastige‹] aus ihren [der Hausbesitzer, R. S.] Wohngegenden zu vertreiben« (S. 68).

26 Menschen, die keusch leben müssen wie der Schüler, der Asket oder die Witwe, dürfen als aphrodisisch geltende Nahrungsmit-

tel wie Salz und Gewürze, Zwiebeln und Knoblauch nicht verzehren (Mānavagṛhyasūtra 1.1.12).

27 Diese Einteilung gilt in der ayurvedischen Medizin bis heute und bestimmt das Eßverhalten eines Großteils der Hindus bis in unsere Tage. Nach dieser Einteilung sind *sattva*-Nahrungsmittel rein und fördern Geist und Spiritualität, von *rajas* bestimmte Nahrungsmittel steigern die Energie, Aktivität und körperliche Kraft, *tamas*-Nahrungsmittel bewirken Trägheit, Dumpfheit und regen die Sexualität an. *sattva* sind Getreide, Reis, Wasser, Milch und Sauermilch, Butterschmalz, Gemüse, Früchte und Nüsse. *rajas* sind Gewürze, Salz, Fisch, Eier, Tee und Süßigkeiten. *tamas* sind Fleisch, Alkohol, Zwiebel, Knoblauch und alles Fermentierte und Eingelegte. Ein Nahrungsmittel kann in verschiedenen Zuständen unterschiedlichen Kategorien angehören: Eine reife, weder durch Zutaten noch durch Zubereitung veränderte Mangofrucht ist *sattva,* Mangochutney oder Mangopickles sind wegen der Verarbeitung und der hinzugefügten Gewürze *rajas,* Mangoschnaps ist wegen des Alkohols, der als geistzerstörend gilt, *tamas.*

28 Der Glaube, Nahrung als solche sei kontaminierend, ist selbstverständlich nicht auf Indien und nicht auf Heilige beschränkt. Auch Anorektikerinnen und Bulimikerinnen in unseren Tagen führen einen beständigen, letztendlich lebensbedrohenden Kampf gegen Essen, in dem die harmlosesten Nahrungsmittel als den Körper bedrohende Gifte angesehen werden. Wenn auch die Ursachen und die Motive des Fastens unterschiedlich sind, stimmen moderne westliche Anorektikerinnen mit den altindischen Asketen zweifelsohne darin überein, daß Nahrung eine kontaminierende Substanz und Sattheit ein pathogener, den Geist lähmender Zustand ist. Beide verweigern darüber hinaus das Leben im sozialen Verband, und für beide ist Magerkeit ein Triumph des Willens über die schnöden Bedürfnisse des gehaßten Leibes. Nichts mehr zu essen bedeutet für beide, sich der Welt, ihren Aufgaben und ihren Verunreinigungen zu entziehen. So schreibt Fischler in ihrem Artikel über moderne Nahrungsmythen im Westen, es herrsche hier die Vorstellung, »durch die Kontrolle dessen, was man ißt, kontrolliert man, was man ist«. C. Fischler: »Learned versus ›spontaneous‹ dietetics: French mothers' views of what children should eat.« In: *Social Science Information 25* (4), 1986, S. 945–965, S. 949.

29 Auch die Jaina-Mönche vollziehen strengste Askese und rigoroses Fasten, Essen ist für sie ein Instinkt, der auf das engste mit der Sexualität verbunden ist. Die Jainas glauben, »Fasten ist ein Akt des tapas [Askese, R. S.] und wird bildlich beschrieben als ein loderndes Feuer, vor dem das Schneegebirge des karman [der Handlungen, R. S.] dahinschwindet und das den Aspiranten noch näher an sein Ziel, mokṣa [die Erlösung, R.S.], heranführt. [...] Die Aufnahme von Nahrung setzt den dritten und wohl bösartigsten der Instinkte, den Sexualtrieb, in Bewegung [...].« Padmanabh S. Jaini: »Fear of food? Jaina Attitutes on Eating«. In: Jaina Studies in Honour of Jozef Deleu. Hrsg. v. Rudy Smet und Kanji Watanabe. Tokyo 1993, S. 339–353, S. 342 und 345.

30 Einen umfassenden historischen Überblick über die Nahrungsmittel gibt Om Prakash: *Food and Drinks in Ancient India* (From Earliest Times to c. 1200 A.D.). Delhi 1961.

31 »Ruhiges Nachdenken wird zeigen, daß Sünden wie Lügen, Stehlen und Betrügen letzten Endes ihren Ursprung in unserer Unterwerfung unter den Gaumen haben. Wer seinen Gaumen beherrscht, wird seiner übrigen Sinne mit Leichtigkeit Herr werden.« Mahatma Gandhi: *Ein Wegweiser zur Gesundheit.* Mit einer Einleitung von Ettore Levi. München und Leipzig 1925. Siehe vor allem S. 59 und S. 70 f., Zitat S. 47. Im Osten nichts Neues! Man denkt an Thomas von Aquin, der feststellt: »Ungeordnete Begierde nach Speisen jedoch verunreinigt den Menschen geistigerweise.« Und: »Die Gaumenlust scheint aber die Ursache anderer Sünden zu sein; denn die Glosse zu Ps. 136 (135),10 ›Er schlug Ägypten mit seinen Erstgeborenen‹ sagt: ›Unzucht, Begierde, Hochmut bringt der Bauch hervor.‹ Also ist Gaumenlust die schwerste der Sünden.« *Summa Theologica,* 148. Frage, Die Gaumenlust, 1. und 3. Artikel. Übersetzt und kommentiert von Dominikanern und Benediktinern Deutschlands und Österreichs. Herausgegeben von der Albertus-Magnus-Akademie Walberberg bei Köln. Heidelberg, Graz, Wien, Köln. 21. Band, S. 358 und 362.

32 Alsdorf spricht von dem den Fleischgenuß behandelnden Abschnitt als von: »[...] 18 Strophen, deren unsystematische Anordnung, Wiederholungen und Inkonsequenzen sie deutlich als eine Sammlung disparaten Materials kennzeichnen« (S. 574). Ludwig Alsdorf: *Beiträge zur Geschichte von Vegetarismus und Rinderverehrung in Indien.* Akademie der Wissenschaften und Literatur, Abhandlungen der geistes- und sozialwissenschaftli-

chen Klasse, S. 559–625. Wiesbaden 1962. Eine ähnliche Ambivalenz hinsichtlich des Fleischgenusses ist in den Purāṇas zu finden. Das Padmapurāṇa nennt in Ādikhaṇḍa 56 zunächst die erlaubten und verbotenen Tiere, um dann den Rat zu erteilen: Am besten solle man gar kein Fleisch essen, darf es aber aus medizinischen Gründen oder wenn es sich um das Fleisch von Opfertieren handelt verzehren (Vers 41).

33 Warum die Brahmanen den Vegetarismus übernahmen, wird auf unterschiedliche Weise erklärt. Nach der Ansicht von Alsdorf ist die *ahiṃsā* vorarisches, autochthones Gedankengut, das von der vedischen Kultur nur vorübergehend mißachtet wurde; der Buddhismus ist ihm zufolge für die Ausbreitung der *ahiṃsā* nicht verantwortlich (S. 607 f.). Nach Dumont wurden *ahiṃsā* und Vegetarismus zuerst von den Asketen, danach von den Buddhisten und Jainas praktiziert und erst später von den Brahmanen übernommen: »Die Brahmanen, die ihre Rolle als geistliche Führer zu verlieren drohten, wurden zur Nachahmung gezwungen und übernahmen den Vegetarismus; es ist sogar wahrscheinlich, daß es diese Rivalität zwischen den Weltentsagern und den Brahmanen war, die die Praxis des Vegetarismus durchsetzte« (S. 194).

34 Während die Buddhisten den Jäger oder den Schlachter, nicht aber den Esser für dem Tier angetane Gewalt verantwortlich machen, sieht der brahmanische Standpunkt auch den Verzehrer des Fleisches als schuldig an. Die Manusmṛti sagt in 5.51 explizit: »Wer (dem Töten des Tieres) zustimmt, wer es schlachtet, wer es tötet, wer es (als Fleisch) kauft oder verkauft, wer es zubereitet, darbietet oder ißt: (sie alle) sind Töter.« Zum buddhistischen Standpunkt verweise ich auf den Beitrag von Lambert Schmithausen im vorliegenden Band.

35 Unser europäischer, unter Verwendung von Lab hergestellter Käse ist dem Hindu verboten. In Indien ißt man *panīr*, einen Käse, der aus Milch zubereitet wird, die man durch Zugabe von Zitronensaft zum Gerinnen bringt. Die Masse wird gepreßt und weiterverarbeitet. Anstelle von Joghurt verwendet man in Indien saure Milch.

36 Die Heiligkeit des Rindes beruht nach Alsdorf mit großer Wahrscheinlichkeit auf der Verbindung des neuaufkommenden ahiṃsā-Ideals mit der seit der vedischen Zeit bestehenden einzigartigen Sonderstellung des Rindes. Alsdorf nimmt an, daß die Verehrung des Rindes in vorvedische Zeit zurückreicht (wie

Anm. 32, S. 624). Vor allem das weibliche Rind wird im Laufe der Jahrhunderte zunehmend verehrt und zur »Mutter Kuh«. Die Verehrung der Kuh kann nicht monokausal, sondern muß als das Ergebnis einer Vielzahl von religiösen, sozialen und wirtschaftlichen Entwicklungen (und Faktoren) verstanden werden. Es soll an dieser Stelle nur kurz darauf verwiesen werden, daß der Ethnologe Marvin Harris aus seinem kulturökologischen Ansatz heraus den Vegetarismus und die Verehrung der Kuh im alten Indien als das Ergebnis einer ökonomisch-ökologischen Notwendigkeit ansieht, bei der die Kosten-Nutzen-Relation eine bedeutsame Rolle spielte. Nach Harris wurde es als nutzbringender erkannt, die Kühe als wertvolle Mehrzwecktiere leben zu lassen und sich ihrer Milch und vor allem ihres Dungs, der ein begehrtes Brennmaterial war, zu bedienen, als sie wegen des geringen und unter großen Kosten erwirtschafteten Fleisches zu schlachten. Diese von Harris angeführten rationalen Gründe spielten bei der Herausbildung des Vegetarismus und der Kuhverehrung sicher eine wichtige Rolle, doch konnten sie sich nur in Verbindung mit der ahiṃsā-Vorstellung und der seit ältester Zeit belegten Verehrung des Rindes durchsetzen. Marvin Harris ist nicht der erste, der ökonomisch-ökologische Gründe für den Rinderschutz in Indien nennt. Ungefähr 930 Jahre vor dem amerikanischen Anthropologen schreibt Al-Bīrūnī: »Was die ökonomischen Gründe betrifft, müssen wir uns vor Augen führen, daß die Kuh dasjenige Tier ist, das dem Reisenden die Lasten trägt, das in der Landwirtschaft beim Pflügen und Säen hilft und dem Haushalt die Milch und die aus ihr hergestellten Produkte liefert. Selbst ihr Dung wird verwendet, und im Winter sogar ihr Atem. Deshalb war das Verzehren des Kuhfleisches verboten.« *Alberuni's India.* Englische Ausgabe mit Anmerkungen und Hinweisen von Edward C. Sachau. 2 Bände. London 1910. Zitat Band II, S. 152.

37 »Die Lehre von der Wiedergeburt erklärt nicht nur die körperlichen, geistigen und sozialen Unterschiede der Menschen als Ergebnis von Tatfolgen (karman) aus früheren Leben. Sie macht vor allem auch deutlich, daß alle Formen des Lebendigen beseelt sind und jede von ihnen den potentiellen Leib für eine künftige Inkarnation bieten kann. […] Die Ahiṃsā als Prinzip der Nichtverletzung hat den Vegetarismus in Indien gefördert.« Heinrich von Stietencron: »Der Beitrag der indischen Religionen zu einem Weltethos«. In: *Weltethos, Kultur und Entwicklung* – Zeitschrift für Kulturaustausch 1993/1, S. 107–116. Zitate S. 109 und 110.

38 In meiner Zeit als Reiseleiterin in Indien hatte ich oftmals Gelegenheit, die meist sehr positive Reaktion deutscher Touristen auf das vegetarische indische Essen zu erleben, das fast immer als appetitlich, gesund, leicht und bekömmlich, jedoch manchmal als zu scharf empfunden wurde. Indische Kinder, vor allem im Süden, die den im Freien verzehrten Inhalt unserer Lunchboxes zu sehen bekamen, grauste es nicht selten angesichts der Hühnerbeine, Schinkenstücke und Eier, die ihnen wohlmeinende deutsche Touristen auch noch anboten. Besonders ekelerregend und unhöflich muß den Kindern der Umstand vorgekommen sein, daß man ihnen Übriggebliebenes, bereits Berührtes geben wollte.

39 Als Beispiel sei der chinesische Pilger Hsüan Tsang genannt, der Indien in der ersten Hälfte des 7. Jahrhunderts bereiste und über die Hindus berichtet: »Vor jeder Mahlzeit müssen sie sich waschen; Teile und Reste des Essens werden nicht wieder serviert, Geschirr wird nicht herumgereicht. [...] Sobald die Mahlzeit beendet ist, kauen sie [zur Reinigung der Zähne, R. S.] Hölzchen und reinigen sich; bevor sie ihre Waschungen nicht beendet haben, kommen sie nicht miteinander in Berührung.« Thomas Watters: *On Yuan Chwang's Travels in India.* 2 Bände. London 1904–1905. Zitat Band 1, S. 152. Seine Angaben belegen, daß man die Vorschriften der Texte beachtete.
Der französische Abbé Dubois, der zwischen 1792 und 1823 in Indien lebte (siehe meine Anm. 14), berichtet ausführlich über die Gepflogenheiten der Hindus seiner Zeit. Seinen genauen Schilderungen können wir entnehmen, daß zahlreiche der in den altindischen Gesetzbüchern aufgeführten Ge- und Verbote nach eineinhalb Jahrtausenden noch Gültigkeit besaßen. So aßen die Brahmanen seiner Zeit schweigend, berührten die Speisen nur mit den Fingern der rechten Hand, gossen sich das Wasser in den Mund, um das Trinkgefäß nicht mit Speichel zu verunreinigen, und waren so sehr bemüht, jede kleinste Verunreinigung zu vermeiden oder zu beseitigen, daß der Abbé von endlosen Waschungen (»endless ablutions«) spricht. Die Küche durfte kein Fremder betreten, und menstruierende Frauen mußten sich absondern. Daß die Brahmanen Vegetarier waren und die Kuh als heilig betrachteten, versteht sich von selbst (S. 180ff.).

40 Mit Verwunderung, Entsetzen und Abscheu zugleich kommentierte ein bei mir zu Gast weilender junger Hindu das Verhalten eines populären deutschen Fernsehkochs, der beim Zubereiten

einer Speise mit einem Löffel abschmeckte, den er unmittelbar darauf wieder zum Umrühren des Gerichtes verwendete. Aus der Sicht eines Hindus ist diese Speise durch den Speichel des Kochs kontaminiert und ungenießbar, sogar für ihn selbst!

41 Richard A. Shweder: *Thinking Through Cultures. Expeditions in Cultural Psychology.* Cambridge, Massachusetts, and London 1991, S. 263 (Übers. des Zitats R. Syed).

42 Siehe G. Morris Carstairs: *Die Zweimalgeborenen.* München 1963. Carstais hielt sich zu Feldforschungen von 1951 bis 1952 in einem Dorf in Rajasthan auf und berichtet auch über die Vorstellungen von Sexualität und Nahrung. Siehe vor allem S. 110f. und 219ff.

43 Der niederländische Indologe Staal spricht zu Recht davon, daß der Hinduismus vornehmlich von Orthopraxis und weniger von Orthodoxie geprägt ist. Der gläubige Hindu definiert sich in der Tat mehr über das, was er tut (z.B. ißt oder nicht ißt), als über das, was er glaubt. Ähnlich äußert sich Bennett, die in den siebziger Jahren Feldforschungen in einem Hindu-Dorf in Nepal durchführte. Ihre detaillierten Angaben über Reinheits- und Speisegebote belegen auf eindrucksvolle Weise Beständigkeit und Lebendigkeit der alten Traditionen bei Brahmanen und anderen Kasten in unserer Zeit. Siehe vor allem die Seiten 4, 8 ff., 11, 14, 26, 34, 42, 44 und 57. (Bibliographische Angaben in meiner Anm. 10.)

44 Marcel Mauss: *Sociologie et Anthropologie.* Ausgewählte Essays, hrsg. v. C. Lévi-Strauss. Paris 1950, S. 302.

Lambert Schmithausen: Essen, ohne zu töten – Zur Frage von Fleischverzehr und Vegetarismus im Buddhismus

1 Eine überarbeitete und ausführlich annotierte Version dieses Beitrags soll demnächst in den Veröffentlichungen der Joachim Jungius-Gesellschaft der Wissenschaften, Hamburg, erscheinen; ich habe mir deshalb erlaubt, in der vorliegenden Fassung auf Belege und auf eine Auseinandersetzung mit abweichenden Auffassungen anderer Wissenschaftler zu verzichten. Als wichtigste Literatur sei hier nur genannt: Ludwig Alsdorf: *Beiträge zur Geschichte von Vegetarismus und Rinderverehrung in Indien* (Akademie der Wissenschaften und der Literatur [Mainz],

Abhandl. d. Geistes- u. sozialwiss. Klasse, Jg. 1961, Nr. 2). Wiesbaden 1962. Nachdruck in: ders.: *Kleine Schriften,* hrsg. von A. Wezler, Nachtragsband 1998, S. 833–899; E. W. Hopkins: »The Buddhistic Rule Against Eating Meat«. In: *Journal of the American Oriental Society* 27 (1906), S. 455–464; Hanns-Peter Schmidt: »The Origin of *Ahiṃsā*«. In: *Mélanges d'Indianisme, à la mémoire de Louis Renou.* Paris 1968, S. 625– 655; ders.: »Ahiṃsā and Rebirth«. In: M. Witzel (Hrsg.): *Inside the Texts, Beyond the Texts.* Cambridge 1997 (Harvard Oriental Series, Opera Minora 2), S. 207–234; D. Seyfort Ruegg: »Ahiṃsā and Vegetarianism in the History of Buddhism«. In: *Buddhist Studies in honour of Walpola Rahula.* London 1980, S. 234–241. Von grundlegender Bedeutung sind die (leider nur dem des Japanischen mächtigen Leser zugänglichen) Arbeiten von Masahiro Shimoda, zuletzt *Nehan-gyō no kenkū* (A Study of the Mahāparinirvāṇasūtra). Tokyo 1997, S. 388–419 u. 658–677. Für den japanischen Buddhismus s. Anm. 5.

2 Aus der recht umfangreichen Literatur zu diesem Thema seien hervorgehoben: André Bareau: »La Nourriture offerte au Buddha lors de son dernier repas«. In: *Mélanges d'Indianisme à la mémoire de Louis Renou.* Paris 1968, S. 61–71; ders.: *Recherches sur la biographie du Buddha dans les Sūtrapiṭaka et les Vinayapiṭaka anciens,* II. Les dernier mois, le parinirvāṇa et les funérailles, Band 1. Paris 1970, S. 251–276; Ernst Waldschmidt: »Beiträge zur Textgeschichte des Mahāparinirvāṇasūtra«. In: *Nachrichten der Göttinger Akademie der Wissenschaften* 1939, S. 48–91; Nachdr. in: ders.: *Von Ceylon bis Turfan.* Göttingen 1967, S. 80–119; Arthur Waley: »Did Buddha die of eating pork?« In: *Mélanges chinois et bouddhiques* 1 (1932), S. 343–354; Nachdr. in: Morris, Ivan (Hrsg.): *Madly Singing in the Mountain: An Appreciation and Anthology of Arthur Waley.* London 1970 and New York 1974; R. Gordon Wasson: »The Last Meal of the Buddha«. In: *Journal of the American Oriental Society* 104.4 (1982), S. 591–603.

3 S. 211–222 in der Übersetzung von D. T. Suzuki: *The Lankavatara Sutra.* London 1973 (Orig. 1932). Diese Arbeit ist eine Pionierleistung, enthält aber eine nicht geringe Anzahl von sinnverstellenden Fehlern. Die Wiedergabe von Karl-Heinz Golzio: *Lankavatara-Sutra: Die makellose Wahrheit erschauen.* Bern/München/Wien 1995, S. 247–259, reproduziert, obwohl angeblich aus dem Sanskrit angefertigt, nicht nur die Fehler Suzukis,

sondern fügt ihnen weitere hinzu, z. T. offenkundig aufgrund von Mißdeutungen des englischen Ausdrucks Suzukis. Sie muß deshalb als gänzlich unzuverlässig bezeichnet werden.

4 Hier: der historische Buddha in einer früheren Existenz.

5 Die folgenden knappen Hinweise auf Japan basieren hauptsächlich auf den sehr viel eingehenderen Ausführungen in der bahnbrechenden Habilitationsschrift von Klaus Vollmer: *Tötungsverbot und Fleischgenuß in Japan.* Hamburg 1997.

6 Vgl. David L. Snellgrove: *Indo-Tibetan Buddhism.* London 1987, S. 160f.

7 Vgl. Adelheit Herrmann-Pfandt: *Ḍākinīs. Zur Stellung und Symbolik des Weiblichen im tantrischen Buddhismus.* Bonn 1992, S. 389–394.

Silvia Freiin Ebner von Eschenbach: Speise für die Toten – Speise aus den Toten – Ahnenopfer und Kannibalismus in China

Bei diesem Beitrag finden sich die genauen Angaben zu den Quellen im Literaturverzeichnis, das nach den Anmerkungen steht.

1 Kleeman (1994), S. 195. Die Vorstellung von verwaisten Totengeistern *(guhun)* fand ihre Ergänzung in der nach China importierten buddhistischen Idee der »Hungergeister« *(egui)*, die ursprünglich die »Losgegangenen« (Sanskrit: *preta*) hießen und im Buddhismus eine der Sechs Existenzformen der Lebewesen darstellten. Man dachte sie sich als graueneinflößende Gestalten mit sich sträubenden Haaren, hervorquellenden Augen, dünnem Hals, ausgemergeltem Oberkörper, geblähtem Unterleib und einem Mund, aus dem Flammen züngeln (vgl. Lessing 1961, S. 114, 115).

2 Zu den beiden Schriftzeichen *»zuo«* siehe Kleeman (1994), Anm. 15; vgl. Ahern (1973), S. 91. Auf die Möglichkeit der Adoption des Schwiegersohnes kann hier nicht weiter eingegangen werden.

3 Granet (1985), S. 119–120; Granet (1959), Bd. 1, S. 18; vgl. auch Yü (1987), S. 380.

4 Kleeman (1994), S. 191, 194–196, 205–206.

5 Chang (1977a), S. 19.

6 Kleeman (1994), S. 189, 193, zitiert *Guoyu* [Diskurse über die Lehensstaaten] (Shanghai: Guji chubanshe, 1978), S. 564–564.

7 Chang (1977a), S. 17; Kuhn (1995a), S. 75 und S. 65; zu dieser Problematik ausführlich Kuhn (1995b), S. 288 et pass.

8 Creel (1936), S. 198–199; Yü (1987), S. 378, verweist auf Guo (1954a), S. 8b–9a.

9 Doolittle (1868), S. 129–130 und de Groot (1892–1910), Bd. 1, S. 356–357, basierend auf Beobachtungen in der Provinz Fujian; Doré (1911–38), Bd. 1, S. 48–49; Chang (1977b), S. 45; Thompson (1988), S. 83, basierend auf einer Feldstudie in von Hakka bewohnten Dörfern im Westen Taiwans, deren Vorfahren im 18. Jahrhundert aus der Taiwan auf dem Festland gegenüberliegenden Provinz Fujian eingewandert waren.
Daß der Mund außerdem mit Kaurimuscheln oder Jade gefüllt wurde, ist ein Hinweis darauf, daß es sich um Nahrung im übertragenen Sinne zur Stärkung der Lebensenergie handeln muß (Kuhn 1995a, S. 66 und Kuhn 1995b, S. 218 und 223 mit den entsprechenden Textstellen der Ritenhandbücher *Yili* [Etikette und Riten] und *Zhou li* [Riten der Zhou] und deren Interpretation im Lichte archäologischer Funde).
Für alle Verrichtungen, bei denen der Trauernde mit dem Toten in Kontakt tritt, gebraucht er die linke Hand. Nur so kann er sich vor Verunreinigung durch den verwesenden Leichnam schützen. (Watson 1982, S. 167, basierend auf einer Feldstudie in zwei Dörfern im Hinterland Hongkongs).

10 de Groot (1892–1910), Bd. 2, S. 647, 650–652; Thompson (1988), S. 73–74; Granet (1985), S. 193.
Dies war schon im Kapitel »Wensang«[Fragen zur Trauer] des *Liji* [Aufzeichnungen der Riten] so geregelt und findet sich noch im Abschnitt »Sangzang« [Trauer und Beerdigung] der *Da Qing tongli* [Umfassende Riten der Großen Qing-Dynastie] (de Groot 1892–1910, Bd. 2, S. 647, 656).

11 Grießler (1991), S. 28–29, 64; Rawski (1988), S. 241, 244.

12 Ahern (1973), S. 174, basierend auf einer Feldstudie über ein Dorf im Norden Taiwans in den Jahren 1969–70. Der Ungenießbarkeit der Nahrung entspricht etwa seit der Han-Zeit die Forderung nach der Unbrauchbarkeit der Gerätschaften, die dem Toten ins Grab beigegeben wurden *(mingqi):* Die Keramikgefäße sollten ungewaschen bleiben, die Holzgeräte sollten nicht fertig geschnitzt werden, die Saiten der Zither sollten verstimmt sein usw. (Kuhn 1995b, S. 224 mit Zitat der entsprechenden Textstelle aus dem *Liji*).

13 Kapitel »Tan Gong« [Tan Gong], »Zaji« [Verschiedene Riten] und »Neize« [Muster für die inneren Dinge] des *Liji* (de Groot (1892–1910), Bd. 1, S. 198, bzw. Yü (1977), S. 58). Im tang-zeitlichen *Kaiyuan li* [Riten der [Regierungsperiode] *kaiyuan*] des 8. Jahrhunderts stehen Vorschriften darüber, wie die Körbe mit ungekochtem Reis, die Weinkrüge und die Töpfe mit Pökelfleisch sowie fertige Gerichte um den Sarg herum im Grab aufzustellen sind (de Groot (1892–1910), Bd. 1, S. 152 mit Bd. 2, S. 386–387).

14 Es handelt sich um das Grab No. 1 in Mawangdui, in dem die Frau des Markgrafen von Dai bestattet war (Yü 1977, S. 56, zitiert Hunan sheng bowuguan 1973, Bd. 1, S. 35–36). Weitere Beispiele aus der Han-Dynastie sind besprochen in Yü (1977), S. 59–62 und S. 62–63: Grab in Dahuting (Provinz Henan), ausgegraben 1960–61; Grab in Bangtaizi (Liaoyang, Südliche Mandschurei), entdeckt 1944, ausgewertet 1955; die Lehmgruben No. 1, 2 und 4 in Sandaohao (Liaoyang), ausgewertet 1955; Steinreliefs im Schrein des Wu Liang und Grab in Yinan (Provinz Shandong); Grab in Tuoketuo (Innere Mongolei), ausgegraben 1956; Grab in Helinger (Suiyuan, Innere Mongolei), ausgegraben 1972.

15 103. und 105. Tag nach der Wintersonnwende.

16 15. Tag des 7. Mondmonats.

17 1. Tag des 10. Mondmonats.

18 Zur Entwicklung dieser Gottheit, die auch als weiblich gedacht wurde, bis in die Song-Zeit und zu ihren weiteren Bezeichnungen vgl. Asim (1993), S. 152–154.

19 Der 1. Tag des 1. Mondmonats fällt auf den 2. Neumond nach der Wintersonnwende.

20 Teiser (1986), S. 58 und S. 50, verweist auf Yoshioka (1959–70), Bd. 1, S. 369–432, Bd. 2, S. 231–285; Teiser (1988), *pass.;* vgl. ferner Ebner von Eschenbach (1995), S. 75–78; zur Qing-Dynastie vgl. Grießler (1991), S. 51.

21 Freeman (1977), S. 165. Ein Wandgemälde in einem han-zeitlichen Grab in Yingchengzi bei Lüda (Provinz Liaoning) beispielsweise zeigt, wie das Ahnenopfer damals vollzogen wurde (Fairbank 1992, Abb. 13 auf S. 133).

22 Vgl. Granet (1959), Bd. 1, S. 152, 157; zu den Ahnenseelen als Gästen eines Gastmahls siehe das Kapitel »Siyi« [Bedeutung der Opfer] im *Lunheng* [Erörterungen und Erwägungen] des hanzeitlichen Skeptikers Wang Chong (*Zhuzi jicheng*-Ed.), S. 247

(übersetzt bei Forke 1907, Bd. 1, S. 509 und Yü 1987, S. 379); Ahern (1973), S. 166–167; Ahern (1981), S. 39; Wolf (1974), S. 176–177, basierend auf einer 1957 begonnenen Feldstudie über Dörfer im Taibei-Becken im Norden Taiwans; Mote (1977), S. 218; Watson (1982), S. 175–176; vgl. auch Thompson (1988), S. 79, 91; Kleeman (1994), S. 189–190, Anm. 15.

23 Siehe dazu die in Ebner von Eschenbach (1995), S. 83–84 zitierten Textquellen.

24 Mote (1977), S. 216–218, übersetzt »Jianzhi bian«, in: *Yanyi zhilin* (1623), hrsg. von Yao Shilin, Shanghai 1937 (Faksimile), j. 2, S. 3a–4b.

25 Mote (1977), S. 215, übersetzt *Kezuo zhuiyu* von Gu Qiyuan (1618), Peking Rare Books on Microfilm, Library of Congress, Nachdruck in *Jinling congke*, j. 6, S. 12b–13a. Zur Kühlung wurden im Winter Eisblöcke aus den zugefrorenen Flüssen und Teichen herausgeschnitten, in Stroh eingepackt und in Höhlen und Gräben aufbewahrt (Mote 1977, S. 215, verweist auf das *Da Ming huidian* [Gesammelte Statuten der Großen Ming-Dynastie], Shanghai: Wanyou wenku, 1929, j. 116).

26 Ahern (1973), S. 167–170, 173–174; Thompson (1977), S. 86. Zum Vertrag mit dem Erdgott, in dem ihm das Land für das Grab abgekauft wird *(maidiquan)* siehe Asim (1993), pass.

27 Wolf (1974), S. 170.

28 Kleeman (1994), S. 201–202, 208–211.

29 Ebrey (1990), S. 416; Kleeman (1994), S. 203–204, 207–208.

30 Andere Formen des Kannibalismus praktizierten die vor Hunger Verzweifelten, aber auch gewisse Feinschmecker (vgl. dazu Kolb 1996, pass.).

31 Granet (1985), S. 85–86; Lewis (1990), S. 23, 27; Kleeman (1994), S. 186–188, zitiert den 2. Abschnitt des »13. Jahres des Herzogs Cheng« in *Zuo zhuan* [Tradition des [Meisters] Zuo] (übersetzt in Legge 1893, S. 382a); vgl. Chen (1995), S. 41, nach einer Textstelle in den *Guoyu* [Diskurse über die Lehensstaaten]. Die Begründung, die Bauer (1961, S. 147) anführt, man habe die Kriegsgefangenen anfangs getötet »einfach, weil man keine rechte Verwendung für sie hatte«, überzeugt nicht.

32 Vgl. die von Chang (1970, S. 78) zitierten Knocheninschriften; zur Herkunft des darin vorkommenden Zeichens *fa* (»enthaupten«) siehe Chang (1970), S. 78, Anm. 1. Bauer (1961), S. 147–148, verweist auf Guo (1954b), S. 47 ff., 267–268 und auf den

3. Abschnitt des »10. Jahres des Herzogs Chao« des *Zuo zhuan* (übersetzt bei Legge 1893, S. 629b); Lewis (1990), S. 26.

33 Erkes (1939–40), S. 190–192, verweist auf das *Shujing* [Klassiker der Dokumente],Teil 3, Buch 2, Kap. 1, Abschn. 5 und Teil 4, Buch 1, Kap. 2, Abschn. 4 (übersetzt bei Legge 1893, S. 155, 175) und das *Zhou li* (übersetzt bei Biot 1851, Bd. 2, S. 316).

34 »Yin benji« [Annalen der Yin] des *Shiji* (*Zhonghua shuju*-Ed.), j. 3, S. 106 (übersetzt bei Chavannes 1905, Bd. 1, S. 201); Kap. 20, Abschn. 6 »Xinglun« [Abhandlung über den Wandel] des *Lü shi chunqiu* [Annalen des Herrn Lü] (*Zhuzi jicheng*-Ed.), S. 267 (übersetzt bei Wilhelm 1928, S. 362–363); Granet (1959), Bd. 1, S. 165; zu weiteren Beispielen der Vor-Han-Zeit vgl. des Rotours (1968), S. 2–3.

35 Granet (1985), S. 87; Chong (1990), S. 82–85, 131–137, 143–144 et pass.

36 *Xin Tang shu* [Neue Geschichte der Tang-Dynastie] (*Zhonghua shuju*-Ed.), j. 192, S. 5531; des Rotours (1963), S. 409–410, sowie S. 419, 423; Schafer (1977), S. 135, verweist als Beispiel auf das song-zeitlichen *Zizhi tongjian* [Umfassender Spiegel der Regierung] von Sima Guang, Tokyo: Hôbunkan, 1892, j. 214, S. 7a, j. 224, S. 5a, j. 226, S. 5b; vgl. auch zahlreiche weitere Beispiele in des Rotours (1968), S. 8–10, 13–14, 34–36, 40–41.

37 Kapitel »Guishen« [Verwaiste Totengeister und Ahnengeister], Abschn. 216 im *Beixi ziyi* des song-zeitlichen Neokonfuzianers Chen Chun (übersetzt bei Chan 1986, S. 162).

38 Bonnin (1993a), pass. und Bonnin (1995b), pass.; Zheng (1996), pass. Zheng Yi unternahm zum Zweck von Recherchen 1986 und 1988 zwei Reisen in die Provinz Guangxi. In der Schuldfrage lehnt er das Argument, es handele sich bei der Provinz Guangxi um ein Gebiet der traditionell den Kannibalismus praktizierenden Zhuang-Ethnie als vordergründig han-chauvinistisch ab (Bonnin 1993b, S. 70; Zheng 1996, S. 131).

39 Granet (1985), S. 79–80; des Rotours (1963), S. 388.

40 Chong (1990), S. 93–302, 115–122.

41 Granet (1985), S. 120; Thompson (1988), S. 78, Anm. 19, S. 86; Kleeman (1994), S. 187–188, führt als Beispiele für song-zeitliche Opfer von Schafen an regionale Gottheiten das *Fangzhou ji* [Gesammelte Werke des [Herrn] Fangzhou] (*Siku quanshu*-Ed.) von Li Shi (1108–81), S. 18b und das *Zhuzi yulei* [Die vollständigen Werke des Meisters Zhu] (*Zhuzi daquan*-Ed.) (ed. 1270) von Zhu Xi (1130–1200), j. 3, S. 21a–b an.

42 Mote (1977), S. 214, verweist auf das *Tianfu guangji* [Erweiterter Bericht über das Himmlische Schatzhaus] (1704) von Sun Chengze, Beijing, 1962, Nachdruck Hongkong 1968, S. 63.

43 Watson (1982), S. 175–176; Thompson (1988), S. 78, Anm. 19, S. 86, 89; Brinker (1988), S. 38; Kuhn (1995a), S. 50, 53; Kuhn (1995b), S. 229. Brinker (1988, S. 38) stellt anheim, daß die Schweinsköpfe als Statussymbole dienten oder apotropäische Funktion besaßen.

44 Kleeman (1994), S. 203.

45 Kleeman (1994), S. 187, verweist auf Michihata (1979), S. 480–496.

46 Zu den Textquellen siehe Ebner von Eschenbach (1995), S. 82, 85.

47 die »Große Libation« *(yindian),* das »erste Opfer« *(chuji),* das »Große Opfer« *(daji),* die »Feier zum Monatstag« *(manyue li)* und das »Hundert-Tage-Opfer« *(bairi li).*

48 »Abschiedsopfer« *(zudian),* das »Speiseopfer« *(xiangdian)* und das »Reiseopfer« *(qiandian).*

49 Ruhe- oder Weiheopfer *(yuji).*

50 Grießler (1991), S. 50–51; 52–54, 58, 74; S. 49.

51 Thompson (1988), S. 75; 77, 78; 86.

52 Thompson (1988), S. 73, 74–75; zum psychoanalytischen und kulturvergleichenden Aspekt siehe Gerlach (1996), S. 226.

53 Thompson (1988), S. 92–94.

54 de Groot (1892–1910), Bd. 1, S. 14–15, 29, beschreibt das zeitgenössische Brauchtum in Xiamen an der chinesischen Südostküste; vgl. Martin (1988), S. 165, 167, 172, verweist auf Walshe (1906), S. 230.

55 Mote (1977), S. 216–218, übersetzt »Jianzhi bian«, in: *Yanyi zhilin* (1623), hrsg. von Yao Shilin, Shanghai 1937 (Faksimile), j. 2, S. 3a–4b. Dieser Feststellung stehen die Vorschriften der hanzeitlichen Ritenhandbücher *Liji* und *Yili* entgegen, wonach männliche Leichen ausschließlich von Männern behandelt werden durften (Kuhn 1995b, S. 217 mit den entsprechenden Textstellen).

56 Thompson (1988), S. 77, 102–103; Martin (1988), S. 173; Chen (1995), S. 36–37; Kuhn (1995a), S. 50, 53; Kuhn (1995b), S. 223; Gray (1878), S. 327.

57 Grießler (1991), S. 25, 28–29, verweist auf Xiao (1986), Bd. 4, S. 1520; Rawski (1988), S. 240.

58 Thompson (1988), S. 96–98, 100–102.

59 de Groot (1892–1910), Bd. 2, S. 609–616.
60 Grießler (1991), S. 28–29.
61 Thompson (1988), S. 96, 99.
62 Der Name des Restaurants lautet »chichi Beijing eatery Maxim's« (Barmé (1996), S. 52–53, verweist auf Wong (1993)).

Literatur:

Ahern (1973):
Emily Martin Ahern: *The Cult of the Dead in a Chinese Village.* Stanford: Stanford University Press, 1973.

Ahern (1981):
Emily Martin Ahern: *Chinese Ritual and Politics.* Cambridge: Cambridge University Press, 1981.

Asim (1993):
Ina Asim: *Religiöse Landverträge aus der Song-Zeit.* Heidelberg: Edition Forum, 1993 [Würzburger Sinologische Schriften].

Barmé (1996):
Geremie R. Barmé: *Shades of Mao. The Posthumous Cult of the Great Leader.* Armonk/New York, London: M.E.Sharpe, 1996, S. 52–53.

Bauer (1961):
Wolfgang Bauer: »Die Frühgeschichte des Eigentums in China«. In: *Zeitschrift für vergleichende Rechtsgeschichte* 63 (1961), S. 118–184.

Biot (1851):
Édouard Biot: *Le Tcheou-li ou rites des Tcheou.* Paris: Imprimerie Nationale, 1851, 3 Bde.

Bonnin (1993a):
Michel Bonnin: »Zheng Yi: un écrivain chez les cannibales«. In: *Perspectives chinoises* 11–12 (1993), S. 68–71.

Bonnin (1993b):
Michel Bonnin: »Le cannibalisme au Guangxi (extrait de Stèles rouges de Zheng Yi)«. In: *Perspectives chinoises* 11–12 (1993), S. 72–83.

Brinker (1988):
Helmut Brinker: »Vorgeschichte«. In: Roger Goepper (Hrsg.): *Das Alte China. Geschichte und Kultur des Reiches der Mitte.* München: C. Bertelsmann 1998, S. 25–46.

Brinker/Goepper (1980):
Helmut Brinker/Roger Goepper: *Kunstschätze aus China. 5000 v. Chr. bis 900 n. Chr. Neuere archäologische Funde aus der Volksrepublik China.* Kunsthaus Zürich u. a., 1980 [Ausstellungskatalog].

Chan (1986):
Chan Wing-tsit: *Neo-Confucian Terms Explained. The Pei-hsi tzu-i by Ch'en Ch'un, 1159–1233.* New York: Columbia University Press, 1986.

Chang (1970):
Chang Tsung-tung: *Der Kult der Shang-Dynastie im Spiegel der Orakelinschriften. Eine paläographische Studie zur Religion im archaischen China.* Wiesbaden: Otto Harrassowitz, 1970 [Veröffentlichungen des Ostasiatischen Seminars der Johann-Wolfgang-Goethe-Universität, Frankfurt/Main].

Chang (1977):
K.C. Chang (Hrsg.): *Food in Chinese Culture. Anthropological and Historical Perspectives.* New Haven und London: Yale University Press, 1977.

Chang (1977a):
K.C. Chang: »Introduction«. In: Chang (1977), S. 1–21.

Chang (1977b):
K. C. Chang: »Ancient China«. In: Chang (1977), S. 23–52.

Chavannes (1905):
Édouard Chavannes: *Les mémoires historique de Se-ma Ts'ien.* Paris: Leroux, 1905, 5 Bde.

Chen (1995):
Chen Lie: »Der Ahnenkult im alten China«. In: Kulturstiftung Ruhr (1995), S. 36–44.

Chong (1990):
Key Ray Chong: *Cannibalism in China.* Wakefield/New Hampshire: Longwood Academic, 1990 (besprochen in: Kolb, 1996).

Creel (1936):
H.G. Creel: *The Birth of China.* London: Jonathan Cape, 1936.

Doolittle (1868):
Justus Doolittle: *Social Life of the Chinese. A Daguerreotype of Daily Life in China.* London: Sampson Low, Son, and Marston, 1868.

Doré (1911–38):
Henri Doré: *Recherches sur les superstitions en Chine.* 18 Bde in

3 Teilen, Chang-hai: Imprimerie de la Mission Catholique, 1911–38 [Variétés Sinologiques 32].

Ebner von Eschenbach (1995):
Silvia Freiin Ebner von Eschenbach: *Die Sorge der Lebenden um die Toten. Thanatopraxis und Thanatologie in der Song-Zeit (960–1279).* Heidelberg: Edition Forum, 1995 [Würzburger Sinologische Schriften].

Ebrey (1990):
Patricia B. Ebrey: »Cremation in Sung China«. In: *American Historical Review* 95 (1990), S. 406–428.

Erkes (1939–40):
Eduard Erkes: »The God of Death in Ancient China«. In: *T'oung Pao* 35 (1939–40), S. 185–210.

Fairbank (1972):
Wilma Fairbank: *Adventures in Retrieval.* Cambridge/Mass.: Harvard University Press, 1972 [Harvard-Yenching Institute Series 28].

Forke (1907):
Alfred Forke: *Lun Heng.* 2 Bde, Shanghai: Kelly and Walsh, London: Luzac, Leipzig: Harrassowitz, 1907.

Freeman (1977):
Michael Freeman: »Sung«. In: Chang (1977), S. 141–176.

Gerlach 1996):
Alf Gerlach: »Kannibalische Liebe, kannibalischer Haß. Psychoanalytische Überlegungen zu kannibalischen Phantasien und Ritualen«. In: Hedwig Röckelein (Hrsg.): *Kannibalismus und europäische Kultur.* Tübingen: Edition Diskord, 1996 [Forum Psychohistorie 6], S. 207–232.

Granet (1959):
Marcel Granet: *Danses et légendes de la Chine ancienne.* 2 Bde, Paris: Presses universitaires, 1959.

Granet (1985):
Marcel Granet: *Die chinesische Zivilisation. Familie, Gesellschaft, Herrschaft. Von den Anfängen bis zur Kaiserzeit.* Frankfurt/M.: Suhrkamp, 1985. [Original 1929 erschienen unter dem Titel *La civilisation chinoise.* Paris: La Renaissance Du Livre]. [Suhrkamp Taschenbuch Wissenschaft 518].

Gray (1878):
John Henry Gray: *China. A History of the Laws, Manners, and Customs of the People.* 2 Bde., London: Macmillan, 1878.

Grießler (1991):
Margareta Grießler: *Das letzte dynastische Begängnis. Chinesisches Trauerzeremoniell zum Tode der Kaiserinwitwe Cixi. Eine Studie.* Stuttgart: Franz Steiner Verlag, 1991 [Münchener Ostasiatische Studien 57].
de Groot (1892–1910):
J. J. M. de Groot: *The Religious System of China. Its Ancient Forms, Evolution, History and Present Aspect. Manners, Customs and Social Institutions connected therewith.* 6 Bde, Leiden: E.J. Brill, 1892–1910.
Guo (1954a):
Guo Moruo: *Jinwen congkao.* Verbesserte Ausgabe Beijing: Renmin chubanshe, 1954.
Guo (1954b):
Guo Moruo: *Zhongguo gudai shehui yanjiu.* Beijing 1954.
Hunan sheng bowuguan (1973):
Hunan sheng bowuguan (Hrsg.): *Changsha Mawangdui yi hao Han mu.* Beijing: Wenwu chubanshe, 1973.
Kleeman (1994):
Terry F. Kleeman: »Licentious Cults and Bloody Victuals: Sacrifice, Reciprocity, and Violence in Traditional China«. In: *Asia Major,* 3. Ser. 7 (1994), S. 185–211.
Kolb (1996):
Raimund Th. Kolb: »Kannibalismus im vormodernen China«. In: *Monumenta Serica* 44 (1996), S. 393–403 (Besprechung von Chong, 1990).
Kuhn (1995a):
Dieter Kuhn: »Totenritual und Beerdigungen im chinesischen Altertum«. In: Kulturstiftung Ruhr (1995), S. 45–67.
Kuhn (1995b):
Dieter Kuhn: »Tod und Beerdigung im chinesischen Altertum im Spiegel von Ritualtexten und archäologischen Funden«. In: *Tribus* 44 (1995), S. 208–267.
Kulturstiftung Ruhr (1995):
Kulturstiftung Ruhr, Essen (Hrsg.): *Das Alte China. Menschen und Götter im Reich der Mitte 5000 v. Chr.–220 n. Chr.* München: Hirmer, 1995 [Katalog einer Ausstellung in der Villa Hügel, Essen, 2. Juni 1995 – 5. November 1995].
Legge (1872):
James Legge: *The Ch'un Ts'ew with the Tso chuen.* Oxford: University Press, 1872.

Legge (1893):
James Legge: *Shujing.* 2. verbesserte Ausgabe, Oxford: University Press, 1893.

Lessing (1961):
Ferdinand D. Lessing: »Skizze des Ritus: Die Speisung der Hungergeister«. In: Herbert Franke (Hrsg.): *Studia Sino-altaica. Festschrift für Erich Haenisch zum 80. Geburtstag.* Wiesbaden: Franz Steiner Verlag, 1961, S. 114–119.

Lewis (1990):
Mark Edward Lewis: *Sanctioned Violence in Early China.* Albany: State University of New York Press, 1990.

Martin (1988):
Emily Martin: »Gender and Ideological Differences in Representations of Life and Death«. In: Watson/Rawski (1988), S. 164–179.

Michihata (1979):
Michihata Ryôshû: *Chûgoku Bukkyô shisôshi no kenkyû.* Tokyo: Shoen, 1979 [Nachdruck als Bd. 3 des *Chûgoku Bukkyôshi zenshû,* 1985].

Mote (1977):
Frederick W. Mote: »Yüan and Ming«. In: Chang (1977), S. 193–257.

Müller (1990):
Claudius C. Müller: *Untersuchungen zum »Erdaltar« she im China der Chou- und Han-Zeit.* München: Minerva Publikation, 1990.

Rawski (1988):
Evelyn S. Rawski: »The Imperial Way of Death: Ming and Ch'ing Emperors and Death Ritual«. In: Watson/Rawski (1988), S. 228–253.

des Rotours (1963):
Robert des Rotours: »Quelques notes sur l'anthropophagie en Chine«. In: *T'oung Pao* 50 (1963), S. 386–427.

des Rotours (1968):
Robert des Rotours: »Encore quelques notes sur l'anthropophagie en Chine«. In: *T'oung Pao* 54 (1968), S. 1–49.

Schafer (1977):
Edward H. Schafer: »T'ang«. In: Chang (1977), S. 85–140.

Teiser (1986):
Stephen F. Teiser: »Ghosts and Ancestors in Medieval Chinese

Religion: the Yü-lan-p'en Festival as Mortuary Ritual«. In: *History of Religion* 26/1 (August 1986), S. 47–67.

Teiser (1988):
Stephen F. Teiser: *The Ghost Festival in Medieval China.* Princeton: University Press, 1988.

Thompson (1988):
Stuart E. Thompson: »Death, Food, and Fertility«. In: Watson/Rawski (1988), S. 71–107.

Walshe (1906):
W. Gilbert Walshe: *Ways That Are Dark: Some Chapters on Chinese Etiquette and Social Procedure.* Shanghai: Kelly and Walsh, 1906.

Watson (1982):
James L. Watson: »Of flesh and bones: the management of death pollution in Cantonese society«. In: Maurice Bloch/Jonathan Parry (Hrsg.): *Death and the regeneration of life.* Cambridge u. a.: Cambridge University Press, 1982.

Watson/Rawski (1988):
James L. Watson/Evelyn S. Rawski (Hrsg.): *Death Ritual in Late Imperial and Modern China.* Berkeley, Los Angeles, London: University of California Press, 1988.

Wilhelm (1928):
Richard Wilhelm: *Frühling und Herbst des Lü Bu We.* Jena: Eugen Diederichs, 1928.

Wolf (1974):
Arthur P. Wolf: »Gods, Ghosts, and Ancestors«. In: ders. (Hrsg.): *Religion and Ritual in Chinese Society.* Stanford, California: Stanford University Press, 1974.

Wong (1993):
Jan Wong, »Around Mao's Centennial«. In: *Toronto Globe and Mail* (24. Dezember 1993).

Xiao (1963):
Xiao Yishan: *Qingdai tongshi* [Umfassende Geschichte der Qing-Dynastie]. 5 Bde, Taiwan 1963, Beijing: Zhonghua shuju, 1986.

Yoshioka (1959–70):
Yoshioka Yoshitoyo: *Dôkyô to Bukyô* [Der religiöse Daoismus und der Buddhismus]. Tokyo: Toshima shobo, 1959–70, 2 Bde.

Yü (1977):
Yü Ying-shih: »Han«. In: Chang (1977), S. 53–83.

Yü (1987):
Yü Ying-shih: »›O Soul, Come Back!‹ A Study in the Changing Conceptions of the Soul and Afterlife in Pre-Buddhist China«. In: *Harvard Journal of Asiatic Studies* 47 (1987), S. 363–395.

Zheng (1996):
Zheng Yi: *Scarlet Memorial. Tales of Cannibalism in Modern China. Übersetzt und herausgegeben von T. P. Sym, mit einem Vorwort von Ross Terrill.* Boulder/Colorado: Westview Press, 1966.

Kim Lan Thai: Das Tao des Essens – Religiöse und philosophische Aspekte der asiatischen Küche

Die Abbildung auf S. 243 stammt aus dem Buch: P. Huard, M. Durand: *Connaissance du Viet-Nam. Paris-Hanoi 1954, S. 205.*

1 M. Ofray: *Die genießerische Vernunft. Die Philosophie des guten Geschmacks.* Baden-Baden, Zürich, S. 100.
2 Ebd. S. 108.
3 *I Ging. Das Buch der Wandlungen.* Aus dem Chinesischen übertragen und herausgegeben von Richard Wilhelm. Düsseldorf-Köln 1980, S. 304.
4 L. Feuerbach: *Das Wesen des Christentums* (Anhang). Stuttgart 1988, S. 513.
5 Vgl. zum folgenden: *I Ging,* a.a.O., S. 112f.
6 »Lebensmittel sind Medizin.«
7 Vgl. Da Liu: *Tao der Gesundheit und Lebensfreude.* Frankfurt a.M. 1982, S. 156f.
8 Vgl. dazu auch den Beitrag von L. Schmithausen in diesem Band.

Franziska Ehmcke: Aufmerken und Teetrinken – Der Zen-Geist im Tee-Weg

1 Vgl. dazu F. Ehmcke: *Der japanische Tee-Weg. Bewußtseinsschulung und Gesamtkunstwerk.* Köln 1991, S. 82f.; dies.: »Zen-Buddhismus und Tee-Weg«. In: C. Müller (Hrsg.): *Zen und die Kultur Japans. Klosteralltag in Kyoto.* Berlin 1993, S. 67f.
2 Vgl. dazu, F. Ehmcke: *Der japanische Tee-Weg,* a.a.O., S. 79–82. Zum Einfluß des Amida-Buddhismus auf Sen no Rikyû siehe D.

Hirota: *Wind in the Pines. Classic Writings of the Way of Tea as a Buddhist Path.* Fremont, California 1995, S. 10–115, 242–245.

3 Wir folgen der japanischen Gepflogenheit, den Familiennamen dem Vornamen bzw. Künstlernamen voranzustellen sowie bei der weiteren Erwähnung derselben Persönlichkeit nur den Vornamen zu wiederholen.

4 Zitiert nach H. S. Hennemann: *Chasho. Geist und Geschichte der Theorien japanischer Tee-Kunst.* Wiesbaden 1994, S. 93, 150.

5 Auch *Nanbôroku,* von Tachibana Jitsuzan 1686–90 nach den Aufzeichnungen von Rikyûs Schüler Nambô Sôkei zusammengestellt. Vgl. S. Hennemann, a. a. O., S. 206–268.

6 Vgl. Izutsu, Toshihiko und Izutsu: *Toyo, Die Theorie des Schönen in Japan.* Beiträge zur klassischen japanischen Ästhetik, hrsg. und übers. von Franziska Ehmcke. Köln 1988, S. 178; Hennemann, a. a. O., S. 222.

7 Zum Beispiel hat Sen, Soshitsu XV. ein Kapitel seines Buches: *Tea Life, Tea Mind.* New York/Tokyo 1979, mit der Überschrift versehen »The Taste of Tea and Zen«. Vgl. auch die deutsche Ausgabe: *Ein Leben auf dem Teeweg.* Zürich/München 1991: »Der Geschmack von Tee und Zen«.

8 Deutsche Übersetzung von H. Hammitzsch: »Das Zencharoku des Jakuan Sôtaku. Eine Quellenschrift zum Tee-Weg«. In: *Oriens Extremus 11* (1964), S. 85–102; vgl. Hennemann, a. a. O., S. 325–334; englische Übersetzung von D. Hirota in: *Wind in the Pines,* a. a. O. S. 263–286.

9 Vgl. Hennemann, a. a. O., S. 357f.

10 Vgl. Hennemann, a. a. O., S. 192.

11 Im *Nanpôroku,* vgl. Izutsu und Izutsu, S. 74ff., S. 198 ff.

12 Bei H. Hammitzsch: *Zen in der Kunst der Tee-Zeremonie.* München/Wien 1980, S. 70, findet sich eine andere Version dieser bekannten Geschichte.

Zu den Autoren

Privatdozentin Dr. Silvia Freiin Ebner von Eschenbach, Studien der Philosophie, Sinologie und Geographie in München. 1986 Promotion zum Dr. phil. an der Universität München. 1988–94 wissenschaftliche Assistentin am Lehrstuhl für Philologie des Fernen Ostens an der Universität Würzburg. 1994 Habilitation für Sinologie, seither Privatdozentin für Sinologie an der Universität Würzburg. 1997–98 Vertretung der Professur für Sinologie an der Universität Köln. Veröffentlichungen zur Sinologie, darunter: *Die Entwicklung der Wasserwirtschaft im Südosten Chinas in der südlichen Sung-Zeit anhand einer Fallstudie* (1986); *Die Sorge der Lebenden um die Toten. Thanatopraxis und Thanatologie in der Song-Zeit – 960–1279* (1995); »Tierische Heroen und heroische Tiere in der chinesischen Kultur« (In: Georges-Bloch-Jahrbuch 2, 1995, S. 127–144).

Prof. Dr. Franziska Ehmcke, Studien der Japanologie, Sinologie und Sprachwissenschaften an der Universität Hamburg und der Tôhoku-Universität in Sendai, Japan. 1978 Promotion zum Dr. phil. 1978–86 wissenschaftliche Assistentin am Ostasiatischen Seminar der Universität Köln, Abteilung Japanologie, danach freiberufliche Tätigkeit als Übersetzerin und Autorin. Seit 1994 Professorin für Japanologie an der Universität Köln. Zahlreiche Veröffentlichungen zur Geistes- und Kulturgeschichte Japans, darunter: *Der japanische Tee-Weg. Bewußtseinsschulung und Gesamtkunstwerk* (1991); *Die Wanderungen des Mönchs Ippen. Bilder aus dem Mittelalterlichen*

Japan (Ippen-hijiri-e), herausgegeben und aus dem klassischen Japanischen übertragen (1992); Zusammen mit Shôno-Sladék, Masako (Hrsg.): *Life Style in der Edo-Zeit. Facetten der städtischen Bürgerkultur Japans vom 17.–19. Jahrhundert* (1994); *Faszination Ikebana – Kulturgeschichte der japanischen Blumenkunst* (1996).

Prof. Dr. Peter Heine, Studien der Islamwissenschaft, Philosophie und Ethnologie in Münster und Bagdad. 1971 Promotion zum Dr. phil. an der Universität Münster. 1971–83 wissenschaftlicher Assistent am Seminar für Arabistik und Islamwissenschaft der Universität Münster, dort 1978 Habilitation für Islamwissenschaft. 1983–88 Professor für Islamwissenschaft an der Universität Münster. Lehraufträge an den Universitäten Berlin, Bochum, Bonn und Zürich. 1989–95 Forschungsprojekte in Münster und Berlin. Seit 1994 Professor für Islamwissenschaft des nicht-arabischen Raumes an der Humboldt-Universität Berlin. Zahlreiche Veröffentlichungen zur Islamwissenschaft, darunter: *Die westafrikanischen Königreiche Ghana, Mali und Sanghay aus der Sicht der arabischen Autoren des Mittelalters* (1973); *Weinstudien – Überlegungen zu Anbau, Produktion und Konsum des Weins im arabisch-islamischen Mittelalter* (1982); *Kulinarische Studien. Untersuchungen zur Kochkunst im arabisch-islamischen Mittelalter* (1988); *Die Ethnologie des Nahen und Mittleren Ostens. Eine Einführung* (1989); zusammen mit A. Khoury und L. Hagemann: *Das Islam-Lexikon* (1991, [2]1996); zusammen mit I. Heine: *O ihr Musliminnen. Frauen in islamischen Gesellschaften* (1993); *Kulturknigge für Nichtmuslime. Ein Ratgeber für alle Bereiche des Alltags* (1994, [2]1996), *Konflikt der Kulturen oder Feindbild Islam* (1996); zusammen mit A. Khoury: *Im Garten Allahs* (1996, [2]1998); *Halbmond über deut-*

schen Dächern. Muslimisches Leben in unserem Land (1997).

Prof. Dr. Matthias Klinghardt, Studien der evangelischen Theologie in Wuppertal, Tübingen und Heidelberg. 1986 Promotion zum Dr. theol. an der Universität Heidelberg, dort 1994 Habilitation für Neues Testament. 1988–89 Assistant Professor an der Rice University in Houston/ Texas und 1989–98 wissenschaftlicher Assistent an der Universität Augsburg. Seit 1998 Professor für Evangelische Theologie an der Technischen Universität Dresden. Veröffentlichungen zur Erforschung des antiken Judentums sowie zur Sozial- und Religionsgeschichte des frühen Christentums, darunter: *Gesetz und Volk Gottes. Das lukanische Verständnis des Gesetzes nach Herkunft, Funktion und seinem Ort in der Geschichte des Urchristentums* (Tübingen 1988); *Gemeinschaftsmahl und Mahlgemeinschaft. Soziologie und Liturgie frühchristlicher Mahlfeiern* (Tübingen 1996).

Prof. Dr. Pinchas Lapide (1922–97), nach Studien in Jerusalem und Köln Promotion zum Dr. phil. in Köln. Professor und Institutsleiter an der Bar Ilan-Universität in Israel, Gastprofessuren an den Universitäten Göttingen, Tübingen, Bern und Wuppertal. Zahlreiche Veröffentlichungen zur jüdischen Evangelienforschung und zum jüdisch-christlichen Dialog, darunter: *Auferstehung. Ein jüdisches Glaubenserlebnis* (1986); zusammen mit Karl Rahner: *Heil von den Juden? Ein Gespräch* (1989); *Ist die Bibel richtig übersetzt?* 2 Bde. (1990, 1994); *Entfeindung leben?* (1993); zusammen mit Raimundo Panikkar: *Meinen wir denselben Gott? Ein Streitgespräch* (1994); *Vom Umgang mit Schuld* (1995).

Ruth Lapide, Theologin und Historikerin, langjährige wissenschaftliche Mitarbeiterin von Pinchas Lapide. Heute Fortsetzung der Arbeit von Pinchas Lapide durch Vorträge und Veröffentlichungen.

Prof. DDr. Analectus Nnamdi Odoemene, Studien in Enugu (Nigeria), Innsbruck und München. 1983 Promotion zum Dr. phil. an der Hochschule für Philosophie München und 1985 zum Dr. theol. an der Universität München. Professor für Systematische Theologie am Catholic Insitute of West Africa in Port Hartcourt (Nigeria). Veröffentlichungen zu Theologie und Religion in Afrika, darunter: *The Fundamentals of African Traditional Religion* (1988); *The Dynamics of Cultural Revitalization. A Case Study of the Igbos in Nigeria* (1993); *The Fundamentals of Ecumenical Theology in Africa* (1993); *Dialogue in the Early History of Jewish and Christian Religions. An Issue in Ecumenical and Fundamental Theology* (1996).

Prof. Dr. Lambert Schmithausen, Studien der Indologie, Arabistik und Philosophie an den Universitäten Köln, Bonn und Wien. 1963 Promotion zum Dr. phil. an der Universität Wien. 1966 Habilitation für das Fach Indologie an der Universität Münster. 1970–1973 außerplanmäßiger Professor ebendort. Seit 1973 Professor für Indologie (Buddhologie, Tibetologie) an der Universität Hamburg. Zahlreiche Publikationen zur indischen und buddhistischen Geschichte und Philosophie, darunter: *Maṇḍanamiśra's Vibhramavivekaḥ,* mit einer Studie zur Entwicklung der indischen Irrtumslehre (1965); *Der Nirvāṇa-Abschnitt in der Viniścayasaṃgrahaṇī der Yogacārābhūmiḥ* (1969); *Ālayavijñāna: On the Origin and Early Development of a Central Concept of Yogācāra*

Philosophy. 2 Bde. (1987); *The Problem of the Sentience of Plants in Earliest Buddhism* (1991); *Buddhism and Nature* (1991), *Maitrī and Magic* (1997).

Prof. Dr. Perry Schmidt-Leukel, Studien der Theologie und der Religionsphilosophie an der Universität München. Dort 1980 Promotion zum Dr. theol. und 1996 Habilitation für die Fächer Fundamentaltheologie, Ökumenische Theologie und Religionswissenschaft. 1987–2000 wissenschaftlicher Assistent an der Universität München. Seit 2000 Professor für Systematische Theologie und Religionswissenschaft an der University of Glasgow. Zahlreiche Veröffentlichungen zur Fundamentaltheologie, zum christlich-buddhistischen Dialog und zur Theologie der Religionen, darunter: *Die Bedeutung des Todes für das menschliche Selbstverständnis im Pâli-Buddhismus* (1984); *»Den Löwen brüllen hören«. Zur Hermeneutik eines christlichen Verständnisses der buddhistischen Heilsbotschaft* (1992); (Hrsg.) *Berechtigte Hoffnung. Über die Möglichkeit, vernünftig und zugleich Christ zu sein* (1994); (Hrsg.) *Die Idee der Reinkarnation in Ost und West* (1996); *Theologie der Religionen. Probleme, Optionen, Argumente* (1997); (Hrsg.) *Wer ist Buddha? Eine Gestalt und ihre Bedeutung für die Menschheit* (1998); *Grundkurs Fundamentaltheologie. Eine Einführung in die Grundfragen des christlichen Glaubens* (1999).

Privatdozentin Dr. Renate Syed, Studien der Sinologie, Indologie, Kunstgeschichte und Orientalistik in München, Delhi und Benares. 1982 Promotion in Indologie an der Universität München, dort 1994 Habilitation für Indologie. Zahlreiche Veröffentlichungen auf dem Gebiet der altindischen Kulturgeschichte, der Spielforschung und der Gender-Studien. Darunter: *Die Flora Altindiens in Literatur und Kunst* (1990); *Kâlidâsas Kumârasambhava. Übersetzung und Kommentar* (1992); *Das Spiel im alten Indien* (2000); *»Ein Unglück ist die Tochter«. Die Diskriminierung des Mädchens im alten und im heutigen Indien* (2000).

Prof. Dr. Kim Lan Thai, Studien der Literatur und Philosophie in Hue und München. 1976 Promotion in Philosophie an der Universität München mit einer Arbeit über »Die restriktive Funktion der Sinnlichkeit in Kants Kritik der reinen Vernunft«. Seit 1978 Dozentin und Lehrbeauftragte für Komparative Philosophie und Buddhistische Philosophie an der Universität München. 1980 Erster Preis des deutschen Literaturpreisausschreibens des Instituts für Deutsch als Fremdsprache an der Universität München. Seit 1998 Gastprofessorin an den Buddhistischen Hochschulen in Ho-Chi-Minh-Stadt und in Hue. Zahlreiche Aufsätze zur Buddhistischen Philosophie in Deutsch und Vietnamesisch. Übersetzung von H. Hesses Märchen ins Vietnamesische (1998) und von B. Brechts *Der gute Mensch von Sezuan* (1999). Herausgeberin der Schriftenreihe des Deutsch-Asiatischen Begegnungszentrums. Autorin mehrerer Kochbücher über asiatische Küche sowie des Gedichtbandes *In einem kälteren Land.*

DIEDERICHS GELBE REIHE
Die lieferbaren Bände

DG 65 Wen Kuan Chu/ Wallace A. Sherrill: Astrologie des I Ging
DG 67 Heinrich Zimmer: Abenteuer und Fahrten der Seele
DG 68 Wolfram Eberhard: Lexikon chinesischer Symbole
DG 71 Christian Rätsch: Indianische Heilkräuter
DG 73 Hans Wolfgang Schumann: Der historische Buddha
DG 78 Robert Aitken: Zen als Lebenspraxis
DG 81 Namkhai Norbu: Dzogchen, der Weg des Lichts
DG 82 Annemarie Schimmel: Muhammad Iqbal
DG 84 Namkhai Norbu: Der Zyklus von Tag und Nacht
DG 91 Weisheit der Völker
DG 93 L. S. Dagyab: Buddhistische Glückssymbole
DG 96 Benjamin Walker: Gnosis
DG 99 Hans Wolfgang Schumann: Buddhismus
DG 101 Omar Ali-Shah Sufismus für den Alltag
DG 102 Annemarie Schimmel: Von Ali bis Zahra
DG 103 Rients R. Ritskes: Zen für Manager
DG 106 Geshe Thubten Ngawang: Vom Wandel des Geistes
DG 107 Sri Chinmoy: Veden, Upanishaden, Bhagavadgita
DG 108 Friedrich Weinreb: Kabbala im Traumleben des Menschen
DG 109 Dominique Viseux: Das Leben nach dem Tod
DG 110 René Grousset: Die Reise nach Westen
DG 111 Dennis Genpo Merzel: Durchbruch zum Herzen des Zen
DG 112 Åke Hultkrantz: Schamanische Heilkunst und rituelles Drama
DG 114 Hans Wolfgang Schumann: Mahāyāna-Buddhismus
DG 115 Christian Rätsch: Heilkräuter der Antike
DG 116 Gerhard Wehr: Spirituelle Meister des Westens
DG 117 Hartmut Kraft: Über innere Grenzen
DG 118 Isabelle Robinet: Geschichte des Taoismus
DG 119 Idries Shah: Sufi-Wege zum Selbst
DG 120 H. P. Blavatsky: Theosophie und Geheimwissenschaft
DG 121 Rumi: Von Allem und vom Einen
DG 122 Dominique Hertzer: Das Mawangdui-Yijing
DG 123 Murad Hofmann: Reise nach Mekka
DG 124 Andreas Gruschke: Mythen und Legenden der Tibeter
DG 125 Malidoma Somé: Vom Geist Afrikas
DG 126 Dominique Hertzer: Das alte und das neue Yijing

DG 127 Gerd Becher/Elmar Treptow: Vom Frieden der Seele
DG 128 Hanna Moog: Leben mit dem I Ging
DG 129 Hans Wolfgang Schumann: Die großen Götter Indiens
DG 131 Gerardo Reichel-Dolmatoff: Das schamanische Universum
DG 132 Thomas Cleary: Zen-Geschichten
DG 133 Vanamali Gunturu: Krishnamurti
DG 134 Kornelius Hentschel: Geister, Magier und Muslime
DG 135 Konrad Dietzfelbinger: Mysterienschulen
DG 136 Matthias Dalvit: Geburts-I Ging und Astrologie
DG 137 Andreas Gruschke: Die heiligen Stätten der Tibeter
DG 138 Elvira Friedrich: Yoga
DG 139 John Bierhorst: Die Mythologie der Indianer Nordamerikas
DG 141 Marc Jongen: Das Wesen spiritueller Erkenntnis
DG 142 Jyotishman Dam: Shiva-Yoga
DG 143 Ella E. Clark: Indianische Legenden
DG 144 Jakob Böhme: Im Zeichen der Lilie – Werke
DG 145 Rudolf Haase: Johannes Keplers Weltharmonik
DG 146 Gerhard Wehr: Heilige Hochzeit
DG 147 Ad Borsboom: Myten und Spiritualität der Aborigines
DG 148 John Matthews: Keltischer Schamanismus
DG 149 Johannes Hartlieb: Das Buch der verbotenen Künste
DG 151 Martina Darga: Das alchemistische Buch von innerem Wesen und Lebensenergie
DG 152 Vanamali Gunturu: Mahatma Gandhi
DG 153 Meister Eckhart: Mystische Traktate und Predigten
DG 154 Namkhai Norbu: Spiegel des Bewußtseins
DG 155 Die Weisheit Asiens
DG 156 Claudia Weber: Buddhistische Sutras
DG 157 Paramahansa Yogananda: Die spirituelle Lehre der Rubaijat
DG 158 Matthias Mala: Die Macht der weißen Magie
DG 159 Paramahamsa Hariharananda: Kriya Yoga
DG 160 G. I. Gurdjieff: Beelzebubs Erzählungen für seinen Enkel
DG 161 Wilhelm Halbfass: Karma und Wiedergeburt im indischen Denken
DG 162 Malidoma Somé: Die Kraft des Rituals
DG 163 Die Religionen und das Essen